羅森濤紀念專輯之二

# 從情愛到真愛

From Loving One to One Love

羅伯特‧羅森濤（Robert Rosenthal）◎著

王敬偉　若藏◎合譯

# 目　次

# 若水推薦序


鮑勃・羅森濤醫師（Dr. Bob Rosenthal），乃心靈平安基金會的聯合主席，弱冠之年便與《奇蹟課程》結下了深厚的緣分。

根據原基金會會長茱麗的回憶，羅醫師與她的愛子喬納森從大學一開始就是室友，兩人形影不離。1976年，第一批《奇蹟課程》送達茱麗家裡不久，喬納森恰好邀羅森濤到他家一聚。他倆一進門就看到客廳中那一堆藍皮書；喬納森對此視若無睹，羅森濤卻不自覺地佇足於那堆書前，好奇地來回翻閱。告別之前，他靦腆地問茱麗：「我可以拿一本嗎？」茱麗很高興地說：「Of course ！」

羅醫師修習奇蹟之初，即與海倫、肯恩、比爾以及茱麗那群元老過從甚密，成了他們讀書會中最年輕的成員，親炙於四位個性迥異的奇蹟元老，故能多面且通透地了解奇蹟。基於他溫和退讓的性格，自然與跟他同樣溫和退讓且「不好為人師」的比爾最為親近。

　　比爾身為教授，卻視教學為畏途，常用雙關語婉拒別人的邀請：「我這位教授（professor）其實沒有什麼可教人的了（has nothing to profess）。」羅醫師在奇蹟團體中也很少以奇蹟教師自居，直到2016年，在茱麗的懇請下，才從醫療界退休，和茱麗之女共同接掌基金會。改換了角色的他，從此負起傳遞奇蹟信息的任務，並計畫在任職期間，完成他心內醞釀了數十年的夙願，將他臨床治療的經驗和奇蹟理念結合，寫出一系列「奇蹟課程的療癒原則」。

　　《奇蹟課程》曾把世界形容為「瘋人院」，它帶給世界的「奇蹟」，並非把我們直接送進天堂，而只是幫已被罪咎懼逼瘋的聖子恢復神智清明而已。

　　這正是羅醫師一生所面對的工作，無數創傷的心靈每天都在為他演出小我光怪陸離的樣板戲，恰好提供了一個奇蹟療癒的實驗場所。難怪羅醫師多次感嘆自己的幸運，一進入職場，就有機會師從比爾，讓他的治療工作得以超越心理的層次，在更深廣的奇蹟架構下，與病患一起獲得療癒。

　　我在茱麗家中跟羅醫師會面多次，他對於《奇蹟課程》在華人世界的發展表達了高度的關懷。故我在2021年就代表「奇蹟資訊中心」邀請他來華探訪，他欣然答應了。他知道我們華人團體一直接受肯恩思想的薰陶，故很坦誠地問：「我對奇蹟的認知與體驗比較接近比爾，你們可以接納嗎？」我說：「太好了！我們正需要這一平衡。」

＊＊＊＊＊＊＊＊＊

雖然羅醫師和肯恩都是精神科醫師兼心理治療師，兩位都具備了紮實的心理知識與臨床經驗，但在分享自己對《奇蹟課程》的體驗時，風格確實很不一樣。肯恩扮演的是教師的角色，而羅醫師則比較傾向治療師的陪伴與聆聽。

兩者的風格差異，絕不限於性格所致，必然還有現實的因素使然。其實，肯恩比比爾更怕走上講台。他多次開玩笑地說，如果預知自己日後扮演的角色，他一定會躲到床底下。他當初之所以答應海倫，是因為當年海倫看到這部《課程》問世不久就受到扭曲，淪為新時代思想，便屢次向他哀嘆：「我可憐的『課程』！」（My poor Course, my poor Course ！）

肯恩終於抵不住海倫的催請，早早就離開了醫療界，擔起講解整部課程之責。他早年的解說重點**並非介紹《奇蹟課程》是多麼神奇的書**，而是向當年一頭熱的奇蹟學員澄清**《奇蹟課程》並不是你們想像的那種書**。由此可知，肯恩一生的教學任務，不是分享他個人的奇蹟體驗，而是為《課程》**正本清源**，力保耶穌信息的原汁原味。

我們明白了這部《課程》當時面臨的挑戰，便不難了解為什麼肯恩如此重視奇蹟的形上理念，因為若不釐清層次架構，辨別真假虛實，《奇蹟課程》必會落回新時代的陷阱，

把身體靈性化，愈修離心靈真相愈遠，又再掉入小我的「失心大計」。

　　肯恩曾說：「沒有佛洛伊德，大概就沒有《奇蹟課程》。」佛洛伊德對潛意識的研究，加上《奇蹟課程》對小我思想體系無情的剖析，使得肯恩對於小我瞞天過海的伎倆不敢掉以輕心。難怪我們會在他的教學記錄中，看到他在奇蹟路上不斷豎起路標，亮起紅燈，在每個坑坑巴巴的轉角處，向奇蹟後學發出警告：

「前有懸崖！」
「此路不通！」
「放慢腳步！」

＊＊＊＊＊＊＊＊＊

　　雖然，羅醫師和比爾一樣迴避老師的角色。畢竟，他從第一個奇蹟讀書會開始，便在奇蹟四大元老的思辨氛圍中耳濡目染，自然對《奇蹟課程》的原始精神有了第一手的經驗；再加上數十年的臨床經驗，如此雙重因緣，使他對於「奇蹟的療癒」具有獨到的領會——融合了心理與奇蹟兩個層次，但這種融合並非平面性的，而是刻意將心理治療的二元思維拉到奇蹟的一體高度。

　　我們只要看看「奇蹟課程的療癒原則」系列三本書的

書名：《從失心到一心》、《從情愛到真愛》、《從恐懼到永恆》，便不難看出作者的**出發點以及目標**所在，他始終是從「凡夫的妄心」、「人間的情愛」以及「人心最深的恐懼」的現實層面出發，跟我們說故事，話家常，就在說說笑笑之際，突破讀者的心防，把我們領向「一心」、「真愛」與「永恆」的歸鄉之路。

讓我引述一下第二冊《從情愛到真愛》譯者王敬偉的譯後感：

> 以人際關係為修行道場的《奇蹟課程》，再加上羅醫師得天獨厚的背景，讓羅醫師對人性有了更深的透視，針對創傷與療癒之間的微妙關係，他所提供的見解特別具有臨床的有效性與實用性。
>
> 他在書中不只引用了大量的治療案例，也為我們診斷出一般人際關係下面隱藏的小我動力。故我覺得這是一部把心理學和奇蹟理念融合得非常成熟的作品，充滿了睿智與洞見，使得本課程不再那麼遙不可及，把我們的日常生活、社會經驗，甚至歷史事件都串連在一起了。
>
> 我最佩服的是，他把千奇百怪的小我心態描寫得如此細膩，讓讀者得以感同身受，而他的描述又帶著醫師的悲憫胸懷，讀者自然而然放下防衛的戒心，

願意面對內在的陰暗面而嘗試走出困境。

\* \* \* \* \* \* \* \* \*

回想當年，我將羅醫師計畫訪華的消息轉告奇蹟學員時，好幾位弟兄興高采烈地開始策畫：帶他們去哪兒玩、品嚐哪家的美食。當我在羅醫師家報告這些行程規畫時，他的愛妻艾瑪在另一房間笑說：「光是聽你們的計畫，我就等不及了。」

未料到，時隔數月，艾瑪竟然罹患重病，訪華計畫只好暫時擱置。羅醫師在呵護愛妻時，不時感到暈眩，初時以為勞累所致。孰知，當艾瑪逐漸恢復後，羅醫師竟然被診斷出自己罹患了腦瘤。

那時，《從失心到一心》已經出版，《從情愛到真愛》接近殺青。在最後的半年，命如風中殘燭的他，自知來日無多，打起精神，將已經彙整成形的綱要加以編輯，最終完成了略嫌單薄的第三本書：《從恐懼到永恆》。

「從恐懼到永恆」的書名，道出了他最後的旅程——不只為人類指出了永恆的歸宿，也為自己的人生劃下了完美的句點。

「奇蹟資訊中心」為了彌補他與奇蹟華人失之交臂的遺

憾，決定將羅醫師的遺著「奇蹟課程的療癒原則」這一系列翻譯出來，讓奇蹟學員得以在心靈層次與羅醫師「神交」。

為紀念羅醫師一生的貢獻，我們特將此系列著作改為《羅森濤紀念專輯》。

最後，容我再引用第一冊《從失心到一心》的譯者王詩萌的感言：

> 我是先識其人，再譯其書，猜想這樣溫柔敦厚之人所寫的書，應該一樣是誠懇好讀的。果不其然。對我來說，這是最大的意義。一個真誠的人想在書中與你交心，把幾十年的人生經驗分享給你，寫了一部「有溫度」的奇蹟。我想讀者見慣了「說教式」的奇蹟書籍，讀到這樣的作品，必然會耳目一新。

若水誌於星塵軒 2023.7

# 作者序

　　本書屬於「奇蹟課程的療癒原則」的第二本。第一本是《從失心到一心》（*From Never-Mind to Ever-Mind*），書中歸納了《奇蹟課程》最基本的教導，特別用簡單易懂的方式來呈現，因而更具可讀性。不用說，如果讀者依序閱讀本系列書籍，定然獲益無窮。

＊　＊　＊　＊　＊　＊　＊　＊　＊

　　《奇蹟課程》使用了許多傳統基督教的詞彙，例如「罪」、「救恩」、「基督」和「救贖」等等。但在第一本書中，我並沒有採用這類字眼，是擔心初入門的讀者可能會因而產生反感。而到了第二本，也就是本書，則頻頻採納這類詞語，倘若讀者因此聯想到傳統宗教的教堂或「主日學校」而感到不快，也請務必記住，本課程之所以沿用基督教的傳統術語，純粹是為了重新詮釋它們，以便更能傳達出耶穌真正的信息，也就是他的大愛。

　　此外，為了便於識別，本書所挑選的《奇蹟課程》引文，一概使用楷體字，引用其他書時則不然。

　　《奇蹟課程》這部曠世之作，是在二十世紀六〇年代開始筆錄的，當時大家都認為沒有特別必要使用性別中立的人稱代名詞，故本課程也沿用了《聖經》中的父權式語彙，也因此，「上主之子」和「你的弟兄」之類的詞語會經常出現於整部課程。儘管如此，《課程》的目標始終不變，就是要將《聖經》裡的教義回歸到耶穌的初衷，因為很不幸地，《聖經》中的大部分內容都扭曲了他的本意。

　　雖然我個人並不贊同使用父權式語彙和男性代名詞，但因為本書所談的乃是《奇蹟課程》，故還是選擇遵循它的慣例。有些讀者可能會覺得這是一種冒犯，這一點我能理解，也沒什麼好反駁的，只能請他們多多包涵和寬恕。唯一的例外是，我在書中的論述會盡可能用「姐妹兄弟」一詞，來代替本課程中「弟兄」的說法（除了引文以外）。

　　假如《課程》真的要討論上述這個議題，我想，它會這麼說：性別，不過是我們眼前世界當中的一個面向而已。二元對立的表相世界必然充滿了差異性，當然也包括了男女之別。可是，上主沒有性別，更不可能有男性、女性或中性之分。性別純屬二元觀念，始於身體，繼而延伸到人的角色和行為，哪些屬於「男性的」，哪些屬於「女性的」，也儼然形成了一種社會文化心態。直到近代，人類才開始挑戰這類

界定，意識到性別這一角色遠比以前所認知的更富有彈性。然而，上主既非一具身體，也非任何物質形態，上主純是靈性，你我亦然。因此，我們的真實本性不可能由性別這種限制性的概念來界定。我之前就已經明確地指出，我們就是愛，此外無他。

這本《從情愛到真愛》，談的是《奇蹟課程》的原則。《課程》是由兩位學有專精的學院派心理學家所接收到的信息而記錄下來的。《課程》中的教導深植於精神分析理論，表示它不可能出現在佛洛伊德之前。從二十歲起，我就開始學習這部課程，努力將它的理念付諸實踐。如今，我已是一位處於半退休狀態的精神病理學家了，然而，就憑著自己三十幾年的臨床經驗，我不能漠視這些年來所學到的一切，尤其是親密關係中的相處之道。所以，這本書強調的也是人際關係，我根據自己的經驗，在書中介紹了一些心理學的概念，來支持《課程》的教學。我和許多人都認為，這不僅有益於人際關係，而且還因此變得更加有愛。「純粹主義者」可能會反對，聲稱這些概念並不屬於正統的《奇蹟課程》，嚴格來講，他們說得也對。儘管如此，我還是相信這些概念與《奇蹟課程》的心理學是完全相容共通的。倘若這部課程晚來個二十年，我毫不懷疑這些概念會被包含在內。道理就跟剛才探討的「男性代名詞」一樣，因受年代所限，《課程》根本無法考慮到多年後文化社會的變遷。

在我們進入本書內文之前，請大家留意，《奇蹟課程》在〈正文〉的導言中，以短短的三行字，簡單明瞭地闡述了一個真理：

> 凡是真實的，不受任何威脅；
> 凡是不真實的，根本不存在。
> 上主的平安即在其中。（T-in.2:2~4）

這個單純至極的真理，以各種不同的形式，反覆出現在一千多頁的《奇蹟課程》中。絕對一元的真理，既沒有部分也不可分割。由是可知，我們眼中的世界並非真理的世界。還不完整的我們，若要有效地學習，的確需要很多途徑方能接近同一個核心觀念。難怪本課程如此反反覆覆地強調它的觀念，同理，與《課程》相關的輔導書籍，也同樣無可避免地再三重複，才能讓每一個概念都呈現出全像式而相互呼應的效果。縱然我已經盡了最大努力避免重複，但要將本課程的核心教學局限於本書中的某一章節，終歸是不可能的。因為它真是無所不談，故必須一而再、再而三地聆聽它，才能幫助我們突破自己的重重防禦，最終覺醒於真理。

就這樣，我們開始吧！

# 第一部

# 情　愛

# 關　係

進入和平方舟的，都是成雙成對的；另一個世界就
是由他們開始的。（T-20.IV.6:5）

# 第 *1* 章

# 導　言

　　1965年的夏天，比爾・賽佛和海倫・舒曼的內心十分掙扎。兩人是同事關係，同樣任職於紐約哥倫比亞大學內外科醫學院心理學系。再早些年，比爾聘請海倫幫忙撰寫撥款申請報告，但工作進展得很不順利，同時，他們與系裡其他教職員的互動也充滿了敵意和競爭，當然，兩人本身的關係也沒有好到哪裡去。雖然作為同事，彼此十分尊重和關心，但各自人際溝通的風格實在是大相徑庭，似乎都在挑釁對方最糟糕的性格，甚至連一丁點微不足道的分歧都會瞬間演變成一場大爭吵，最終落得兩敗俱傷。

　　更複雜的是，海倫竟然瘋狂地愛上了比爾，縱然她已是有夫之婦。但比爾始終沒有為之動情，他比海倫小十四歲，

終身未婚，而且還是一個未出櫃的男同性戀呢。要知道，六
〇年代的文化主流不只「恐同」而且「反同」，極為仇視同
性戀者。那時官方出版關於精神疾病的《診斷與統計手冊》
（*Diagnostic and Statistical Manual*），仍然把同性戀歸類為一
種疾病。難怪比爾會選擇隱藏自己的性傾向。總之，上述種
種全都導致了一段非常混亂的關係。

　　有一天，比爾走進了海倫的辦公室，一反常態地大發議
論：「系裡同事的態度愈來愈惡劣，這樣下去根本解決不了
任何問題。」接著又說：「一定有更好的辦法才對！」而且
表示決心要找到這個辦法，一是從同事身上找尋優點而非
批評對方，二是選擇合作而非競爭，等等的。如此高談闊論
一番之後，便靜候海倫的答覆。比爾本以為對方必會冷嘲熱
諷，結果卻出乎其意料，海倫居然同聲附和，而且還答應會
和他一起，共同探索出一條更好的與人相處之道。兩人當時
的想法其實很簡單，就是將這種新方法應用到烏煙瘴氣的
工作環境及兩人的關係中，萬萬沒想到，彼此共同許下的承
諾，竟然啟動了一連串的旅程，其影響之深，意義之大，遠
遠超乎他們的預期。

　　接下來的幾個月裡，海倫常聽到內在的「聲音」，並稱
之為「它」，即使海倫承認那聲音確是來自於耶穌。它對海
倫「說話」的方式並非使用語言，而更像是一種快速流動的
念頭，再經由海倫轉寫成文字。它是這樣說的：「這是闡述

奇蹟的課程。請你記錄下來。」筆錄的過程就這麼開始了：
海倫先記錄聽到的內容，然後念給比爾聽，再由比爾打字列
印出來。長達七年後，《奇蹟課程》的筆錄完成。整部課程
包括了三冊：〈正文〉、〈學員練習手冊〉和〈教師指南〉。

　　完成筆錄之後，海倫和比爾卻不知拿這大部頭的書作何
用。海倫認為，會對此書有一點點興趣的，全世界加起來最
多五個人吧。比爾隱約覺得它是為了吸引更多的讀者而來
的。轉眼四十多年過去了，透過他們而來到世上的這部《奇
蹟課程》，已經被翻譯成二十七種不同的語言，至少三百多
萬人有幸接觸到它。與它相關的熱門書籍不下於數百本。世
界各地還有好幾千個讀書會，以及無以計數認真投入的奇蹟
學員。

## 覺醒之道

　　我為什麼要分享上述這個小故事呢？因為它充分顯示了
本課程一個十分重要卻又常被人忽視的事實真相：《奇蹟課
程》的緣起，正是兩個在關係中掙扎的呼求心聲，而這部巨
作則是針對此一呼求所做的直接回應。

　　作為一種靈修的思想體系，本課程的重點並不是冥想、
祈禱，或茹素齋戒；也不在於異次元經驗、目眩神迷的儀

式,或嚴格的戒律。它既沒有主張要救苦救難,也不是為了改變世界或改善世人的命運。它只是一門喚醒人心內的真實自性(也就是真我)的課程。所謂自性,絕非早上洗漱時,從浴室鏡子裡盯著你自己看的那張臉。儘管自性所傳遞的愛已遠遠超乎世人的理解能力,但它不會參與任何變化不斷的目標和欲望,也不了解我們的恐懼,以及為了逃避恐懼而制定的種種計畫。真實自性並不僅僅屬於你一人,它一視同仁地屬於每一個人。這就是自性的本質,也是本系列第一本書《從失心到一心》的核心主題。

然而,若想喚醒真我,首先必須解除自己的假我信念;而要實踐這個解除假我的過程,並非去山頂靜修,服用迷幻藥,或唸誦上師傳授的咒語。反之,它平淡無奇,幾乎每個人都可以做到。根據《課程》的理念,在覺醒過程中,最主要的工具乃是關係,主要的目標則是療癒關係中的衝突——小自彼此之間微不足道的意見分歧,大到致命的背叛行為,全都包括在內。事實上,衝突正是所有人類的關係與生俱來的一種特質。

說真的,無論自己有多麼愛一個人,如果能誠實地檢視一整天裡對那人的種種想法,便不難發現,其中必然隱含了無數的衝突之念,也許呈現為評判、失望、分歧的樣貌,或者想要控制對方,乃至於處處要證明「我對你錯」的心態。這類想法未必持續不斷,但出現的頻率也夠驚人的了。

　　無庸置疑，至少需要兩個人才能形成一種關係。原是獨立個體的兩人走到一起，每個人都有自己獨特的背景、世界觀和各種目標。兩人的這些目標絕不可能完全吻合，反而經常互相矛盾或衝突，比如海倫自己與海倫對比爾的愛，即使他倆看起來很和合。又比如熱戀中的情侶，只要假以時日，就會出現種種的分歧。可想而知，人與人之間的差異勢必會導致衝突。

　　再舉個例子，女方想要外出看電影，男方卻想待在家裡看球賽。就算兩人同意一起看電影，男方酷愛喜劇片，女方卻喜歡動作片。怎麼辦？類似的事例俯拾即是，父親強迫兒子就讀醫科，以便將來謀得高職或創一番事業，究其原因，可能是父親自己一事無成，但兒子卻只想跟朋友組團玩音樂。這又該怎麼辦？他們之間的確彼此相愛，也能相互關心，但最終還是避免不了各種衝突。

　　對此，本課程一針見血地指出：「衝突是一切邪惡之源。」（T-11.III.1:7）然而，我們剛才不是看到了嗎？衝突是不可避免的。那麼，該如何看待這一點呢？難道我們全都是邪惡之輩？不！當然不是。只可惜我們不僅無知，而且還堅持活在無知當中。我們不知道該如何擺脫衝突，是因為沒有認清衝突的真正原因。說得更露骨一點，其實就是不願意解決這個問題，更別說深入研究問題之所在了。所幸，《奇蹟課程》這部靈修經典終於來到這個處處隱藏著衝突的人世

間。它還說：「我這部普世課程的內涵就是真愛。」相信不少讀者一聽就大為雀躍：「好高超的一套理論，我要趕緊報名！」對吧？但是，我們馬上就會看到，自己對這個真愛的信息究竟有多大的抗拒。

因為這部課程想要教導的「與人相處之道」，乃是無所不包的真愛，它沒有任何特殊性和排他性，它不會只給這人而不給那人。由此可知，若憑**自己**的喜好選擇去愛某一個人時，就已經不是上主那種無條件的、普世性的真愛了。《課程》有個專用術語，就是所謂的「特殊關係」，它成了我們體驗真愛的一大障礙。唯有心甘情願地把特殊關係轉為**神聖關係**，我們才有可能找到真愛，以及隨之而來的平安。

說白了，特殊關係在本質上其實就是一種交易，儘管這種交易心態極為隱祕，令人難以察覺。我們為了在他人身上索取自己所需之物，不僅喜歡討價還價，還隨意操控，甚至不惜作出犧牲，可說是無所不用其極。人們所需求的可能是物質方面的，例如財務上的支持等等，但更多時候跟人品或個性相關，通常會認定對方擁有自己所欠缺的。比如那人溫柔體貼、感情豐富、精明能幹，且意志堅強，而那些特質剛好是自己所欠缺的。於是，關係便成了滿足這種匱乏心態的一種手段。與此相反的則是「**神聖關係**」，它唯一的目標就是放下特殊性，從而體驗到無條件的愛。最終明白，愛是我們的存在本質，而且存在於每一個人的心內。愛一旦成為關

係的目的，我們便能再度覺醒於自己的基督自性了。

根據《奇蹟課程》，上主乃是無邊無際的永恆之愛，此外無他，也無一物存在於祂之外。上主不斷自我延伸，按照祂的肖像創造了我們，因此，我們同樣是無窮無盡的永恆之愛，此外無他。然而，不知何時何故，我們陷入了一場大夢，夢中突然冒出一個充滿差異的世界，上主的愛也好似銷聲匿跡了。從此，只知給予而自然延伸的普世真愛，被扭曲成了**特殊的**愛。想要被愛，就先得**付出**，還得努力扮演各種角色，展現自己的聰明才智，如此方能魅力四射，給人留下深刻的印象，讓別人相信我是值得被愛的。不知何時何故，竟然全都忘了，愛原是我們的天賦權利。我們就是愛。它不需要討好或爭取才能得到；它永遠與我們同在。因此，我們只需憶起自己原來是愛就行了。

那麼，這部課程要如何幫我們憶起愛呢？下手之處無他，就是一切具有「特殊性」的人事物，不管是愛人、孩子、父母還是朋友同事都可以。唯有把特殊的愛轉成普世之愛，也就是將所有人都包容在內，而且無一例外，方能在心中看到每一個人身上都散發出神聖光輝，還能認出它只可能來自於上主。我們在別人身上看到了什麼，必也會在自己身上看到的。那時，所謂的「**別人**」已不復存在。只因終於明白了，我們全是上主的一體造化，亦即祂唯一的聖子。至此，那充滿差異性及交易性的一對一關聯性，已經轉變成普

世的一體關係，也就是從**情愛轉化為真愛**了。

\* \* \* \* \* \* \* \* \*

　　說到這裡，我要強調一下，本書所談論的「轉化關係」，並非指表面形式上的轉化，而是本質上的轉化。也唯有透過寬恕，方能達成這種轉化。然而，如同《課程》在其他地方沿用的慣用術語時一樣，寬恕的概念與世間約定俗成的理解截然不同。在此，我們無妨將它視為一種很**高超的寬恕**，徹底放空，完美無瑕，散發出超凡脫俗的光芒魅力，驅散了世間所有的差異性，以及過去彼此的傷害或指責所留下的任何陰影。果真如此，這種寬恕已經遠遠超乎了我們此生所能經驗到的境界。因它已臻至極點，完全消除我們彼此之間狀似分隔的界線。

　　這可能會讓我們想到《聖經》裡的耶穌，他教我們要「愛鄰如己」，這似乎是一項既荒謬又極不可能的任務。試想一下，我怎麼可能去愛那個罪犯或殺人兇手，還有光是聽他說話就夠噁心的那個政客？我又怎麼可能去愛一個不愛我的人，還有那些傷害過我或我所愛的人？世間對此沒有答案，但是，本課程有，就是寬恕！它不只教導我們明白這種不可能的事是如何變成可能的，而且還具體指出將寬恕付諸實踐的關鍵之處。

　　從某種角度而言，《課程》的寬恕門檻確實很高。幾乎可以這麼說，大多數人對耶穌愛的教誨毫無學習的興趣，然而，他們確實很想改善現有的關係。這本身就是一個值得一試的目標，縱然不足以成聖成賢，但已朝著正確方向邁出了一大步。寬恕乃是療癒每一個關係的良藥，這是一個單純的事實。不論問題大小，是小毛病還是生命受到威脅與攻擊，寬恕都會給我們另一種眼光來重新看待它們，幫我們揭開那些傷害與指責的面紗，目睹藏身其後的真相，找回自己的真實自性而最終憶起愛。

　　這是真的，無論把寬恕運用到什麼程度，人際關係都會有所改善。平安必會取代衝突，原本難搞的人也會變得較好相處，你甚至還會喜歡他們。這種變化往往沒有合理的解釋，最令人費解的是——你什麼都不需要做。因為寬恕從不在行為層次下功夫，它只是改變你自己的想法而已。

　　關於這一點，《奇蹟課程》說得很清楚，唯一真實的只有心靈。你在「外面」所看到真實無比的世界，只不過是自己內心的想法投射出來的罷了。因此，一旦你為自己對他人的看法負起責任來，並能透過寬恕這一療癒的透鏡去看待他們，那時，他們自然會在更深的一個層次感受到，並做出相應的回應。換句話說，只要你的看法改變了，對方也必然隨之改變。

　　寬恕確能改善人際關係，但這並非它唯一的好處。如果

你能夠踏實而持續地操練寬恕，對自己的身分便會有一種全新的認知，從此，再也不會充當一個外在環境的受害者而聽天由命，更不會自視為一個獨立的個體，與他人互不相關而各走各路。〈練習手冊〉就有那麼一課：「寬恕幫助我了悟心靈的相通性。」（W-336）言下之意，是你終於明白了，自己此生肩負的使命就是「念念唯心」（mind the mind），每一念都成為充滿溫暖之愛的家園，每一念都是為了你及所愛之人，還有將來會愛的所有人。

## 簡介《奇蹟課程》與本系列第一本書

在繼續下文之前，我想提醒一下，本書是「奇蹟課程的療癒原則」系列的第二本。如果大家已讀過第一本《從失心到一心》、尤其是已經開始學習《奇蹟課程》了，那麼，它必然有助於理解本書的內容。不過，或許有讀者想要回顧一下，因此接下來我會先簡述一下第一本書，和書中所述及《奇蹟課程》的教學要點。

# 認識你自己

這個主題倒讓我想起，我在家裡跟小狗玩耍時，常把一根玩具骨頭扔到客廳的另一邊，狗狗樂得撒腿就追上去。但家裡那隻小貓就只在一旁看著，對小狗可笑的動作似乎感到莫名其妙。牠更喜歡跑出廳外的草坪，一發現倒楣的小鳥落在地上，就踮起腳來，小心翼翼地跟蹤著，而狗狗就沒那個耐性了。牠們的天性不同，卻都能自得其樂，小狗的快樂模式並不適合小貓，反之亦然。我想要藉此說明的是，幸福快樂是來自於了解並接受你自己本來的樣子。

這就是為什麼《奇蹟課程》會提出這個關鍵的問題「**我是什麼？**」還要求我們每一個人都必須作答。因為缺少了這一覺知，根本無從找到真正的幸福。因此，在《從失心到一心》一書中，我們深入探討自我的問題，系統性地反思自我認知的各種傳統方法，才發現，原來它們全都站不住腳，都只是為了裝飾一個難以理解的東西所做的門面罷了。

真相是，你**不**了解你自己——那個真實的自我。沒幾個人能有這樣的覺知。你所認定的自我只是「東拉一根線，西扯一塊布」，精心編織出來、純屬虛構卻又如此複雜，比如名字、外貌、價值觀和信仰，以及這一生中所扮演過的各種角色。要知道，真我與你腦中喋喋不休的聲音毫不相干。那些聲音只會強迫你不斷評論每個念頭和行為，還非得接受

它們不可。同樣的，真我與那些早已過去的所有故事也沒有任何關係。你卻把那些故事收集於記憶中，拼湊在一起，似乎構成了一部個人史——我在這個地球的生活軌跡。然而，所有這些都無法界定你的存在本質，也都不是**你**。我在第一本書中把自我所有的面向統稱為「失心」（Never-Mind）狀態，因為它們絕對**不能**代表更深層次的那個真實的你。事實上，在上主的實相裡，它們根本**不存在**。不過，《課程》並沒有使用「失心」一詞，它更喜歡精神分析學的術語，故把自我這個冒牌貨稱之為「小我」，而本書也多半沿用了這一說法。

正因為我們完全認同了小我，而且還十分珍惜它虛幻的贈禮，才會淪落到如此地步，竟然忘失了自己的真實身分，但這並不表示它不存在。我們從未失去過自性，也不可能失去它。因為它是上主創造的，任何人都沒有推翻上主、毀棄祂造化的能耐，卻可以視而不見那個自性，而選擇轉頭緊盯著世界這個海市蜃樓——它實在太搶眼了，遠比實相更有吸引力。

這就是為什麼「認識你自己」如此重要。因為除非認識了自己的真實本性，明白了「你是誰、你是什麼」，並本著這種覺知生活，讓它成為生命的源泉，否則，只能艱難地逆水而行，掙扎於苦海之中，既無法滿足任何需求，也沒有任何意義。最終，你所相信的**你**，以及誤以為會導航護駕的那

個小我，全都註定一死。只要還認同這個錯誤而且稍縱即逝的自我身分，便不可能擁有真正的幸福。明快地說，錯誤的前提下不可能得出真理。

根據《奇蹟課程》的形上原則，你的真我與你以為自己是誰，以及假想出來的這一生，或者努力追求且珍視之物等等，都毫無關係。真我存在於時空及任何物質之外，純然屬靈，也必是全然的愛，充滿平安喜悅且永恆不易。我在前一本書中稱作**唯心**、**一心**（Ever-Mind，又譯作「永志一心」），與之相對的則是**失心**（Never-Mind，又譯作「永劫無心」）。真我，靈性或唯心、一心，可視為同義詞，在《課程》裡，則稱之為「基督」或「聖子奧體」等等。基督自性活在你內，但並非只在你內，一切有情眾生都共享了這個神聖的身分。事實上，我們只有領悟了這一身分必是共享的，才可能認出它的存在。

在人間，人們也渴望能擁有這種共享的身分，最直接的反映，就是我們都會想要組成一個團體。在團隊中，大家會暫時擱置各自的私事，為一個共同的目標奉獻。每一個人都希望成為一個更大群體中的一部分，不管是一支球隊、一場高中生的比賽，還是一個信仰團體、一次抗議遊行，或一場試圖改變世界的運動。縱然這個世界蘊含著無數的可能性，令人眼花撩亂，怦然心動，但人們總還是被那種一體的結合所吸引。

　　儘管如此，世間的團體到頭來總是會呈現出分裂意識，並由此衍生出種種競爭，幾乎無一倖免，因為人間萬事萬物的本質就是分裂。唯一能把人類結合在同一目標下的，就是本課程所說的救贖——上主對人類幻想出來的分裂之「罪」及其後果的統一答覆。〈正文〉也明確指出：「救贖是普世人類共有的唯一需求。」（T-6.II.5:5）如同對獄中的囚犯而言，唯一能把他們真正結合在一起的，就是逃離監獄。

　　因此，《奇蹟課程》的目標，絕不只是讓我們去了解一套枯燥的理論知識。它以一種全然務實的方式來訓練我們的心靈，幫助我們憶起自己真實且純粹唯心的基督自性，從而恢復自己的首要身分——大我。為此，即使活在人世間，我們仍有可能體驗那個一無所懼的自性，而且領悟到它存在於每個人的心中，亦即我們最終得以回歸一體的真愛。這種學習的效果所帶來的幸福和平安，遠遠超乎我們的想像。試問，還有比這更有效的方法嗎？

## 世界是什麼？

　　但凡把小我當作是自己本身的人，不可避免的結果就是：不但認同了小我，而且任由它主宰自己的一生；如此，便等於作了一個選擇——我決定永遠活在小我的世界裡。

然而，小我並非真實的，它衍生出來的世界更不可能是真實的。根據《課程》的觀點，我們每天所經驗到的世界，也就是五種感官帶來的種種感受全是幻相，或者不如說，是整個人類的集體幻覺。既是虛妄之物，怎麼可能獨立於心靈之外而存在？當然，我們可能會認為，既然世界是真實的心靈投射出來的，好歹也是一種「虛擬實境」，就像電影膠片投射到空白的螢幕上，這部課程不也這麼說，世界是「描述你內心狀態的外在表相」（T-21.in.1:5），但別忘了，本課程還進一步指出：「知見只是一面鏡子，而非一個事實。」（W-304.1:3）言下之意，這個世界恰恰反映了我們「想要」看到的東西，難怪我們看不到快樂幸福的畫面。

換言之，我們以為的那個「真實心靈」同樣虛妄不實。《奇蹟課程》說得十分清楚，真理實相必然出自上主，也唯有祂創造的實相才是真實的。上主既沒有創造這個充滿知見的世界，也沒有創造數十億人類以及棲息在地球上數以萬億計的不同生命形式。絕對一體的聖愛怎麼可能會創造出一個由千差萬別、壁壘分明，而且還充斥著種種痛苦的世界？永恆之物豈會以死亡的形式來限制自己？

顯然的，是**我們**打造了這個世界。不知何時，也不知何故，上主之子突然冒出瘋狂至極的一念，這一念瞬間就爆出了整個時空世界。可以說，就如同產生物質宇宙的大爆炸（Big Bang）之另一版本，也相當於《聖經》所說的**淪**

落——亞當和夏娃被驅逐出伊甸園，淪落到這個殘酷無情的世界。然而，不論把它理解成大爆炸、淪落，或是本課程常用的術語「（與上主）**分裂**」，不可否認的，我們已經活在由此衍生出來、充滿差異和對立的夢幻世界裡。冷與熱，好與壞，痛苦與快樂，以及生與死，莫不歷歷在目，全都如此真實。所謂的「虛擬實境」其實就是監獄。所幸，如今《奇蹟課程》為我們提供了一把開啟監獄之門的鑰匙，我們終於可以把自己從獄中釋放出來了。

總之，我們所棲身的世界並非上主的旨意；無論小我多麼希望根除上主或完全取代祂，我們就是做不到，也絕對無此能耐。請記住，是上主創造了我們，我們沒有創造祂。難怪，就算世上偶爾有些許的歡樂和情愛，也曖昧不明，而且無法持久，總是說變就變，說沒就沒了。如此稍縱即逝的愛的經驗，與上主光芒燦爛、無所不包的真愛相比，最多最多，就如同一線遙遠的微光。

無可諱言，「世界是我們自己打造出來的幻相」這一觀點確實令人難以接受，對不少奇蹟學員來說更是如此。老實說，我們真的寧願相信自己是一個獨立的個體，活在一個真實無比的世界，而且努力要成為最好的那一個。活在世上的每一個人無不深信彼此是各自獨立的個體，與上主之間亦然（如果真有上主這號人物的話）。芸芸眾生，有些人是幫手，站在我這一邊；其他人則屬對手，是阻礙自己實現目標

的敵人。不消說，一夕之間，朋友就可能變成了仇敵，更別說當死亡來敲門時，所有努力實現的目標瞬間全化為烏有。這種觀念不但瘋狂，而且折磨著世世代代的人類。沒有錯，我們全都神智不清，夢遊般地徘徊在這個虛幻的世界，再也無法憶起自己的真實身分和造物主了。

在本章結束之前，我要再強調一次，上主不可能創造這樣一個世界，更別說理解它了。唯一實相的終極源頭怎麼可能了解毫不真實且不可理喻之物？不論世上發生什麼，上主概不負責，既不監督也不會控制那些事件。即使成千上萬隻麻雀從天上掉下來，與上主又有何干？祂可不是《聖經》裡頭「會為萬物負責，包括麻雀」的那個天父（〈馬太福音〉10:29~31）。不論是世界盃足球賽，或是超級杯美式橄欖球賽，也不論哪一方的球迷在賽前如何熱切祈禱，《奇蹟課程》的上主都不會插手圈選贏家的。究竟而言，世界所發生的**一切**全都與上主**無關**——除了愛以外。

話說回來，上主從未遺棄我們，也絕不會任由我們陷於虛幻的噩夢中。祂對分裂給予了一個終極的答覆：一條回歸真理實相之路，一座能讓我們跨越幻相和真相的橋樑；一個引領我們回家的嚮導，一位溫柔地幫助我們的朋友；唯祂能將同一心靈的我們從瘋狂之夢中喚醒，徹底擺脫束縛。祂，就是本課程所說的「聖靈」，一如〈正文〉所言：「聖靈是上主對分裂狀態的終極答覆，……救贖必須靠祂才能發揮療

癒之效。」（T-5.II.2:5）

　　為此，只要我們跟隨聖靈的指引，祂必會將我們的心靈領回真實自性的。我們的心一旦紮根於本有的自性，便能看透分裂小我的虛無本質，時空世界也隨之消失於愛的光明中。那時，我們將充滿喜悅地回歸於上主了。

# 第 *2* 章

# 關係的必要性

　　山繆‧強森（Samuel Johnson），一位十七世紀的英國作家、文學評論家和詩人，他曾說過一句耐人尋味的話，大意是：「沒有什麼比面臨絞刑更能讓人集中精神的了。」確實，面對迫在眉睫且無可避免的死亡之際，我們處理事情的優先順序必會發生巨大的變化，哪些至關重要、哪些無需在意，全都一清二楚。面臨死亡，如果對自己所經歷的生活深感滿意，多半能體驗到一種意想不到的平安和自由。反之，只是遺憾無窮，甚至苦不堪言。

　　在當精神科醫師的初期，我曾在市中心一家大型醫院工作，擔任腫瘤科病房的諮詢師。主要職務是診斷和治療憂鬱症。我也因而有不少機會接觸到臨終患者，幫助他們平安地

面對即將死去的事實。

那段時期我所遇到的臨終病人，沒有一個後悔賺錢不夠多，也沒有一個懊惱曾經搞砸過什麼大生意，或錯失哪次可以翻倍的投資機會。然而，我卻一次又一次聽到他們訴說一些充滿悲傷或遺憾的故事。有人因為幾十年前的一場雞毛蒜皮的爭吵而跟兒子或女兒漸漸疏遠；有人沒能和好友保持聯繫；也有人希望自己有機會回到從前，能多和父母或孩子共度美好時光，多對他們說「我愛你」、「我以你為榮」、「感謝有你」。是的，一旦站在死亡的懸崖回首今生的景況，這些遺憾痛苦便會縈繞不去；到了最終，幡然醒悟，原來，關係、愛與感恩才是最珍貴之物。

讀到這裡，各位不妨暫停一下，花一分鐘的時間，檢視自己對即將來臨的一天有何想法：你的種種擔憂和期望，還有你為之煩惱或開懷的那些事情，有哪一樁**脫離**得了關係？想起來，或多或少都有關聯，幾乎沒有例外。可以這麼說，生活中最重要之事，莫過於人際關係了。關係是否健康，是支持你還是消耗你，決定了我們今生的意義。


## 孤立的代價

心理學家早就注意到，隔離關係會對嬰兒造成極為不利

的影響。在世界各地的孤兒院裡，經常被保育員擁抱與關愛的嬰兒會茁壯成長，而遭受冷落、沒人去觸摸的嬰兒，容易衰弱死亡。由此可知，人類的生存必然有賴於這種最基本的連結感。

曾經有位朋友講了一個令人震撼的故事：她女兒和另一個小女嬰同在一間托兒所，她每天下午來接女兒時，會看到這個安安靜靜的小女嬰，獨自坐在機械式自動搖籃中來回擺盪，完全與其他小孩隔離，也得不到保育員的觸摸。於是，她質問為什麼忽視這個小女嬰，保育員說，是孩子的父母堅持這樣做的，他們不想讓女兒在成長過程受到太多關注而「寵壞」了。

有一天，我那位朋友照常去到了托兒所，發現那裡亂哄哄的，幾個保育員都在哭。原來當天早些時候，發現小女嬰已經死了，而且找不到明顯的死因。要知道，這個女嬰所有的物質需求都已經得到了滿足，從不缺少食物、飲水和衣服。但她渴望接觸，渴望連結，渴望人類最基本的需求——關係。

無庸置疑，孤立之人必然痛苦。我們有幸撐過了嬰兒期，足以令女嬰致命的孤立感對我們而言，已經不再那麼切身了。但是，常常感到孤獨的人，卻很容易陷於抑鬱狀態或生病，大大增加了自殺的風險。另一方面，那些已婚夫婦，尤其是與親友關係密切的人則會活得更久、更健康。英國政

府也注意到，孤獨竟成了一個日益嚴重的社會問題，最近還任命了一位「孤獨部部長」。儘管很多人對此嗤之以鼻，但這至少代表著一種努力，試圖解決不斷暴增的孤獨感，尤其是老年人。

如果有幸在生命的早期體驗到愛的觸摸，產生了持續溫暖的連結感，便能建立一種健康的依附模式，而且成為自己存在的一部分。同時也會感覺到活在世上的我不只屬於這個世界，也是受人歡迎以及被需要的；這種感覺會成為自我意識的一部分並伴隨一生。作為一個成年人，當然不需要每天都有人抱抱，或者一大早就有人笑著問候你（雖然這種感覺很棒），但只要知道自己配得到他人的愛，也就夠了。它好似一種「內在關係」的無限資糧，幫助自己安全度過孤立和寂寞的時光。

反之，如果生命早期愛和連結不幸被剝奪，便沒有那種與人建立聯繫的內在模式可循，甚至可能導致往後不信任別人。這種不信任之感必會不斷滋長，引發身邊人對自己的不信任因而避而遠之。如此，又反過來證實了原有的不信任：「看，我就知道他們不喜歡我！」一旦認定自己是孤立的，必須靠一己之力生存於嚴酷的世界，還得為了滿足需求而與他人鬥爭。接下來，所有的關係都不可能含帶溫暖與關懷了，因為它們全是為了從別人身上索取而建立起來的。如此一來，此生的目標很可能不再重視愛和連結，而是集中在物質

層次，只因它們絕不會「排斥」自己。

請看看這兩種截然不同的生活方式與關係模式，不消說也知道哪一種更能帶來滿足感。我們確實需要「關係」，而且是那種具有實益的關係，它如此熱切地歡迎愛的來臨，又能全然地共享，幾乎把衝突降到了最低點。這種關係是無可取代的。

## 關係的連結

人一出生，就已經處身在一個充滿各種關係的世界裡，父母、祖父母之外，還有兄弟姐妹、伯叔姑舅姨等等的，無論是否喜歡，他們都在那兒迎接我們的到來。隨著成長，生活領域也逐漸超出家庭，從學校到職場，新的關係不斷形成，朋友、愛人、師長、同事乃至競爭對手。然而，我們真的很少站在關係的角度來審視自己。每一天都浸泡在滿滿的關係裡，卻依然認為自己是一個獨立的個體，正在與其他個體互動。

在《從失心到一心》一書中，我們探索了個體自我與集體自我相互之間的牽引力。比如哪一個才是真正的自我？如果從「有機體」的角度去界定，那麼，在自然界中，真正的有機體是什麼？是孤伶伶的一隻螞蟻，還是熙熙攘攘的蟻

群？是孤狼還是狼群？再來看看人類本身，人體內的每一個單一細胞、各自獨立運作的器官等等，它們和整體自我之間的關係又如何界定？

究竟哪個才是真正的**你**？哪個是**自我**？

社會系統與自然界一樣，每個層次之間都存在「嵌套」關係。原子結合成為分子，分子組成了細胞，細胞聚集一起又形成了組織，還有之後層層嵌套而組成的器官和系統，最後共同構成了一具身體。這些身體在家庭、社區和國家中也相互關聯，每一個層面裡，我們都可以把焦點放在個人或集體、局部或整體上，但兩者都未能掌握全貌，故均非完全正確，因為看似整體之物可以分解成各個部分，反之，分開的部分也能夠結合起來而形成更大的組合。

這就是世間萬事萬物的本質，每一物都與另一物形成一種關係。我們不可能在系統裡面的任何層面單獨挑出一部分，便認為它是完整的，當然，除了不想看到全貌之人。

然而，關係的性質並非都是一致的，可能是有益的，也可能是有害的；有些極具療癒性，有些則充滿了破壞力。如果是有效的關係，它的各個部分都會為整體的共同利益而協同合作。這種互利關係，就是生物學所說的**共生**（symbiosis）。

共生關係對生命至為重要。比如說，寄生於人體腸道內

的原生菌，是從宿主飲食中的碳水化合物獲取營養，而它們的回報方式便是維持腸道的穩定狀態，使得引發腸道感染的細菌難以入侵。就這樣，人體系統和原生菌雙方全都獲益。再舉一個較高層次的社會系統中的例子，一家新創立的製藥公司，開發出一款前途看好的新藥之後，便與另一家老牌企業合作，由它負責廣告與行銷，然後自己從營利中獲取利潤。每一方都願意給予對方一些益處，共同的目標就是「雙贏」，而這一目標是雙方都無法獨自完成的。

　　不幸的是，自然界中並非所有的關係都是共生的，反而不少是具有破壞力的。例如病毒入侵細胞，吞噬細胞的基因（DNA），為自己繁衍更多的後代。又例如非洲不少河流至今仍有血吸蟲，如果下河游泳就有可能感染血吸蟲病。原因是幼蟲會從皮膚的毛細孔鑽入人體內，在器官中寄宿產卵。上述例子都屬於「寄生關係」。寄生蟲只知取己所需，不僅沒有付出任何相應的回報，反而不斷傷害宿主。可想而知，寄生關係必然難以為繼，而且註定自我毀滅。因為寄生蟲遲早會耗盡宿主的資源，或對它造成嚴重傷害而導致死亡。宿主一死，失去生存資源的寄生蟲也就完蛋了。對雙方而言，寄生關係等於致命的關係。

　　是共生或是寄生，人際關係往往也不出於這兩類。倘若只知利用對方卻不回報，甚至不惜操控，予取予求，直到對方一無所剩，那麼，這段關係也必然隨之終結。與此相反則

是共生，雙方都樂於為共同的利益做出貢獻。但是，除非這種付出是出於愛，否則，隨著時日的推移，這段關係必會退化而變成純粹的交易。因為共生的平衡只可能維繫一段時間，例如所謂的「雙贏」商業模式，一旦缺少愛，就很容易翻臉，最終恐怕就分道揚鑣了。

剛才說了，寄生關係必定導向自我毀滅，因為它只知索取卻從不回報。反之，透過相互給予和接受的共生關係便能支持生命，尤其是出於愛的給予。


## 施與受

有關共生關係這個主題，《奇蹟課程》談到了很多，但它極少使用「共生」一詞，更常用的是「施與受」。它明確地指出，在上主的實相中，給予和接受是同一個過程。然而，「施與受在真理內是同一回事」（W-108）這一觀念，對分裂的世界根本是毫無道理可言的。因為我若給別人某個東西，自己就不再擁有它了。但在真我的一體生命或純粹一心之境中，這乃是天經地義之事。只因它從未分裂過，唯愛存在。一體生命只能給予，而且也只能給予自己，因為此外無一物存在。也因此，一體生命不可能有不同的部分各自擔任施者與受者的角色，如同〈練習手冊〉第一百二十六課所

說的：「我所給的一切，都是給我自己的。」

　　也就是說，給予和接受是同時發生的，因為永恆之境沒有過去或未來，只有當下此刻，故說它們是同一個過程的兩個面向，之所以看起來似乎有前後順序，只因為施與受在我們的心目中，仍是不同時間發生的相對行為。

　　不知大家是否聽過一個關於天堂和地獄的古老故事，它生動地闡釋了「施與受」這個原則。話說有個猶太人受邀去天堂和地獄遊覽，他被帶到兩個完全相同的房間前，一間是地獄，另一間是天堂。他先打開代表地獄的房門，裡面有一張大桌子，桌上擺滿了各種豐盛的食物，圍桌而坐的是一些註定永生永世受苦的有罪之人。他們每個人都握有一把長勺，卻只准用來餵自己。他們一伸勺就很容易舀到食物，卻無法把任何佳餚舀進自己嘴裡。勺子實在太長了，無論手怎麼彎來扭去，就是吃不到一點點。就這樣，那些人永遠盯著絕對吃不著的盛宴，也永遠在饑餓的折磨中煎熬著。

　　接著，那個猶太人推開了隔壁房間的門，看到裡面全是天堂的居民。他們圍坐在同樣的一張桌子旁，桌上同樣擺滿美味佳餚，手中也拿著同樣的長勺。然而，這個房間裡的人們並不試圖餵飽自己，反而高高興興地把舀滿美食的勺子，伸向桌子對面的人，往他們嘴裡送；而那些幸運的靈魂也會投桃報李，用自己的勺子為其他人提供食物。於是，舉座盡歡，每一個人都在盡情享用美食。

顯而易見，天堂全然共享，地獄則孤獨無依。

當然，給予物品或服務之類東西，與給予觀念完全是兩碼子事。物質性的東西只能經由身體層面給出去，一離手就馬上失去它了。與此相反的，正是本課程多次提到的「觀念離不開它的源頭」。換言之，我和你分享的若是一個想法，自己也不會失去它。再打個比方，你說了一個很棒的笑話，笑聲感染了我，你我都共享了這個笑話，而且還可以繼續與他人分享，不斷地延伸出去，但充滿笑聲的笑話卻依然留在我們兩人心中。

愛也是如此。如果我給你愛，我不會失去它。沒有人會因為愛他人而受損的。

之前已說過，《奇蹟課程》的核心教誨唯心而已。上主是天心，我們是人心，都是心靈；而上主就是愛，因此，愛並不是我們對自己或他人**做**了什麼。愛純屬於心靈層次，乃是人人共享的觀念。因此，只要給予愛，愛便能將我們結合在一起，讓我們憶起自己與所有人共享的真實身分，也就是從上主聖愛以及祂創造並推恩出來的自性。《課程》告訴我們，愛**必須**不斷延伸出去，這是它的天性，就像上主創造我們那樣：祂把自己的實存生命之愛推恩給我們，愛就**成了**我們本來的真相。

不消說，人間的愛確實很不完美，但我們不可能**不屬於**

愛。為此，小我必會拼命壓制愛，設法誘騙我們相信它可以提供更好的東西（包括後文談到的小我招牌式的「特殊之愛」）。但它無法根除愛，因為那是我們的真實本性。愛的幻相永遠戰勝不了真愛。

《從失心到一心》第三章說過，在奧妙無窮而且圓滿具足的那一刻，唯愛猶存。超越一切象徵而徹底抽象的愛，必然無限延伸而且無處不在。這種愛才是我們自己的真實自性，也是我們的本來面目。縱然世間還沒有幾個人能達此境界，但對我們來說，仍有可能讓愛在關係中綻放。這正是本書的重點，如何建立真正的愛的關係，如何讓自己目前的關係更有愛。一旦做到了這一點，就可以進一步學會像上主那樣去愛了。

## 不完美世界裡的愛

雖然上主的聖愛才是我們的本質，但我們遠遠無法像上主愛我們那樣去愛。相反地，我們不斷透過關係想要從別人身上尋求愛，卻又得不到。即使在某些關係中，比如我們聲稱已經很愛他們的那些人，按理說，愛應該是一件很容易的事，問題是，我們不可能一直保持那份愛，反而經常陷入憤怒或失望之中，並且明裡暗裡變得卑鄙齷齪。不知為何，我

們把愛分享給人時，常會感覺有些不平等、不滿足、不平衡，就好像缺少了什麼關鍵的東西。當然，我們仍然**愛**自己的伴侶，只是不再感到有什麼連結，也似乎不像以前那樣愛對方了，老是覺得他們沒有看到自己，連帶著也會認為再也沒人了解我了。

　　一般人認為，光是愛並不足以維持長期忠誠的關係。在小我不完美的世界裡，似乎一切都難逃分裂的命運。難道只靠每天早上說「我愛你」，就能確保彼此關係很穩固？難怪我們老想從伴侶那兒求取別的東西（不妨把它們稱為「愛的衍生物」）。如果我們想要關係變得更有愛，就必須培養這些衍生物，比如相互欣賞、增強透明度，當然還有最重要的部分——親密感。

＊＊＊＊＊＊＊＊＊

　　每個人都想得到他人的欣賞，而且是欣賞真正的自己，而非我向世人展現的那副面容。不消說，不分青紅皂白、隨意給出的那些讚美，甚至奴性般的偶像崇拜都不可能滿足這種需求的。比如別人把我抬舉得太高，我不僅不會受寵若驚，反而擔心自己會摔下來。

　　除了欣賞，我們還渴望有人能真正認識自己，亦即接受而非評判；更希望伴侶能夠了解、關心、充滿誠意地看著我

的眼睛，深入到自己的心靈或靈魂，並且接受他所看到的一切。與此同時，也希望對方容許自己以同樣深刻的方式去了解他。我們渴望這種雙向的透明度，以及它帶來的信任感，只因缺少了信任就等於不愛。

在人際關係中，保持透明性是一種難能可貴的品質。然而，除非心甘情願地變得脆弱，毫無抗拒或毫無保留地呈現自己的內在，否則，隱瞞伴侶之事就變成了隔閡。幾乎所有祕密都會妨礙透明性而阻擋人的視線。拒絕分享，無異於在彼此編織而成的「關係布」上撕開了一個個的孔洞。這些洞口不會自行修復，只會隨著時間愈來愈大，最終變成了無底洞，完全吞噬這段關係，以至於什麼都不剩。

相反的，若能培養伴侶之間的透明性，結果可想而知，兩人一定會很親密。在讓對方看到和了解的過程中，即使暴露出來的某些事情讓自己很不舒服，但看見了我身上缺點的那個人，仍然會接受並欣賞我。說真的，讓別人**看到**自己的缺點甚至徹底**了解**自己，遠比隱藏自己的真面目，用偽裝的笑容去博取別人的認可，感覺要好得多了。畢竟，如果無法充分地自我揭露，怎麼可能愛自己和欣賞自己呢？

我們不妨把「親密」（intimacy）這個詞理解為「看懂我」（into-me-see）。讓我向你敞開心扉，分享內心深處的恐懼和祕密，以及那些私密的快樂。同時請給我機會深深地凝視著你，也請相信，你如何向我展示尊重和愛的意願，我

也會同樣如此對待我在你身上所看到的一切。我看懂你，你看懂我。就在你我的結合中，坦誠、信任和愛也一定會欣然綻放。

　　進一步來講，若理解得當，我們對欣賞、透明性和親密感的需求，其實反映了更深層次的需求，也就是希望有人認可我們的真實身分──不僅僅是人，而且是上主完美的聖子。縱然很少有人意識到這一點，但它畢竟是我們內心深處的渴望，體現於每一段重要的關係中──如此渴望自己、伴侶和上主都能**看到**和**了解**自己；如此需要知道上主還認得我，更不可能遺忘我們；儘管自己有無數缺點，上主的愛依然永遠與我同在。每一個人都在尋求這種無條件的愛，而且希望能在親密關係中找到它。

＊＊＊＊＊＊＊＊＊

　　問題是，並非所有的關係都是平等的。在我撰寫本書時，地球上已有七十多億人口，而且還在不斷增加。當中，能夠與我們相遇的人少之又少，而且幾乎都是萍水相逢或關係一般的，比如同學、同事、提供各種服務的人員，或所屬團體中某些人等等的。我們至多知道對方的名字及職業，但也僅此而已。無可避免的，我們只有極小部分的關係是真正親密的。如果要在**所有**的關係尋求親密感，怎麼可能還有餘力去做事？這只會讓人筋疲力竭，就算花上幾輩子的工夫恐

怕都不夠用。

　　神學家馬丁・布伯（Martin Buber）在他的代表作《我與汝》（*I and Thou*）中，將所有的人際關係劃分為兩類，也就是所謂的「**我―它**」（I-It）和「**我―汝**」（I-Thou）。第一類「我―它」，類似兩個或多個物品之間的關係，說白了就是「物以類聚，人以群分」；第二類「我―汝」的關係則截然不同。

　　馬丁・布伯是用德文寫作的，英文代名詞的「你」（you），在德文裡有兩種形式：正規場合用的Sie和熟人之間用的du。德文du的英譯是thou（汝）。但是，除非你是十九世紀的貴格會教徒，否則會對「汝」這個詞感覺到彆扭和生硬，那種既不溫暖也不親切的教會味道，可能會讓人聯想到英王欽定版的《聖經》，它們同樣傳達出一種敬畏之感。諷刺的是，德文裡的du原本含有十足親切的意味，一經翻譯就完全變質了，反而增加了距離感。

　　無疑的，我們都想在最親密的關係中尋求「我―汝」那種親密感。然而，如同前面說過的，這是需要對透明性作出承諾的。可是，我們有多少次允許這種透明性出現呢？

　　最後，不妨再自問一下，我們又有多少次願意致力於「看懂我」這個目標呢？如果足夠誠實，就會承認，儘管自己想要真愛，但也很害怕它。說實在的，我們真的寧願縮回

到愛的幻相中，崇拜一個特殊的偶像，將它供奉為「愛」。
如果那些偶像回應了這種崇拜，便會彼此聯手打造一份愛的
贗品，再也無需冒險暴露各自的內在謊言。如此一來，我們
已經緊緊擁抱著小我的寶貝，陷入了《奇蹟課程》所說的
「**特殊關係**」。

# 第 *3* 章

# 愛的特殊關係

　　以下兩段故事情節大家應該都不陌生：其一是，一名貴族少男闖入了世仇舉辦的化妝舞會，瘋狂地愛上了他們漂亮的女兒。另一段情節則是，一對未婚夫婦，女方年輕貌美，男方身居上流社會卻極具佔有欲，他們登上了世上最豪華的遠洋大郵輪，跟隨該船的處女航展開橫跨大西洋之旅。這名女子在郵輪上邂逅了一位年輕可愛的藝術家，他地位卑微，她卻被深深吸引。縱然他們的愛情之路障礙重重，幾乎是讓人「望愛卻步」，但年輕的戀人卻竭盡全力克服這些障礙。確實，浪漫愛情的魅力實在無法抗拒。

　　從莎士比亞的名著《羅密歐與茱麗葉》，到詹姆斯・卡梅隆的巨片《鐵達尼號》，橫跨了四個世紀。兩部佳作所描繪的浪漫之戀已成了經典。可還記得這一幕，茱麗葉斜倚

在陽臺邊，與向她求婚的羅密歐那場精彩對白。還有這一片段，羅絲從鐵達尼號的船頭探出身來，俯視著泛著白沫的海洋，被身後的傑克深情地緊擁在懷裡，這種體驗是她那有錢的未婚夫永遠也給不出的。為什麼這些場景會一直留在我們心裡？又是什麼讓這些浪漫的愛情如此扣人心弦，如此無法抗拒，幾乎成了人生最高的追求目標？

《鐵達尼號》採用的雙重故事線，更加凸顯出浪漫愛情的重要性。一方面，一群尋寶者正在搜尋沉船殘骸，希望找到遺失在裡面價值連城的一條鑽石項鍊。這件無價之寶既是他們的目標，也成了他們生命意義之所在。另一方面，年邁的羅絲縱然一直保有那條一度丟失的項鍊，但她真正的寶藏卻在那份記憶中，也就是她和傑克共享的愛。她曾經強迫自己忘掉，但最後終於可以藉著與尋寶者分享她的故事，重溫這份刻骨銘心的愛。

通常我們會認同這類故事中的戀情，分享他們的渴求、希望、計畫和喜悅，我們還更想擁有他們想要的。我們甚至認為，如果一生中未曾體驗過一次那種永恆的激情，那麼整個人生又有什麼意義呢？

羅密歐與茱麗葉、羅絲與傑克，都是《奇蹟課程》所說的**愛的特殊關係**之縮影。〈正文〉一針見血地指出：「『愛的特殊關係』是小我害你自絕天堂之門的利器。」（T-16. V.2:3）也許有讀者不以為然：那樣的愛不就**等於**天堂嗎？

057 第 3 章　愛的特殊關係

至少也是人間最接近天堂的關係吧？如果能像這些戀人一樣找到了「真愛」，人生不就完整無憾了嗎？

　　確實，在最好的狀態下，浪漫的愛情可說充滿了熾熱的情感，但也往往註定稍縱即逝，甚至令人絕望。羅密歐與茱麗葉、傑克與羅絲，彼此相識的時間甚短，然而他們的激情浪漫史卻能經久不衰，流傳至今，而且幾乎家喻戶曉。然而，諷刺的是，唯有通過戀人的死亡，它才得以長存於人們的記憶中。

　　我們不妨想像另一個截然不同的結局，比如故事中的戀人並沒有死。相反地，羅密歐和茱麗葉將他們的婚姻公諸於世，也給長期對抗的雙方家族帶來了和平。於是，他們生兒育女，在那種年代可能有些孩子會早夭，有些雖活下來但十分叛逆。這對戀人也逐漸變老變胖，記憶力衰退。至於傑克和羅絲，他們並沒有「冷冰冰」地永別，而是結婚了，還生了一堆孩子。但因生活拮据，無法按照羅絲的期望教養孩子，倆人常為此爭吵不休。羅絲難免惆悵地回顧過去，甚至開始幻想過上她原本可以擁有的奢華日子。如此一來，他們的故事還有魅力嗎？答案不言而喻。可以說，浪漫愛情從一開始就註定會失敗，就像悲劇裡的情侶一樣，終歸無法逃避黑夜潛伏在前方水下的「冰山殺手」。

　　浪漫愛情只是一個神話，猶如蜉蝣朝生暮死，不過這也恰恰是魅力所在，浪漫的愛情彷彿真的可以讓時間停止，把

我們的理想凍結在永遠不會結束的一個片刻裡。就在這一刻，我們平等而且全然相親相愛。但是，永恆並非特殊關係的禮物。如同後文提到的，永恆只可能來自上主和聖靈。而小我的「禮物」則是死亡；死亡之意，是指小我無法久存。所謂「從此過著幸福快樂的日子」，純屬睡前哄孩子的老套故事，因為人間的情愛就如同時空世界的萬事萬物，都逃脫不了成住壞空的過程。

老實說，相愛的戀人不必殉情，他們的愛情也會自然消亡的。愛的特殊關係一旦回歸到日常生活，必然隨之結束。試想一下，你每天早上被伴侶的口臭薰醒，除了忍受對方邋遢或潔癖以及暴怒或抑鬱的情緒，還得想盡辦法應付對方的揮霍或吝嗇，連柴米油鹽都要去斤斤計較。那時，不消說，你曾在伴侶身上瞥見的任何可愛特殊之處，也全都開始黯然失色，最終湮滅在生活現實之中。

大家也許看過經典電影《畢業生》（*The Graduate*），由邁克・尼科爾斯（Mike Nichols）執導，1967年上演。這部電影所描繪的特殊之愛的結局可謂別具一格，但在真實人生反而更有可能出現。電影的後半部，男主角本恩熱烈追求女主角伊蓮。故事最後的高潮部分，本恩出現在伊蓮的婚禮上，他站在教堂陽臺一邊嘶喊著伊蓮的名字，一邊敲打著玻璃牆。厚重的玻璃如同一道屏障，把他和婚禮現場隔開，也阻絕了他的聲音。這個畫面可說是對「阻隔真愛」的障礙最

佳的描繪。最終，伊蓮還是回應了，並和他一起逃離教堂。女的一身婚紗，男的卻衣衫不整，兩人倉促跳上了一輛公車。影片的最後一個鏡頭，是他們並排坐在公車的後座。漫長的追求至此結束，他們終於成功地在一起了。畢竟，愛能戰勝一切障礙。

然而，鏡頭緩緩拉近，只見兩人臉上的欣喜逐漸褪去，曖昧不明的表情悄然而現。本恩茫然地盯著前方，伊蓮悶悶地看了他一眼，他卻毫無反應，伊蓮只好轉過身，同樣茫然地看著前方。他們並沒有「從此」幸福地漫步在夕陽下，反而各自都面臨著一個大問號——接下來呢？這樣的結尾令人不安，完全沒有呈現出男女主角或觀眾所期待或想要的美好結局。

無疑的，特殊之愛必會結束，但人們對它的渴求永遠不會止息，而且往往會給自己找理由：「**我只是選錯了人，下次會找到更好的。**」就像希臘神話中的巨人坦塔羅斯（Tantalus）一樣，他受到的懲罰就是從一根永遠遙不可及的樹枝上摘果子吃〔譯註〕。同樣的，每當你自以為所追求的愛

〔譯註〕坦塔羅斯（Tantalus），希臘神話中的巨人，為天神宙斯之子，卻藐視眾神的權威。一天，他烹殺了自己的兒子珀羅普斯，邀請眾神赴宴，以考驗他們是否真的通曉一切。宙斯為此震怒，將他打入冥界，永受三重的折磨：他站在及頸的水池裡，口渴時，一想喝水，水就退下去；他的頭上有果樹，肚子餓時，一想摘果子，樹枝就變得遙不可及。他頭頂還懸著一塊巨石，隨時都會落下來砸死他，因此，除了又餓又渴，還永遠處於死亡的恐懼中。

情觸手可及時，它卻離你而去。最常見的，它會由風花雪月變成柴米油鹽。這是註定的，因為特殊之愛與上主的愛全然不同，故也不可能持久。

當然，並非所有的關係都是浪漫的。雙方的關係一開始可能像朋友一樣，相互關心和尊重，然後在這個基礎上慢慢培養出愛情。一如許多「包辦婚姻」往往更穩定、更持久。儘管兩個人並沒有如何熱烈地愛上對方，卻能夠為了同一目標而一起生活，也能在情感或靈性成長方面彼此支持。無論他們之間發生什麼狀況，面臨多大的困難和挑戰，都會成為相互磨合的契機，形塑出共同覺醒的有利條件。

終究而言，任何形式的愛的特殊關係，就如同小我及它所有的禮物一樣，全是贗品。愛的贗品畢竟不可能讓人滿足，就像糖分或咖啡因，只能短暫提供能量及維持興奮感，但誰能光靠軟糖或濃縮咖啡活下去呢？特殊的愛和糖或咖啡因一樣，都會讓人上癮，還會導致更大的渴望。對許多人來說，尋找真愛竟成了永無止境的追求，因為在小我的世界裡，最後總會有「更好」的人，也就是更具特殊性的人來「成全」自己。小我還會悄悄打氣：「有個靈魂伴侶在外面等著呢！別放棄，繼續找，總有一天會找到的。」你有可能真的找到了夢寐以求的「那個人」，但我敢保證，在某些時候或某些方面，他也必會令你失望，不僅辜負你的期待，你甚至會開始懷疑：他真有那麼特殊嗎？

只要還把愛與特殊性綁在一起，就必然會引發這類困擾。無庸置疑，所謂的特殊性，就是經由「比較」才產生的，事實上，我們唯有透過「比較」才可能認識事物。但歸根究柢，「比較」正是小我的伎倆，它讓你相信自己與他人是完全不同且各自獨立的生命。與此相反的，則是我們對自性的真愛；它不但無所不包，而且對差異視而不見，因此能夠一視同仁。在它的光明中，沒有人受到評判，也沒有人具備特殊性；每一個人都是神聖的，也全都受到了歡迎。遺憾的是，我們很少選擇這種真愛，而寧可追逐特殊性。

可還記得小我的座右銘：「去找，但不要找到。」（T-12.IV.1:4）小我不會輕易讓你放棄特殊的愛，它要你繼續尋找下去。然而，這跟街燈下尋找鑰匙的醉漢沒有兩樣，鑰匙根本不是掉在那兒。你無法在自身之外找到愛，為什麼？因為**你就是自己所尋求的愛**──你怎麼可能**在**自己的外面！

只要還指望透過吸引別人來獲取愛，等於緊抓著假相不放，不只認定自己與他人分裂，也與愛分裂，還深信只有在小我的夢境裡才能找到愛，故也只會永遠受困於夢中。這正是小我的目的：「『愛的特殊關係』存心把愛帶入分裂之境……為此，『特殊的愛』影射出你有意把愛帶入恐懼的企圖，進而藉用恐懼把這種愛弄假成真。」（T-16.IV.7:1~2）

分裂伊始，愛便淪為恐懼。無論愛的特殊關係如何假裝與恐懼無關，都無法擺脫恐懼的侵蝕。想一想，當你被一個

人強烈吸引時會體驗到什麼？兩腿發軟，口乾舌燥，胃裡有一種奇怪的感覺，還有，瞳孔放大，腎上腺素迅速擴散到身體的五臟六腑。其實，這些都是身體對恐懼的常見反應！也就是說，特殊之愛的吸引力就藏在恐懼的魅力中。就像乘坐沒有絕對安全保障的雲霄飛車一樣，魅力和「失落」的恐懼是同時存在的。「如果他不喜歡我，怎麼辦？」更可怕的是：「如果他**真的**喜歡我，接下來怎麼辦？」

　　一旦分裂了，人們就以為失去了與愛的連結。特殊關係也只是反覆重演這種失落而已。小我不能不保全它自己，不斷以特殊關係作為手段，企圖把恐懼界定為愛，讓特殊關係顯得充滿魅力，而且扣人心弦。

　　毋庸贅言，愛不是恐懼，也絕非分裂。愛**是**真實不虛的，恐懼與分裂則純屬幻相。若非小我企圖混淆視聽，沒有人能將兩者混為一談。總之，愛只可能來自醒覺，而非追逐夢中之夢。


## 認識特殊性

　　本章一開始提到的羅密歐與茱麗葉、羅絲與傑克，他們並沒有活在現實世界，而只是故事人物而已，卻每每令人想入非非，對浪漫愛情充滿幻想，強烈渴望且不斷尋找。然

而，故事終歸故事，我們仍是我們。要知道，愛的特殊關係之真相與浪漫的幻想根本是兩碼子事。

　　想要理解特殊關係，關鍵就在自己選擇的那位伴侶身上——因為小我所「愛」的，永遠比它自己更特殊。說得更具體一點，就是你自以為缺少的某種品質、能力或地位，他們似乎都擁有，包括美貌、智慧、成功、美滿的家庭、有趣的朋友，或者任何東西，甚至是痛苦、感傷和苦難，都可能深深吸引你。同樣的，**他們**也會在**你**身上看到**他們自認為**欠缺的，當然也不外乎美妙、特殊等等之物，甚至是你從未想過自己擁有的特質。總之，只要小我認定了這位特殊人物擁有它自己所欠缺或想要的特質，關係就變成了一場特殊性交易——**你給我所需，我給你所要**。小我評估它所有的關係是否合意，只有一個標準：別人有什麼而我沒有的？如果對方給了我所缺的，又會要求什麼回報呢？

　　記得十幾歲時參加的一次聚會中，有位迷人的女孩對我眉目傳情，我與她相視一笑，便墜入了愛河。我猜想，**她喜歡我**應該是覺得我**很特殊**吧，當然，這也讓她變得很特殊。幾年後，我又愛上了另一個女子，因為她的生活經歷似乎比我豐富得多，甚至包括了她在婚姻中多年受虐的痛苦。但這並不重要，反而讓她變得更特殊，好的壞的都具備了。她「得來不易」的經驗會彌補我的膚淺閱歷，我的回報就是以溫柔的關懷和得體的舉止去「拯救」她。看，她多麼像一隻

受傷的小鳥，我這樣愛她，那是她的前夫絕對做不到的。

不消說，我們在別人身上看到的那些特殊之物，十之八九都是出於幻想。支離破碎的小我不可能認為別人是完整的，它只想在對方身上看見自己**希望**看到的那些面向，而與之不符的形象或有損特殊性魅力的面向全都視若無睹。它還會精挑細選出某些正面特質，比如說，**她甜蜜可親、人見人愛，正是我所希望的**。或者**他有自信又有主見、我行我素，很好，正是我所希望的**。小我會認為，要獲得自己所缺失的部分，最好的辦法就是墜入愛河，把那個至關重要的人爭取過來，並且永遠留住他。還記得羅傑斯（Rodgers）和漢默斯坦（Hammerstein）的音樂劇《南太平洋》（*South Pacific*）嗎？其中的歌曲〈醉人的夜晚〉就有這麼一句：「*一旦你找到她，就絕不放她走。*」

這就是小我的邏輯：**如果我能說服這位特殊的人來愛我，那麼，我也會變得很特殊。如今，我完全沉浸在他的魅力光芒中，只要他和我在一起，誰也看不到我缺少了什麼。相反地，所有人只會看到一個出色絕倫的我，竟然贏得那位特殊的人的青睞，成了他的伴侶**。在浪漫喜劇電影《征服情海》（*Jerry Maguire*）中，男主角這樣向女主角告白：「*我愛你！是你把我變得如此完整無缺。*」這可說是小我特殊之愛的座右銘：**因著你，我恢復了完整**。

只要我們還認為自己是極度匱乏的，這類「圓滿」觀念

就令人不禁神往。我們從完美一體的造物主那兒分裂出來，成了支離破碎的芸芸眾生，當然希望與人結合而得以圓滿。然而，特殊性真能彌合受損的自我嗎？還是愈發鞏固了原是同一個生命之間的裂縫？在小我的世界裡，有什麼東西能把本身已破裂成無數碎片的小我癒合在一起？

事實上，這種對圓滿的渴望大多是無意識的。人們進入一段關係時，通常不會刻意去想自己欠缺什麼，對方又可能給出什麼，因為那樣擺明就太現實了。但我們會拐個彎，下意識地展現魅力，上演真正的「吸引力法則」——哪些人擁有我所缺之物，那些人就特別容易吸引到我。

就這樣，兩個人墜入了愛河，開始一段特殊關係，也就是專屬他們兩人私有的夢幻世界，雙方都試圖在裡面重建天堂。這種關係猶如與世隔絕的孤島城堡，除了他們自己，不准任何人進入，否則有可能威脅到他們的特殊性之夢。但也難免有人聞味尋來，偷走他們的特殊性。或者，這對戀人其中一方發現了更特殊的人，最終，兩人選擇了分手。所有這些，都有可能發生。

《奇蹟課程》將這種愛的特殊關係形容成「詭異伎倆」（T-16.V.6:1），但是，這與他人毫不相干，它只是支離破碎的小我企圖犧牲自我來獲取圓滿，當然不會有任何作用。〈正文〉對此有詳細的描述：

小我在特殊關係中打造出來的自我概念就更加令人匪夷所思了。這個「自我」企圖藉用某種關係來滿足自己的需求。當它認為找到了一個能夠滿全這一目的的特殊關係，便會毫不吝惜地給出自己，想用自己來交換他人的自我。這不是合一，因其中沒有增長，也沒有推恩。雙方都設法犧牲自己不想要的自我，換成心目中更好的另一個自我。他會因為奪人所好之「罪」而感到內疚，因他知道自己回報之物一文不值。他當初既然會為另一個「更好」的我而放棄自己的我，這個「我」對他還會有何價值？

小我所尋求的那個「更好」的我，通常具有較強的特殊性。誰具備了那個特殊的我，誰就會因這個價值效益而「人見人愛」。如果雙方都能在彼此身上看到這個特殊的我，就成了小我心目中的「天作之合」。（T-16.V.7:1~8:3）

這種關係模式既是小我的寶貝，也是《課程》所說的小我對聖靈救贖計畫的答覆：「不論上主還是所謂的一體之境，全是胡扯，都別管它，這裡就有你真正想要的愛。那個上主怎麼可能因你具備特殊性而愛你？永遠不可能的。但眼前這個與眾不同的人不僅可能愛你，而且一定會愛你的。」

小我如此渴望這類特殊性，從最粗俗的酒後性勾引，到中世紀騎士對心儀少女的純情、貞潔，隔空求愛的崇高之

情，在每一種戀愛關係的表現中，多少都可以感受到特殊性的影子。在小我心目中，這已成了人生最高成就：找到你特殊之愛的伴侶，犧牲你那卑微的自我，**贏得他們**，而且緊緊抓住，永遠不放。

我們常用「墜入愛河」來形容這種浪漫的瘋狂，這絕非偶然。它純粹是對激情和衝動的極度迷戀，完全淹沒在愛河裡，除了不停地幻想心上人，別無他念。這怎麼可能是「提升」——沒有人會在愛情中「昇華」的。人們通常還沒來得及思考或稍微取捨一下就掉進其中，就好比一不小心一頭栽進沒有加蓋的下水道口一樣，掉進去容易，想要爬出來可就費勁了。

總而言之，只要還認為另一個人很特殊，而且亟需他們來滿足自己，就已經肯定自己殘缺不全，而且極度匱乏。然而，上主不可能有所欠缺，上主的造化亦然。我們就是圓滿的造化，即使在分裂之夢裡也是圓滿無缺的。因此，任何匱乏信念都會讓**我們**繼續把分裂弄假成真，使得心靈再也無法覺於上主和祂的愛。

## 祕密交易

至此，我們不妨將愛的特殊關係理解為「兩個又殘又缺

的人他們在潛意識下的祕密交易」。雙方都感到不圓滿，也都在尋求圓滿，只因他們全忘了自己的真實身分——純粹唯心的基督自性，才會聯手結盟，希望彼此都能彌補對方的不足。一如前面所引〈正文〉那句話：「雙方都設法犧牲自己不想要的自我，換成心目中更好的另一個自我。」（T-16. V.7:5）不消說，這樣的約定與真愛毫不相干，它純粹是兩個小我之間達成的協議，相互彌補對方的缺陷，共同防禦這個可怕而危機四伏的世界。

　　說到底，這種結盟從一開始就站不住腳。因為如果對方擁有你所缺或所需之物，你就不能不依賴他，更不能失去他以及他所給的一切。為此，你不僅要控制對方，還要盡可能親近。只不過，控制的意圖一旦太過明顯，就可能把對方嚇跑了。因此，你必須反過來滿足**他**的需求，還要確保他知道你做了多大的犧牲，如此，**他**才會生出內疚感，覺得虧欠你很多。這麼一來，他的內疚便會把自己和你綁在一起，永遠不敢離開。但是，內疚猶如一把雙刃之劍，對方也會如此對待你的。

　　如果彼此的內疚足夠強烈的話，兩人共同達成的祕密交易就會持續生效，誰也不會拋棄誰，更不敢公開對方的缺陷，因為害怕連自己也暴露了。話說回來，這類約定也是親密關係最痛恨的，只因它跟討價還價沒兩樣。雙方都必須遮掩自心的罪惡感，根本就不想要透明化，更遑論誠實地看清

自己這種依賴性，因它已經透露出自己是個什麼樣的人了。即使如此，他們也不能被對方**看透**，那實在太冒險了，因為暴露無遺的祕密缺陷會讓自己變得脆弱不堪；對方一旦意識到這一點，極有可能決定另謀出路，再去找其他人。如果說，親密感會讓我們結合在一起，祕密交易則是雙方在結合的幌子下保留隔閡。

請記住，只有在分裂的世界才有討價還價的交易；雙方各懷鬼胎，出於相互的利益而聚到一起，它跟愛或結合一點關係都沒有。〈正文〉曾一針見血地指出：「（小我）一向喜歡討價還價，卻不明白……若想獲得，你必須先給予，不能講價。討價還價表示你已為自己的給予設限了，這不符合上主的旨意。」（T-7.I.4:1~4）

在上主的終極實相中，唯一能給予的就是愛，而施與受是平等的，也是同時發生的。然而，對小我而言，卻並非如此。小我的付出只是為了要得到，這並非真正的給予，也非所謂的共生，它純屬寄生，也就是為了一己之利，不惜犧牲整體的利益。總之，小我可以討價還價，或是炫耀自己的特殊性，甚至要求他人和自己一起犧牲，最後還能一頭「墜入愛河」，但就是永遠無法真正去愛。

# 小我的祕密武器

　　小我絕非上主的一部分，而是「我相信自己能夠與上主分裂」這個人類集體錯覺妄想的產物。小我既是按照分裂的形象虛構出來的，分裂必也是它唯一熟悉之物。如此，它怎麼可能了解一體自性？出自分裂之物，又怎麼可能歡迎終結一切分裂狀態的圓滿性？還有，一個無法去愛的東西怎麼可能擁抱上主圓滿的愛而不感到威脅？

＊＊＊＊＊＊＊＊＊

　　對小我來說，上主對它有致命的威脅。因為我們一旦覺醒於上主，小我就不復存在了。為此，小我不僅無法真正去愛，還要極力抵制愛。當然，它不能直接這麼幹，否則我們就會看破它的手腳而拒絕上當，畢竟，誰不想要愛呢？所以它必須採取迂迴的策略，也就是進入愛的特殊關係。

　　現在，想像你就是那個小我，設身處地站在它的立場感受一下。你已經十分努力地假裝自己很真實而且非常重要，還一直說服你的主人相信這一點，然而，你也心知肚明這只是一場騙局，而且結局已定。你之所以必敗無疑，究其原因，就是「你是虛幻不實的」。由是，不論在哪方面，你都不可能與上主及其造化相抗衡。上主的聖愛永恆不易，且浩瀚無邊，它能將小我所有痕跡一掃而空，如同海嘯捲走一粒

沙，亦如無限光明一舉驅散轉瞬即逝的陰影。

　　試想，如此脆弱可憐的小我可以做點什麼呢？它唯一能做的事情就是：既然無法戰勝上主及其聖愛，極盡歪曲之能事總可以吧。於是，一向老奸巨猾的小我開始迷惑混淆，讓你徹底遺忘光輝燦爛的真實自性。它先在你的路上設置重重障礙，比如疼痛、疾病和無力感。然後以名利、權力和身體的快感為幌子，引你走上它所許諾的幸福之路，不消說，這條誘人之路從未真正兌現過它的諾言。最終，詭計多端的小我還是不得不面對一刻不停的愛的呼喚。

　　上主聖愛的召喚如此強大，即使在小我的幻相世界裡，愛依舊呼喚著我們，我們也予以響應。是它把我們引向合一之境，是它把我們推向我們所渴望的同一目標——愛。這麼一來，小我還可以做點什麼呢？

　　小我是這樣想的：**你想要愛嗎？就給你吧。這種個別又獨特的愛如此誘人，一旦嚐到它的味道，你對上主的愛就毫無興趣了。因此，只要能讓你相信這種愛才是你幸福之鑰、也是你真正想要的，它就成了驢子前面掛的那根胡蘿蔔，讓你永遠搆不著，卻又只能追著跑，再也意識不到那強而有力，而且不斷吸引你的上主聖愛。**

　　就這樣，小我設下了一個圈套，把特殊性包裝成愛呈現在我們眼前，從此，愛的對象竟然有了無限種可能：形體上

的高或矮、金髮或黑髮、苗條還是健壯，抑或曲線玲瓏；當然，還有人格上的獨立或缺乏自信、聰明或狡猾、坦率或擅長撒謊、真誠的還是讓人害怕的。每一具身體中的每一種人格，都有它獨特的特質，還有它不可告人的痛苦往事和欲望；而在同時，這具身體本身也迫切需要一個特殊的人前來拯救，以免面對落單的自己以及與一體造化分裂的事實。

這種無限的多樣性足夠我們尋找一生，甚至多生多世的了。然而，即使我們找到了自認為要找的「那個人」，「結成」了金玉良緣，我們暗地裡仍然感到不滿：「當然，我知道他很棒。但如果他再多一點這樣或那樣、更像某某人……，他就完美無瑕了。」

我們崇拜自己特殊之愛的伴侶，希望他們能在這個不完美的世界裡帶給我們完美的愛。殊不知，這個世界就是為了讓我們找不到愛而專門設計出來的，人們當然找不到。完美的愛根本不可能存在於這個與上主分裂的夢境世界裡，沒有人能在外面找到真正的完美之源的。前面已說過，它只可能存在於自己心內，那才是我們要去尋找之處。一旦找到它，就不會想要特殊性了，而我們的關係也從此建立在神聖而且圓滿的基礎上。

下面這兩段〈正文〉特別直白，詳細闡述了特殊（或不神聖）關係與神聖關係之間的區別。

不神聖的關係就是建立在這個差異性上，雙方都認為對方擁有自己所缺之物。他們聚在一起，純是想要掠奪對方，滿全自己的需求。這關係會持續到他們認為對方已經沒有東西可偷了，才會分道揚鑣。他們就這樣在一個處處是陌路與異類的世界流浪，即使棲身同一屋簷下，也得不到庇蔭；即使住在同一房間，也像活在不同的世界裡。

神聖關係的出發點則完全不同。每個人都會朝自己心內看，卻看不到任何欠缺。他們必須先接受自己的圓滿，才可能和其他同樣完整的生命結合，使這一圓滿生命不斷延伸。他在彼此身上看不出任何差異，因為所有的不同只限於形體。為此，他在對方身上也看不到任何值得掠奪之物。（T-22. in.2:5~3:5）

　　也就是說，唯有在自己或他人身上都看不到欠缺，而且明白我們就是上主圓滿的創造，我們必也圓滿，才不會老想從兄弟姐妹那裡索取他們無法給出的一切。愛，才是我們唯一想要的。

第 *4* 章

# 依賴的根源

在特殊關係中，依賴和愛往往被混為一談。經久不衰的流行歌曲〈靈魂與鼓舞〉（*Soul and Inspiration*）這幾句歌詞便是最佳佐證：「寶貝，我需要你的愛。沒有你，寶貝，我還有什麼用？自從你離開我，親愛的，我就撐不住了。」一般人都會認為，如果沒有這種緊緊相互依賴的感覺，就表示一定不相愛。

依賴關係到底從何而來？起因是什麼？為什麼我們會以為它就是愛？其實，這種依賴關係可說是無所不在，而且盤根錯節，早在莎士比亞時期就成了主流文化之一，表示我們內心有某種強大的需求推動著這種依賴感。

眾所周知，人的一生自然要經歷依賴期——嬰兒時不得

不依靠成人照顧才能生存，一旦遭人遺棄便必死無疑。對此，嬰兒確實別無選擇，他必須相信大人會愛自己並能滿足所需，而且永遠不會離開。

　　世上所有人的生命都是從最基本的依賴狀態開始的，雖然不可能記起那種感覺，但它的殘跡仍然烙印在愛的特殊關係中。在這樣的背景下再去聽剛才那段歌詞，就有了全新的意涵：「我不能沒有你，求你了，求你了，別離開我！我需要你，只有你才是我唯一完美的愛。」請聽聽，那個無助的嬰兒依然活在每一個人的心中。即便我們在成長過程中，設法在這嬰兒殘存的印記裡為自己塑造一個新的強人形象，但內心深處那個嬰兒至今仍在吶喊；就在愛的特殊關係中，你會經常聽到這種最為哀怨的聲音。

　　也就是說，嬰兒期的基本需求如果沒有得到滿足，自然會背負著種種**匱乏**進入日後生活中的人際關係，還會暗中**期待**自己遭到剝削、忽視或遺棄，連身邊伴侶最微不足道的疏忽都能勾起舊日的感覺，對方每讓你失望一次，你都會一再經歷童年被遺棄的那種恐懼。

　　你可能會因此責怪伴侶，但內心深處真的認定自己天生就有某些缺陷，因而變得不那麼可愛，否則當初父母為什麼如此對待自己？小時候的你，當然不可能理解父母沒有履行職責背後的原因，更別提去責怪他們了，因為你實在太需要他們了。為了讓自己覺得還有機會「重新來過」，必須把**他**

**們**的失職都歸咎於**自己**，因為既然問題出在自己身上，表示哪天要是把問題解決了，像父母這類人便有可能愛你了。總之，你一旦知道父母根本不愛自己，或者只是有時愛而非始終如一，又或者想要愛你，卻因故無法好好地照顧，那麼，你在愛的特殊關係中就只會有一個目的：不斷重演這一齣戲，但希望有個好的結局。

對許多人來說，這一切固然都是不爭的事實，但世人皆是如此嗎？我們**都是**不稱職父母的受害者嗎？會不會有下面這種可能？

不妨假設你的父母其實**非常**完美，全知全能地滿足了自己每一個需求。你什麼都不缺，自然也不缺愛。可想而知，你的童年時光必然充滿了幸福和快樂，猶如一張張精彩的幻燈片，永不間斷。那麼，你還會渴望一段特殊的關係嗎？還需要有人來滿全自己嗎？還會渴求遇見靈魂伴侶嗎？

這已經不是反問，而是把人逼進死角了。誰敢說自己有過這樣美好的童年？什麼樣的父母才能滿足孩子的所有需求？再說，就算父母沒有把事情搞砸，孩子在成長過程也會不可避免地受到傷害，比如遭到同齡人的嘲笑或排斥，那就非父母之愛所能撫平的了。我們就這樣一瘸一拐地走進青春期這場戰爭。怪異的是，這偏偏正是特殊的愛最吸引人的一段時光。

　　在愛的特殊關係中，我們與伴侶（不管真實的或幻想的）一起重演了童年的創傷和依賴，尋求對方的愛與接納，就像以前跟父母索求一樣。而且，不管小時候父母對自己有多好，我們仍然會向伴侶索取。

　　我們在特殊關係裡頭演出的戲碼就是：替換幻想，翻新童年的舞臺，要特殊伴侶充當自己父母曾經扮演的角色——我的父母沒有認出我的獨特價值，但**他**必須認出來；**她**絕不能像我父母那樣揭開瘡疤讓我無地自容。雖然這種特殊關係原是為了撫平童年的創傷，消除過去的罪惡感和羞恥感，在伴侶的特殊之愛中得到治癒，但不幸的是，這套策略必定失敗，因為再多的特殊之愛也無法彌補過去的傷害。

　　請看，如果童年時代就諸多不順，我們憑什麼認定現在會有所不同？當然，孩子的需求比現在要簡單得多了，父母或許更能滿全所願。但如今我們還是想要更多，而且是向一個跟自己一樣有所欠缺的人索取，對方能給得出嗎？真相是，特殊的愛不可能緩解創傷，只會讓傷口發炎，把童年的蒙昧和傷痛延伸到今天，更加強化了「我是匱乏而且不值得愛」那種信念。

# 匱乏的根源

成長期確實充滿了挑戰，無人例外；小我和它的世界也必然如此。無論父母和家人多麼愛自己，仍會不時遇到困難、挫敗和失落，不只身心受到傷害，甚至還會烙下終身的傷疤。

然而，那並非父母的錯。

天下沒有完美的父母，正如天下沒有完美的孩子。說穿了，那是我們自己迷上了特殊的愛，如今卻要父母背黑鍋，這分明沒有道理，也毫無幫助。事實上，我們全受欲望的束縛，在匱乏的信念驅動下緊緊地追逐特殊性，而這種匱乏信念必然有其源頭。

\* \* \* \* \* \* \* \* \*

設想一下，你是完美的一體生命，出自完美的生命本體之創造，本是一無所缺而**擁有**一切，因為你**就是**一切，始終存於一體性內，不分不離，如此還可能缺少什麼嗎？

然而，當你偏離一體而變成另一物時，當然就會匱乏，好像遭到生命本體的遺棄，從此不再擁有一切。如今，失去「**一切**」的你，似乎真的一無所有，感到自己已被徹底遺棄，只剩下支離破碎的心靈。接著，差異、判斷、比較和偏

好通通都找上門了，由此形成了一個另類的「我」；它究竟想要什麼或**不想要什麼**？何人或何物更能滿足它呢？

照理說，它當然想要回到那個一體之境，卻憶不起回去的路。不僅如此，這個另類的「我」還有自己的盤算。它知道自己絕不可能達到一體，便故意不屑那一境界，甚至想要比一體**更好**的東西，或者比愛更特殊之物，只要能為它分裂的決定找到理由的，什麼都可以。於是這個「我」搖身一變，成了「另類的自我」，也就是小我。

如果你真的是一個純粹的小我，就再也沒有希望回到合一之境了。但這是不可能的事！因為你無法改變「你是上主所創造」的天性，最多也只能**夢見**你改變了，夢境中的你堅信自己已經變成了另一物，一個不可能真是如此的你。只要你繼續沉睡下去，就會堅信自己的夢境真實不虛。也正因為這個分裂之夢，小我對**你**才顯得如此真實。

這表示你已經陷入了困境，愛上了自己親手打造出來的小我，難怪你有一部分那麼想要讓它活下去。但你也心知肚明，小我並不是你，這個世界也不是你的家，而且永遠都不是。因此，你仍然還是渴望回家，於是，你的心靈一分為二，一部分深知真相，記得自己從未離開過那圓滿之境；另一部分卻吞下分裂的惡果，竟然相信自己是一個藏有私心的個體。試問，哪個才是你的真我？你究竟選擇哪個？目前的你仍是分別效忠兩者，奢望魚與熊掌兼得，但它們水火不

容，最終你必須二選一。

　　為此，小我必定先聲奪人，迫不及待為你提供一種應變措施，利用愛的特殊關係虛構出一種「圓滿」，來解決你的兩難困境。它保證，一旦你找到完美的伴侶，一個能讓自己完整的人，就可以在破碎之中體驗到整體性。於是你開始追尋，找的不是上主，也非圓滿之境，而是能替代圓滿性的贗品，冀望從中得到一點慰藉，繼續作自己的小我之夢。

　　就這樣，所有人都陷入了愛的特殊關係中，而且深受其苦，但說穿了，這一切並非來自父母或任何人，而是我們自找的。自從我們與自性分裂之後，就一直感到有所欠缺，只需看看自己**此刻**的各種缺陷就知道了。然而，我們既不承認這一點，也不想尋求回歸圓滿之境，只是不斷尋找一個特殊伴侶。

　　話說回來，在特殊關係中，我們投射到愛人身上的需求確實源於教養不當，但是並非童年的教養，而是我們請求小我這位家長來照顧自己，而非上主。這種最原始的匱乏感，以及我們為了彌補匱乏所做的種種努力，全屬於自我界定，一直驅動著我們對特殊性的渴望。我們對此堅信不疑，而且認定別人也該有同感才對。如同〈正文〉所言：「每個人都會為自己打造一個小我或自我；……他還會為自己眼中的人打造出同樣令人捉摸不定的小我來。」（T-4.II.2:1~2）這樣的小我就像瞎子在黑夜裡蹣跚而行，胡亂摸索中抓著某個人

（任何人都行），讓自己穩住腳步，以免跌倒，殊不知那些被抓住的人和自己本身一樣眼盲，也一樣搖擺不定。他們不只需要弄清楚自己究竟在哪裡，還得學習如何在黑暗中顫顫巍巍摸索前行，卻根本不明白自己真正需要的是**看見**。

## 「湊合」的誘惑

不妨把愛的特殊關係想成夢中之夢：缺乏愛心的分裂大夢裡的一個小夢——特殊之愛。它企圖補償失去的上主，抵消分裂大夢，讓特殊之愛變得可以忍受，甚至值得追求，難怪它如此充滿魅力。

想當初，我從二十歲便開始研讀《奇蹟課程》，五年之後，自認為已經非常了解這部課程，同時更細研了「愛的特殊關係」以及「相互犧牲」等等這類課題；這類課題明白揭穿了我們是如何繞開上主的救恩計畫的。我也有幸經驗到《課程》所說的「啟示」，那種契入上主的神秘體驗，已經超乎人間所能玩味的一切。然而，這一切似乎無關緊要，只因特殊之愛的誘惑實在太強烈了，我還是如饑似渴地追求它，任誰也阻止不了。

話說回來，如果當時我就下定決心，但凡勾出自己特殊性的關係全都敬而遠之，排除在我的人生之外，那麼，我就

有可能成為一個「笨學員」。何以然如此？因為正確處理特殊性的方式並不是想辦法去消滅它（當然也有例外）。你一旦受某人吸引，就會有強烈被吸引的感覺，拼命去否認只會多加一層掩飾而已。此時，最好先接納自己的感受，然後把它交託給聖靈，且為祂的目標效命。

然而，據我所知，即使老練的奇蹟學員也搞不清楚上述這一點，他們努力披上「神聖」的外衣，掩蓋自己對特殊之愛的欲望。比如有位學員，曾在社群媒體貼文鼓吹集體性行為，理由是：「既然人人平等享有上主的愛，我們何不用身體來展現這種愛？」然而，怎麼可能靠著這類行為把特殊的愛裝扮得神聖呢！真正誠實且有益的方法是坦然面對，讓那些強烈的感覺輪番上陣，並且留意種種幻覺，看它們到底會陷你於何種境地。你會發現，這樣做勢必會打亂「兩個獨立個體透過特殊性而合一」的如意算盤。最終，我們嚐夠了，也苦夠了，才會明白，特殊性根本無法給我們任何真實和永恆之物；很自然的，我們不會想要特殊性。不過事實上，我們根本還不知道自己究竟想要什麼。

年輕時，我曾經極度渴望關係，談了好幾次戀愛，結局卻都令人崩潰。不過，事後回頭看，還真為那些結局而謝天謝地，否則一發不可收拾。關鍵是這些關係一旦建立，就有可能折騰我好多年，而妨礙後來其他關係的發展。因為當時在我的小我眼中，後面建立的關係並沒有前面的那麼有吸引

力，但事實證明，在愛的道路上，後面的關係更有助於我的學習與成長。

　　那麼，身為奇蹟學員，如果覺得自己已經被某人吸引時，又該怎麼做呢？首先要明白，被誘惑的感覺如同小我世界裡的任何東西，我們既不知道它到底意味著什麼，也不曉得目的何在，因為我們太過沉迷於夢境了。為此，只要我們對**任何事物**燃起強烈的欲望（不論是某人某物或某種結局），就已經亮起了紅燈，表示小我已經綁架了心靈來為它的計謀效命。《奇蹟課程》是這樣提醒我們的：

> 不論小我告訴你你需要什麼，對你一定百害無益。縱使小我百般慫恿你盡力爭取，你終歸一無所有，……小我只能在分裂中看到自己的救恩，為此，不論你因它之名獲得何物，也都終將失落。因此，不要問你自己，你究竟需要什麼，因為你不會知道的，你給自己的總是有害的建議。你心目中認定的需求，只會鞏固你舊有的世界，抵制光明的到來……。（T-13.VII.11:1~6）

　　當你感受到強烈的吸引力，渴望和某個特殊之人在一起，最好的辦法就是把自己的感覺、幻想和計畫全部交託給聖靈，祂自會加以昇華，用之於療癒的目的：「聖靈不會奪走你的特殊關係，祂只會加以昇華。……恢復上主所賦予那些關係的原有功能。」（T-17.IV.2:3~4）

因此，呼求聖靈的幫助吧，並且遵循你收到的指引。無論是一個發自內心的聲音還是一個意象，一種平安的感覺還是一首歌詞裡隱含的信息，甚至是偶然聽到的一段漫談都有可能。相信聖靈吧，祂遠比你了解什麼才是幸福之道。你若想要的是幸福，就必須放下自己的預設，讓祂來引領你。

> 只有聖靈才可能知道你需要什麼。不論祂賜你什麼，都不致妨礙光明的來臨。此外，你還需要什麼？祂會賜你在時空世界所需的一切，還會配合你的需要自動更新。只要它們對你還有用處，聖靈絕不會由你那兒奪走。然而，祂知道那些需求只是暫時性的，不可能持久，終有一天祂會讓你明白，一切的需求原來早已滿全，你就由那些需求中解脫了。

> 因此，把你的需要交託給祂吧！祂會供應你所需的一切，雖然這不是祂真正關切的重點。不論你從祂那兒得到什麼，都安全無比，祂確保此物不會在你心中留下任何陰影而傷害到你。（T-13. VII.12:1~6;13:1~3）

我經常操練這個方法，只需把種種誘惑交託給聖靈，便會親眼看到那些誘惑瞬間銷聲匿跡。我不否認，過去也曾經引發一種莫名的失落或失望之感，彷彿放棄了一些有價值之物，但現在回頭來看，則是會帶來解脫以及感恩之心。奇妙

的是，當我接受指引，讓某段關係綻放，它自會以各種最有效的形式幫助我覺醒。但請記住，神聖關係並不僅僅經由特殊之愛的蛻變而來，只要我們願意透過聖靈的慧眼去看任何一人，認出他們的神聖本質才是唯一真實之物，就已經建立了神聖關係。

＊　＊　＊　＊　＊　＊　＊　＊　＊

你的真實自性並非活在夢裡，它仍是上主所創造的它，圓滿如初，而且全然完整，故也不需要任何人、任何東西。因為在上主實相內，除了你之外**沒有**別人。我們始終渾然一體，只因尚未認清這一真相，才會不斷地尋找；但終究我們唯一需要**做**的，也只是認出這個真相而已。

在愛的特殊關係誘惑的背後，隱藏著一個真誠的渴望，就是在療癒分裂的目標之下結合。確實，我們都想要與他人結合，在這個至高目標中，徹底擺脫自我的孤獨感。然而，小我卻偷天換日，將這種最自然的回歸一體過程轉變為二元形式，再偽裝成「合一」。畢竟，兩個形體永遠不可能真正合而為一，他們只好湊合起來，把兩人**看成**一體。總之，只要還相信自己就是一具身體，與眾不同，就只能這樣湊合：「小我眼中的關係純粹是形體上的聚合。」（T-15.VII.8:2）這些形體各打各的算盤，每一方都認為自己需要擁有另類的東西，只要能讓自己變得更特殊、更美好的都可以，殊不

知，那些只是愛與合一的替代品。從此，他們再也不可能真
正結合了。

> 在夢境裡，不可能有兩個人同心一意的。每個人都
> 在追逐自己的夢中英雄，期待著不同的結局。輸
> 方及贏方風水輪流轉，輸輸贏贏，全憑機率；只
> 是外在形式會因時因地而有所不同而已。……心
> 靈是無法在夢裡結合的。它們只會討價還價。（W-
> 185.3:3~5,4:4~5）

於是，每一個人都繼續作著特殊性之夢，渾然不知，真
愛一直在等待著我們覺醒。

第 *5* 章

# 羞愧與小我

　　為了愛的特殊關係，我們投入多大的心力，並且對它抱存多大的期待，這才是問題的焦點。從年輕到老，我們一直受制於特殊之愛的欲望，單身的人自會四處尋覓；已經處在一段關係中的，則不斷從身邊伴侶那裡索求，稍為吃虧一點便怨天尤人。前文已經說過，特殊的愛純屬一種寄生關係，每個人都在對方身上索取，也都相信自己得到的遠不如犧牲的多。

　　「愛的特殊關係」可追溯至最原始的天人分裂，但世人沒有一個記得，只因那是很久很久乃至時間出現「之前」的

事了〔原註一〕。它發生於集體心識層面（而非個體生命）。換言之，我們的真實自性，亦即上主的唯一聖子，它竟然好似碎裂了，化為各種不同的心靈和一具具身體，而我們竟然把這種經驗當真了〔原註二〕。每一個人都相信自己拒絕了上主，也因而承受種種分裂的後遺症，最嚴重的就是不可理喻的罪咎感，以及當真之後那種可怕的羞愧感。

在理論上，我們不難把上述這種分裂心態和匱乏感聯繫起來；但在實修中，則未必會有幫助，因為我們已經下意識地忘了天人分裂是怎麼一回事。然而，分裂的蛛絲馬跡依然潛伏在我們的生活當中，只需正視一下，便能在自己熟悉的「羞愧」情緒中找出那些跡象。一旦能夠認出羞愧感的種種偽裝，就可以開始處理最基本的匱乏感，並從中解脫出來。

## 羞愧與內疚

《奇蹟課程》說，我們相信自己與上主分裂之後，所承受的第一個後果便是罪咎。也就是說，我們拒絕了上主，

---

〔原註一〕分裂的烙痕就是我們所知的線性時間之始。時間發生之前，只有永恆，時間過去之後，也只有永恆。究竟而言，永恆之中沒有「之前」或「之後」這一回事。
〔原註二〕完整的闡述請參閱《從失心到一心》第五章。

自認為幹了一件很可怕的事，因而感到內疚。在整部課程裡，有關罪咎的描述比比皆是，「罪咎」（guilt）和「內疚」（guilty）一共出現了六百多次，而「羞愧」（shame）一詞卻只提到了五次。這種懸殊的差異，牽涉到海倫・舒曼和比爾・賽佛筆錄《課程》的時代背景。

從1950年代末到1970年代中期，海倫和比爾均任職於哥倫比亞大學內外科醫學院的心理學系。那個時期，佛洛伊德的精神分析理論主導了整個精神病學界。海倫和比爾對此十分精通，難怪本課程如此廣泛地應用「投射」、「否認」和「解離」等等精神分析的概念，用來解釋心靈是如何分裂的。事實上，《奇蹟課程》這部曠世鉅著不可能成書於佛洛伊德之前，因為傳達它那一套思想體系所需的觀念還沒有發展出來。

正因如此，本課程不可能把尚未成形的心理學概念完整地納入書中，就像它不可能預測智慧手機、社群媒體等各方面的文化發展，「羞愧」這個觀念即是其中一例。《奇蹟課程》於1970年代中期問世，那時，與「罪咎感」相關的精神分析論文數以千計，而關於「羞愧感」的探討卻屈指可數，因為當時一般人對它所知甚少，要到1980年代才開始對它有所了解。

對大多數人來說，內疚和羞愧看來很相似，都表示一種極度難受的感覺。但其實它們是有別的，內疚是針對**我所做**

的事情，羞愧則指向自我認定——**我是一個什麼樣的人**。只要對自己的行為感到後悔，便會引發內疚感；但如果暴露出自己的低劣、無能、殘缺或噁心，不論任何事情，則會引發羞愧感。

打個比方，小孩子溜進廚房，明知媽媽早上烤的巧克力餅乾只剩最後一塊，是要留給爸爸的，但她還是把餅乾吃掉了；當孩子被媽媽逮到時，會因為偷吃而感到內疚。然而，要是媽媽指責她是個自私、不體貼的孩子，她就覺得羞愧了。小孩不希望媽媽這樣子看待她，因為那並非她想要表現出來的樣子。內疚，促使我們為自己的錯誤行為承擔責任，並得以補償；羞愧，則只關乎於自己的身分，表示它既可以暴露，也可以隱藏。

請記住，天人分裂所產生的罪咎感和羞愧感，兩者並沒有程度之別。心靈脫離上主之後，為自己**所犯之事**深感懊悔而內疚不已，從此**變得低人一等**，或不如說，我們自認為低人一等。但我們是上主的創造，也是祂涵容一切的聖愛之延伸，始終活在神聖本體內，而我們竟然相信可以與祂分裂，這種信念不僅剝奪了自己崇高偉大的終極身分，更用脆弱又卑微的小我取而代之。

這一連串的羞愧感，並沒有隨著小我的形成而停止。因為小我不能容忍自己得以存在背後的真相，這實在太羞恥了。為了逃避，小我打造出有形的肉體作為藏身之處，遠離

自己背叛上主的「罪咎感」，和由此衍生的內疚及羞愧感。正如《奇蹟課程》所說：「身體是小我的象徵，而小我又是分裂的象徵。」（T-15.IX.2:3）如今，心靈連同它所有黑暗的祕密好似全是「隱私」，躲藏在身體裡頭。於是，身體成了小我的替身，也是我們在「虛擬實境」人生遊戲中的化身。我們堅信這具身體**就是**自己，以它為家，以它為保障；呈現在我們眼前的世界全是一具具的肉體，而非心靈，而且沒有兩個形體是完全相同的。我們若聽從小我，認定自己就是這具與眾不同的身體，當然不可能平等，必有高下之分，並由此滋生出羞愧感，但它如同小我，絕不會露出廬山真面目，以免看見自己這副德性：

> 不論恐懼化身為什麼形式，它根本是你自己發明的一種情緒。這種說不出口的情緒，出自你的私念，屬於身體層次。這種情緒與愛背道而馳，習慣著眼於彼此的不同，不願矚目於同一性。這種情緒使你有眼而看不見，只好仰賴自己打造的自我在前領路，去承擔它為你打造出來的世界。（T-22.I.4:7~10）

正因如此，分裂出來的自我充滿了羞愧感，滲透到小我世界的每個層面，這一點，在我們對身體所抱持的心態中可謂表露無遺。

## 羞愧的化身：形形色色的身體經驗

當我們呱呱落地時，便活成一具身體，這不只是既定的事實，而且所有人都只能以弱小無助的嬰兒形態作為生命的開始——它無法養活自己，也不能自我撫慰，更別說如何表達需求了。它只會躺在自己的糞便裡哭哭啼啼，直到大人注意到了才會去清理。它無法控制這具身體和協調肢體，連吮手指這麼簡單的行為，都得花上好幾個月才學會。

這並非什麼丟臉的事兒，那只是人類的生存模式，大家都是從一副無助的樣子開啟自己的人生的，而且無一例外。要知道，嬰兒的感官尚未成熟，既意識不到自己的不足之處，也分不清你我，這也充分表示它還沒有形成身體層次的自我概念。

當然，嬰兒期沒多久就結束了。養育過孩子的人都知道，嬰兒在出生後的第一年會飛速成長。在某個階段，小孩子意識到父母、兄弟姐妹、監護人乃至所有接觸到的人，他們的身體都比自己強壯很多。這些人輪番登場，簡直就是「超人」，行動自如、又快又準，一會兒把我高高地舉起，一會兒又輕輕地搖我入睡，有時甚至可以把我從夢裡拉出來憤怒地搖晃，我怎麼可能是對手呢？體型、力氣以及種種能耐都不如人。毫無疑問，我就是低人一等。這種自卑便是羞愧感出現的徵兆。當我們批評某人的行為「像個奶娃」，其

實就是暗示或羞辱對方的德性：無能、依賴，而且弱小。

　　孩子日漸長大之後，開始與同齡人交往，會引發出更多的羞愧感。因為小孩常常不由自主地與身邊夥伴相比：這個個子高多了，那個能說善道，走路有風，而自己卻一無是處。即使小孩比同齡人優秀，一旦和大一點的孩子一起玩就屈居下風了，不論他對自己剛學的本事多得意，都有可能馬上沮喪不已。

　　如果這小孩的身體還發出陣陣臭味，出現放屁、嘔吐、失禁等情形，控制不了又讓人噁心，他的身體就成了羞愧的來源。更慘的是，身邊人仍然期望他能夠掌控自己的身體，絕對不可以跟從前那樣，把大便拉在尿布裡要別人換洗，必須學會自己上廁所。總之，任何一種功能性失調都會遭受可怕的羞辱，這一點，尿床的大孩子肯定心有餘悸。

　　學生時代，同樣充斥著無盡的羞辱。同學之間可能會無情地戲弄對方，只因各自的身體都有某些地方不符合「正常人」的標準，諸如鼻子大、頭髮捲、臉上有雀斑、身上有疤痕，還有走路的姿勢，甚至連戴眼鏡也列入其中。隨著年齡增長，穿著方式成了品味和身分的象徵，稍有「落伍」，也會招來強烈的羞愧感。

　　運動場上，羞辱更是到處橫行。天生就擁有體力及協調性的運動健兒，總是戰績輝煌，其他人則遠遠落後。基於競

爭的本質，賽跑場上的你，拼命地跑，也只能看著對手一馬當先，自己卻遠遠落後，簡直就是赤裸裸的羞辱。同樣的情況也發生在棒球場上，如果你把球打歪，甚至連最簡單的傳球都漏接，難怪組建團隊時，你心知肚明大家都不想要你這個包袱，那只會害他們輸球；就算最後被選上，仍會無比難堪，羞愧不已。

即使體育運動是你的拿手絕活，羞愧之心仍然如影隨形。不管你多麼有天賦，總會遇到更厲害的對手，最終還是輸掉，只能滿臉羞愧、灰頭土臉地離場。最優秀的運動員也免不了失敗的遭遇，大名鼎鼎的美式橄欖球運動員湯姆·布萊迪（Tom Brady）、稱霸女子網壇的小威廉絲（Serena Williams）、職業籃球界最全能的球星雷布朗·詹姆斯（LeBron James），都有不得不面對敗陣的時刻。傳奇人物貝比·魯斯（Babe Ruth）堪稱全壘打王，但他也曾是三振出局之王。

中學生活，另外一些因素所引發的羞愧感可能是很要命的，因為那兒根本就是活生生的競技場，拼身體魅力、拼人氣，拼社會認可度。大家都知道，進入中學階段，身體會出現明顯的變化，這和剛才所說的體能表現又是兩碼子事。女生胸部會發育，男生嗓音會變低沉，最尷尬的部位居然還長出了體毛。隨著荷爾蒙的啟動，開始有性欲，彼此吸引，這時最重要的，當然是要讓自己的身體充滿吸引力，至少也要

挑選那些有人氣、有魅力的人作朋友。

就像運動特長一樣，有人天生貌美身材好，但絕大多數人卻不過爾爾，只能眼巴巴地看著帥哥美女打情罵俏；他們自知相貌平平，根本不在那些超高人氣的俊男俏女眼裡，連個競爭的機會也沒。

然而，即使美貌與人氣並存，也擋不住羞愧的來襲。貌美會讓一般人的焦點對準你的外表，人氣則吸引大家的目光，每個人盯著你在公眾場合的一言一行。兩者都會使你時時刻刻處於聚光燈下，只消一點瑕疵，或者一句不中聽的話，就會從高臺摔下來。

當今社群媒體時代，更加劇了特定群體成員之間的相互影響，激發出強烈的羞愧感。多少人在臉書（Facebook）和照片牆（Instagram）發貼文求「讚」，以此計算自我價值，數量越多越有人氣。如果他們上傳低級的貼文，或者僅僅是被其他更精彩的貼文取代了，點讚數就會越來越少，這又難免生出羞恥之心。

強烈的羞愧感足以使人癱瘓，一旦受到影響，便羞於見人，甚至想要銷聲匿跡。難怪我們會用「羞死人了」（mortification）來形容極度的羞愧；想一想，一死了之，總比赤裸裸地面對羞辱好得多，我們實在太害怕深陷其中了。請看，在社群媒體上，多少青少年因為遭受網路霸凌而自

殺；這些不幸的人如此受辱，感到走投無路而自盡，確實是「羞死了」。

　　只要是人，無論承認與否，羞愧感在生活中都扮演著重要的角色。可以說，既然還活在這具肉體內，羞愧感必然寸步不離。它並不只局限於身體，上課回答不出老師的問題，你會為自己的愚蠢感到丟臉；就算全都答對了，還有可能為自己太聰明而後悔，因為會招惹來其他同學的挖苦。如果你很窮，只能穿廉價的二手衣，不免自覺寒酸；如果很富裕，同樣感到羞慚，因你心知肚明，別人只是從金錢與特權的角度在看自己。然而，羞愧感也給所有人提供了平等的成長機會，沒有經歷是不可能成長的；你若自認已經擺脫羞愧，實際上很可能深受其害，只是不敢把它找出來而已，更別提去處理它了。

　　幾十年來，我一直從家人、病患，以及我自己的經歷，來研究「羞愧感」這個課題。可以肯定的是，每一天的人際互動都會引發某種形式的羞愧。大家都希望得到別人的認可，同時也希望自己永遠是對的，只因自己的判斷常常出岔。我們拒絕道歉，因這意味著承認自己錯了。同時，我們還努力淡化彼此之間造成的傷害，萬一自己的「罪過」被揭發或公諸於眾，就會費盡唇舌來辯解，要不是一概否認，就是把那些罪過全部塞回內心的黑暗角落裡，從此無人知曉。

# 抵制羞愧

小我有四種基本策略來應對羞愧，頭一個與生俱來，可說是面對羞愧時最自然、最原始、最不設防的反應，因此很不討人喜歡；其他三個則是從經驗中學來的。有些人主要倚仗其中一兩個，也有些人全都用上了。我們就逐一討論吧。

首先聲明，接下來的內容**並非**取材自《奇蹟課程》，但對於操練奇蹟原則非常有幫助。唐博士（唐納德・納桑森，Donald L. Nathanson）是一位醫學博士，也是我的「心理督導師」；以下是他的學術工作總結〔原註〕。

唐博士指出，我們透過四種基本策略來忍受羞愧，而非療癒。他還為這些策略一一貼上了標籤：**退縮、迴避、自我攻擊與攻擊他人**，他統稱為「羞愧的指南針」：四種策略分別佔據指南針四個方位，**退縮**和**迴避**於同一條軸線上成對出現，而**自我攻擊**和**攻擊他人**也成對出現於另一條軸線上。

當然，除了上述四種基本策略之外，常用於抵制羞愧的手法，還有「霸凌」和「自戀」，我們也要一併談一談。

---

〔原註〕想要了解更多唐博士對羞愧方面的研究，請閱讀他的著作《羞愧和驕傲：愛好、性和自我的誕生／暫譯》（*Shame and Pride: Affect, Sex, and the Birth of the Self*）。

## 退　縮

　　人們對羞愧最自然的反應就是**退縮**，這並非學來的，而是人類文明進化過程所發展出來的模式。人們一旦陷入尷尬的窘境，便會恨不得立刻消失，只因不願看到自己羞愧的樣子，更不想被別人**看到**。那個充滿缺陷的自我一旦曝光，實在是太痛苦了，我們只好把眼睛盯在地上，避免跟那些目睹自己丟臉的人眼神接觸。等到勉強恢復常態，才慢慢探出頭來，伸向外面的世界，一邊環顧四周，一邊試探風聲，確定風頭過了，再從藏身之處溜出來。那時，通常會發現早已人去樓空，根本沒人在乎剛才發生了什麼。與其說我們得到原諒，不如說是被遺忘了，反正自己也樂得如此，儼然死刑犯有幸獲得緩期執行一般。

## 迴　避

　　**迴避**算是比較複雜而狡猾的應對策略，目的是否認羞愧的存在，免得被刺痛。任何念頭或行為，只要目的在於消除意識中的羞愧感，都包括在內。迴避，並沒有觸及羞愧的根源，僅僅是繞開了而已。迴避，不只可以自我隔離，甚至可以自我麻痺，如此就不必感受到羞愧了，至少不是此刻。我們會若無其事地否認它的存在，昂起頭故作不解地問：「什麼羞愧？誰？我？你在講什麼啊？」

　　羞愧一旦被人發現，那就真的可恥了，如此一來，又強化了原有的羞愧感。這就是為什麼人們學會掩飾自己的羞愧。可以說，任何防衛措施，只要能避免感受或暴露羞愧的，我們都會趨之若鶩，紛紛效尤。

　　藥物濫用可說是最常見的迴避方式，把成癮性藥物盡情地「塗抹」在遭受羞恥重創的傷口上，瞬間就覺得自己諸事無礙了！眾所周知，喝酒的確能減輕羞愧感，否則這種喝了會衝動魯莽、噁心嘔吐、隔天宿醉，甚至還可能上癮的飲料，怎麼會如此受歡迎？唐博士曾打趣地說：「酒精可以溶化羞愧。」把羞愧變得模糊，最後從視線中消失，如同把鹽撒進水裡一樣。聚會上，只要酒喝得夠多，害羞的人也變得充滿活力；連令人臉紅的隱私都可以脫口而出，信心十足地跟人分享。一旦喝得醉醺醺，就會覺得自己從羞愧中脫身了，可以放膽喧鬧下去，甚至還會產生幻覺，宛如酒友之間已然美妙地融合在一起。不消說，那只是一種虛假的親密，隨著酒意消退、逐漸清醒，很快就消失得無影無蹤了。

　　其他成癮性物質也各具特殊魅力。可卡因（Cocaine，又稱古柯鹼）能將興奮的吸食者籠罩在一團「化學雲霧」中，其濃度之高，任何令人羞恥的東西都無法穿透進去。大麻則讓人天真地傻笑，同時刺激感官，讓人完全沉浸於音樂或大自然中，這恰恰掩蓋了羞恥感，至少也能與它保持一段安全距離。最厲害的莫過於海洛因（heroin）和芬太尼

（fentanyl）這類鴉片製劑，能以排山倒海的狂喜淹沒大腦，把整個意識，包括所有的憂慮、威脅或傷害，以及任何個人的責任感或失敗感，全都掃進甜蜜的遺忘中。

事實上，所有成癮性物質的作用都持續不了多久，隔天醒來，面對的仍是那個你棄如敝屣的自己，此刻，他正從浴室鏡中一臉邋遢、目光呆滯地望著你。難怪你會感覺更難受、更丟臉：「我竟然失控了，搞得這麼難看！」為了盡快擺脫羞愧，你必須再喝一杯，再抽一根，再打一針，繼續重演這個「犯癮──清理」的惡性循環。

非物質的癮頭同樣可以讓人遠離羞愧感，例如賭博、性、暴飲暴食或狂熱工作，這些活動所帶來的感受如此強烈，足以讓人沉迷其中，而且還真管用（雖然很短暫）。但任何物質或行為都無法療癒羞愧之心，最終只會更加失落。

**迴避**羞愧的型態並不局限於藥物濫用或成癮行為，還有否認或忽視等等，這些方式比較能得到社會的認可。請記住，任何事物，只要能隔絕羞愧感，都是為了達到迴避的目的。同理，**任何**事物，只要能將我們的注意力從自身的弱點轉移到自己出類拔萃的一面，都是在聲東擊西，包括財富、地位、性征服、名望，以及種種特殊成就獎，全都在嚷嚷：「別看那邊失敗的我，太丟人了。看哪！這邊的我多麼富有，聰明迷人，而且功成名就。」

　　這好似《綠野仙蹤》那個場景一樣：奧茲迫不得已從大廳屏風後轉出來，桃樂絲和夥伴們才發現，法力無邊的魔法師奧茲不過是個老騙子。奧茲怕丟人現眼，硬要重申自己的法力，警告桃樂絲他們：「別看屏風後那個人。看我，偉大而強壯的奧茲國統治者說話了！」但為時已晚，真相已大白於天下了。

　　看，這就是迴避的作用：都這麼有錢了，怎麼可能會丟臉呢？

　　確實，你如此高高在上，僅憑手中的財富，就足以讓你永遠擺脫羞恥。你擁有多個高等學位，在專長領域斬獲了無數大獎，怎麼可能還會感到羞恥呢？真的，你太聰明、太有成就了。如果你在娛樂圈、體壇或政界等方面赫赫有名，不管是實至名歸，還是浪得虛名，你都可以盡情揮灑，好似和羞愧感沾不上邊。大家看到的你都只是精心塑造的形象，而非真實的自我。

　　等到曲終人散，崇拜者都回家了，你獨自一人，羞愧感又悄悄溜回來了。難怪，那麼多明星和運動員都有吸毒的問題。更慘的是，虛假的形象一旦破滅，羞恥感便會鋪天蓋地襲來。涉嫌性侵的政客、億萬富翁或電影明星，一被曝光，就馬上抽身而退，躲藏起來。他們心知肚明自己的公眾形象再也無法讓所有惡劣行徑免受譴責，要嘛突然「休假」，沒人找得到他們為自己辯白；要嘛反過來採取更強硬的迴避

策略，斷然否認，甚至公然撒謊：「簡直是鬼扯淡，我怎麼可能幹出那種事呢！」如果這兩招都沒用，他們就會絕地反擊，**惡意中傷**那些指控者。

## 以攻為守：自我攻擊

之前提過，「**退縮─迴避**」成對出現於「羞愧指南針」的同一軸線，另一軸線則由「自我攻擊─攻擊他人」構成。我們很少意識到迴避是一種防禦，因為它的目的就是隱藏羞愧感；而在以攻為守的兩種策略中，轉移羞愧的企圖就顯而易見了。

**自我攻擊**相當容易理解──我要是覺得很尷尬，自然預料得到別人會發現自己的丟臉，因而瞧不起自己。為了避免挨打，我決定先拿自己開刀，也不否認羞愧了，反而主動招供，做個樣子給人看，甚至揶揄自己，希望藉此堵住別人的嘴巴，免得他們把我看得太不堪。

比如我在高級晚宴上打翻了一杯紅酒，灑滿潔白的桌布，馬上就大聲嚷叫：「我真是笨手笨腳！」然後等著挨批受罵，或是為自己的笨拙感到丟臉。不管怎樣，都是以**自我攻擊**來應對，也就是寧願以自我差辱的方式來緩解緊張，防止別人進一步羞辱。看，我都已經承認錯誤了，其他人怎麼好意思再批評我呢？最多只會說句善意的玩笑話，表示同情

並原諒我的行為。

公開承認自己的羞愧，確實可以讓在場的每一個人都鬆一口氣，包括當事人和旁觀者，他們之間有了相通之處。蒙羞的一方藉由**自我攻擊**，讓其他人放過自己的羞愧。畢竟，這種事也有可能發生在他們身上。這就是為什麼**自我攻擊**成了脫口秀的主要套路，喜劇演員以幽默的方式暴露自身的毛病，因他早已知道觀眾平時也有同感，於是，大家都釋懷而笑了。就這樣，那些演員自告奮勇地充當「集體羞恥感」的管道，成了一頭代罪羔羊；就在觀眾瘋狂鼓掌的那一刻，他們得到了赦免，甚至榮耀。

**自我攻擊**也可以用於比較嚴重的狀況。我曾經為一位三十多歲的女病患進行心理治療，她因腦部大出血做手術而活了下來，也沒有造成身體永久性傷害。但手術期間需要剃光頭，之後頭髮重新長出來，原本的黑髮都變成了灰色。對她而言，這可說是非常可怕的羞恥。那些不知內情的同事遇到她會停下腳步，震驚地盯著她問道：「天啊！到底發生了什麼？」她無法回答，或不如說是羞愧得無言以對。她對自己當時呈現出來的痛苦和無力回應更加覺得羞愧，只能縮到一邊，最後不得不轉身離開。

於是，我教她如何利用「自我攻擊」這一招，來應付這種窘境。只要有人對她外表的變化感到驚訝，就馬上跟他們說：「對啊！我知道。我大腦出血，竟然連頭髮也變灰了。

你相信有這種事嗎？」我要她把這些話一句句背下來，免得情急之下還得想該說點什麼。她如法炮製了，而那些話語體現出她已坦然接受，甚至還帶點幽默感，這讓對方放鬆下來，同時消除了彼此間的尷尬。

　　請記住，千萬不要把「自我攻擊」和誠實的「自我開放」混為一談。自我攻擊是蓄意羞辱自己，以避免更大的羞辱。那個病患依舊為她的灰頭髮感到丟臉，並沒有因為使用自我攻擊的招數而改善多少，但她現在至少有了一種應對方式，防止再三羞愧而導致情緒失控，還能優雅地脫身，然而，這仍屬於一種防衛措施。自我開放則不可同日而語，它是大方承認人性共有的缺陷和錯誤。我們在下文就會看到，那才是真正脫離羞愧之道。

## 以攻為守：攻擊他人

　　與「**自我攻擊**」最大的不同，「**攻擊他人**」無法帶來皆大歡喜的結果。因為它其實就等於打壓和分裂，這招太司空見慣了，每個人都領教過它的威力。雖然攻擊他人和迴避策略一樣，都是聲東擊西之計。所不同的，「迴避」企圖徹底否認羞愧的存在，「攻擊他人」則是把羞愧當作武器，矛頭直指另一個人。它的如意算盤是：藉由攻擊別人，將**他們**變成羞辱的對象，好讓自己能金蟬脫殼——我不是那個不夠格、無能又難看的蠢貨，**他們**才是。總之，「迴避」是在否

認羞愧感，「攻擊他人」則把羞愧感從自己身上轉移到另一個人身上。

不妨設想一下，那個灰髮病患不拿自己的頭髮開玩笑，反而取笑同事的頭髮：「你今天早上沒洗澡嗎？」或是：「哪個髮型師給你做的？簡直不是人，真應該槍斃。」這就是以攻為守的典型行為。

從臥房到會議室，從幼稚園到國會大廈，「攻擊他人」隨處可見。家庭裡，兄弟姐妹吵架，媽媽質問是誰先動口的，孩子都會指著對方。在企業界，如果新產品的發佈失敗，都是其他部門和那個自大主管的錯。電影界，只要新片上映時票房慘澹，必會互相推諉，演員怪製片人，製片人怪編劇，編劇則責怪其他的編劇為了取悅製片人，竟然把自己的原創佳作改得這麼庸俗。不消說，所有的指責本質上都是攻擊他人。

攻擊他人，在政界尤為猖獗，已經到了肆無忌憚的地步。杜魯門（Harry Truman，美國第三十三屆總統）的一句名言「責任來了我就扛」（The buck stops here），那個時代早已過去了。相反地，當今領袖根本拒絕承認自己的醜行，猛烈抨擊誠實的評論員、怒斥媒體的真實報導，把施政失敗的原因轉嫁於反對派。他們唯一的目標就是自我擴張，到處大放厥詞，發在推特的貼文，更堪稱「以攻擊別人來抵制羞恥」的範本。

## 霸　凌

　　近年來，霸凌現象受到了極大的關注，這也是理所當然的。因為霸凌行為十分危險，會強烈煽動暴力參與，甚至引發自殺。在社群媒體的世界裡更是如此，就算你躲在自己的房間裡，一則貼文都能帶來致命的打擊。霸凌已經氾濫到這個地步了，然而，一般人卻很難認出霸凌的本質其實就是持續不斷、殘酷無情地攻擊他人，企圖藉此免於自我羞辱。可以說，霸凌者貶低他人，就可以繞開內心深處對自卑感的恐懼。然而，他們不但不會承認這一點，反而會厲聲警告其他人：「別惹我！別想羞辱我。誰敢這麼做，我絕對報復，而且報復到底！」霸凌者往往如此保護自己，既能隔絕內心的羞愧感，還可避免別人攻擊自己。

## 自　戀

　　所謂**自戀**，就是「**迴避**」和「**攻擊他人**」結合而成為一種特別討人厭的混合體。外表看來，沒有人猜得到那個自我陶醉的自戀狂正在遭受屈辱，而矇騙他人正是他們要達到的目的。

　　可以說，「自戀」就是抵制羞愧感的一道防火牆，反映出想要「免於羞愧」的那個幻想，企圖把羞愧感從心中完全抹去。這也是一個強有力的例證，說明了小我一旦卸下所有

的偽裝、不再扮出一副關心人的模樣，它會如何瘋狂地自我膨脹。

　　自戀狂所用的迴避招數，無非是對自己某方面的成就自吹自擂，甚至到了荒誕不經的地步。他們全力以赴去做的，便是撐起一個虛假的自我形象，至於真相，已經無關緊要了。這些人必得是自己所在領域中最高明的，唯有這一點才是最重要的。他們充滿魅力，聰明而且富有，也經常是最成功的，堅信自己的價值無可衡量，根本沒有爭辯的餘地。

　　毋庸置疑，自戀是要付出代價的。正所謂風水輪流轉，自戀狂也知道自己遲早會從高處跌下來，這時，也正是「攻擊他人」出場的時候。只要看到有人更有魅力、更聰明或更成功，都當成潛在對手，必須挫其銳氣，不斷攻擊、羞辱，直到這些人不再構成威脅為止。

　　於是，在險峰上如履薄冰的自戀狂，不得不時刻保持警惕，一有威脅，立即迎頭痛擊。這充分解釋了為何他們都有妄想症的傾向，彷彿有一股永不消失的無形惡毒勢力要徹底毀滅他，四周全是針對自己的陰謀，每個人都是潛在的威脅。當然，真正的威脅並非來自外在，而是源於內在。他們那些妄想正好精準地反映出自身的恐懼，深怕自己早已拒絕且禁錮已久的羞愧感，終有一天會浮現出來而眾人皆知，就如同依循「超級基金」（Superfund）法規所整治清理出來大

量的有毒污泥一般〔譯註〕。

　　心理治療師普遍認為，自戀症根本不可能療癒。因為治療過程必須揭露和體驗潛在的羞恥感，否則又如何追溯它的根源而著手治療？然而，暴露自己恰恰是自戀狂必須全力抵制的。在心理治療室裡，他們猶如患了皮疹的中世紀騎士，去看皮膚科醫生，卻拒絕脫下盔甲。如同應付其他人一樣，他們會以同樣方式對待治療師，把對方當作一個道具，用來撐起自己那個始終搖搖欲墜、脆弱不堪的自我形象。因此，他們會努力打動治療師，拼命獻上自己的才華、成就，以及種種戰利品。然而，所有這些行徑正好證明了治療是不可能有成效的。另一方面，他們有十足的把握，在治療師的所有患者中，就數自己心理最健康、最了不起，這樣的自己欽選了這位**治療師**，對方不是很光彩嗎？

　　心理學家史蒂芬・格羅茨（Stephen Grosz）有一句妙語，一針見血地描繪了自戀狂的窘境：「前面越大，後面也越大。」意思是說，越需要裝扮門面、惹人注目的，就越需要掩蓋和隱藏裡面的腐爛；當然，巨大的羞愧必然要求巨大的遮羞布。

　　那麼，自戀狂在戀愛關係中會是什麼樣子的？最簡單的

〔譯註〕「超級基金」係由美國聯邦政府設立之基金會，主要功能為提供經費，監管並處理種種不當溢出物、有害的廢棄物、港口與河川之污染物，以及由有害物質引起的火災與爆炸事故等等。

答案是，他們沒有任何關係，更確切地說，他們在任何情況下都無法建立親密關係，因為根本沒有親密的能力。他們絕不想讓另一個人看清自己，更不允許別人發現自己那些黑暗的祕密和羞愧感。因此，所有關係全都是一種交易，而且貪得無厭。只有在對自己有利的情況下，才會與別人結盟。他們會微笑，懂得閒聊，還能假裝很有愛心，甚至使出種種必要手段，無非是為了得到自己想要之物。對自戀狂來說，關係本身並沒有什麼價值，都只是達到目的的工具而已。

## 其實，小我就是自戀狂

奇怪嗎？在《奇蹟課程》的導讀書中，竟然有一本專門討論人際關係和寬恕的書，會這麼深入探討自戀情結和它的起因（也就是羞愧感）。畢竟，只有極少數人符合自戀型人格障礙的診斷標準，他們也不太可能去讀一本關於人際關係的書。為何我會多所著墨呢？答案很簡單，我們是如此認同小我，甚至在自己心裡給它一個家，也因此，可以這麼說，**我們都是自戀狂**。至於那些典型的患者，只不過為我們提供了一個怪誕而極端的範例：當我們認同小我時，是如何看待自己和他人的。

前面說過，小我永遠蒙受羞恥，而且插翅難飛，因為羞

恥之心乃是小我與生俱來的一部分，故它必然背負「不如上主」的羞恥感。它心知肚明，自己一點都配不上我們的真實自性，於是便如同自戀狂一般，與羞恥感打持久戰。它既需要我們（包括所有人）把它當上主一般對待，也離不開眾人的讚譽和關注，一如〈正文〉所言：「小我為了克服自己的種種懷疑，會利用一切外物來抬高自己的身價。」（T-4. I.8:1）如此，才能證明自己並非低人一等，而是勝人一籌；並非幻覺，而是實相。一旦失敗了，它就得立即轉移我們的注意力，讓我們再也意識不到**它其實什麼都不是**。可還記得桃樂絲一行人，只需跟屏風後的陰森人影打個照面，馬上會發現奧茲國王**並非真實的**，而只是一個騙子，是想像中畫出來的人物而已。同理，我們一旦看清小我的幻相，頓時就會將它拋棄，最終覺醒於實相。

　　然而，小我仗著「羞愧指南針」四種防衛措施，打算繼續行騙下去。它退縮，隱匿於無形之中，希望你以及所有人都忽略它過去的失敗，再給它一個證明自己的機會；它迴避，讓你追逐各種特殊性的光環，當作羞愧感不存在。為了盡量避開羞愧，小我還可以蜷縮在身體內，透過某些食物、成癮性藥物以及種種上癮行為，來尋求解脫。總之，只要能夠轉移你的焦點，它就高枕無憂了。小我一般不會攻擊自己，如果它認為可以占到便宜，就一定會攻擊**你**。毫無疑問，它也會使用種種殘酷無情的判斷，來攻擊任何一個人。

和自戀狂一樣，小我無法建立真正的關係。它只能拼命地討價還價，以便在別人視為「特殊性」的祭壇上除掉卑微的自我。《課程》說：「小我也能為了個人的利益而與人建立短暫的聯盟。」（T-6.V.一.5:9）確實，對小我而言，真正與他人結合於同一目的的任何意願，都是非常可怕的。它沒看錯，這邁向一體的一步直接威脅到自己的生存了。故從小我的角度來說，攻擊遠勝於結合，至少保持了分裂意識。

小我還向我們保證，有效的攻擊才是最佳的防衛。先下手為強，才能真正地保護自己。無疑的，想要攻擊，先得相信自己是一具身體，而且其他人也是一具身體才行。靈性不會攻擊，沒有身體的心靈是無法攻擊的。一個心靈不可能傷害另一個心靈，只有在身體層次才會發生這種事；不管是憤怒斥責還是語帶諷刺，猛然一拳還是一刀刺進喉嚨，本質上都一樣。每個攻擊都強化了這種信念：你我都是一具身體，彼此都在競爭。然而，我若是這具身體，我一攻擊豈不更容易遭到反擊？為此，我必須嚴加防衛，這就陷入了惡性循環。小我世界其實就是一個恐怖的戰場，不是勝，就是死，連勝利也只是曇花一現，最終註定功虧一簣。

# 攻擊與小我

前面討論過，小我最基本的匱乏感是設法助長它對特殊關係的渴望。純屬寄生的小我，只能向別人索取，以便滋長自己。若能誠實地看待小我所有的關係，也就是所有的**特殊關係**，便會發現，無論形式如何，都不過是隱形攻擊罷了。

如果把「攻擊」（attack）一詞說成「匱乏狀態」(at-lack)可能更準確一點，因為若無小我與生俱來的匱乏和自卑，攻擊是不可能發生的。這點非常重要，而且影響至為深遠。因這表示永遠處於「匱乏狀態」的小我**必須**永遠攻擊，但也永遠不可能心安，無法滿足地休息。外面總有某人某事或某種命運，甚至上主本身，威脅著它的寶貝們，企圖奪走它的金錢、特殊關係，乃至它的存在。當然，小我必會透過攻擊來保護自己。如同〈正文〉所言：「當小我面對威脅時只有兩種選擇：應該立即反擊？還是延後報復？」（T-9. VIII.3:4）毫無疑問，它必須不斷攻擊，因為它總是處於危險之中，也總是處於匱乏狀態。小我就像一條饑餓的鯊魚，一路上若有任何東西證明它虛幻不實，它一定會發動攻擊，吞噬一切，以維持「自我尊嚴」的完整，繼續生存下去。針對這一點，《奇蹟課程》是這麼說的：

> 堅強的人不會攻擊，因為他們覺得無此必要。你相信自己是脆弱的，攻擊之念才可能侵入你心裡。因

為你先打擊了自己，並相信攻擊確有效力，才會看
到自己如此不堪一擊。由於你已認不出自己與弟兄
的平等性，甚至認為自己比他更脆弱，才不能不
設法「扳回一城」。你為了「扳回一城」而發動攻
擊，只因你相信攻擊確有削弱自己的能力。

為此之故，認清自己百害不侵，正是恢復神智清
明的關鍵。因為你若接受了自己（身為上主之
子）的百害不侵，等於認清了攻擊其實只是枉費
功夫。……這表示你的攻擊毫無作用。一旦明白
了這一點，所有的攻擊在你眼中就變得毫無意
義，因它顯然無濟於事，更遑論保護你了。（T-12.
V.1:2~2:5）

每當我們企圖發動攻擊，或者緊抓著攻擊之念不放，不
妨問自己以下幾個問題：

- 這種情況為什麼會使我感到軟弱和匱乏？

- 到底我覺得被剝奪了什麼想要之物？為什麼我如此想
  要它，甚至不惜發動攻擊？

- 這種情況是否威脅到我所珍惜的某種自我概念，也就
  是小我眼中至關重要的自我形象？

- 我想跟小我一樣充滿脆弱感與自卑感嗎？還是如上主

## 之子一般百害不侵,永遠安全無虞?

就這樣,徹底看清小我的攻擊,深入覺察激發攻擊欲望的那些羞愧感以及匱乏感。然後提醒自己,我的真實自性並非一具身體,也非小我,而是上主所創造的心靈;既與祂合而為一,又是祂旨意的延伸。活在所有人心中的,始終一心而已。這一點一經確認,等於重申自己的百害不侵,當下便能放下攻擊欲望,同時湧現出純潔心靈的力量。

《奇蹟課程》教我們看出,所有的攻擊其實都是對自己的攻擊,更確切地說,是對自性的一種攻擊。我們會認為直接向外攻擊別人是必要的,也是正當的,實際上,它只會對自己造成傷害,正所謂「以劍為生者,必死於劍下」。(我們將在本書的第二部分更深入地探討這一點)〈練習手冊〉第一百二十六課更是一語中的:「我所給的一切,都是給我自己的。」不多不少,給出攻擊,就會得到攻擊。

剛剛說過,只要一發動攻擊,就表示自己處於匱乏狀態。那麼,我們到底欠缺什麼?又急著要求什麼?小我企圖回答這個問題,但就是答不出來。真相是,我們缺乏與人的連結,只因真實自性好似已然碎裂,別人就是與我分離的碎片;我們缺乏真實自性裡的完美之愛,缺乏曾幾何時與上主合一的記憶。結果當然也一樣,我們把天人分裂當真了。為此,〈正文〉才說:「與上主分裂之感是你唯一有待修正的『欠缺』。」(T-1.VI.2:1)毋庸置疑,攻擊不可能修正分

裂，它只會讓分裂更加逼真而且越演越烈。下面這兩段〈正文〉說得更是一針見血：

> 當你攻擊人時，等於否定自己。你等於是向自己示範：你並不是那個真實的你。……你若明白這是攻擊真相的一貫伎倆，而真相就是上主，你便不難明白，為何否認真相總是如此令人心悸。如果你進一步明白自己是上主的一部分，那麼你便會了解，為什麼當你攻擊時，首當其衝的受害者是你自己。
>
> 所有的攻擊都是對自性的一種攻擊。此外無他。一切起因於你不想活出自己真相的決定，這無異於攻擊你的真實身分。攻擊便如此使你失落了自己的身分；因為當你攻擊時，表示你已忘卻自己的真相。
> （T-10.II.4:1~5:4）

我們一旦憶起自己的真實自性，在兄弟姐妹的光明寶相中看到它的倒影，攻擊就沒有任何意義了。事實上，它根本不可能發生，因為我們什麼都不欠缺。凡是真實的，一無所缺！因此，**羞愧也不復存在**。在一體性之中，多寡、高低或你的我的，這類概念全都變得荒謬無稽。我們就在上主內，圓滿無缺。我們記憶中的匱乏、羞愧或攻擊，也全都會消融不見，它們來自虛無，必也復歸虛無。

# 第 6 章

# 療癒羞愧，擺脫小我

　　作為一個心理治療師，我曾經伴同數百位飽受內疚和羞愧之苦的病患。他們都認為如此難受是有充分理由的。比如有個年輕人，他堅信自己的手臂太瘦，即使是炎熱夏天也穿著長袖襯衫，好把整條胳膊藏起來。他努力不懈地鍛煉肌肉，鼓起的二頭肌足以說明他的努力頗有成效，但這都無濟於事，因為他依然為「瘦巴巴」的手臂而感到坐立難安，怎麼也壓不下自己的羞恥感。

　　另有一位女子，她總是覺得自己不配得到愛，因為她小時候遭受過父母的虐待。她是這麼想的：既然父母對我這麼壞，那一定是自己有很大的問題。

　　一位天主教徒，是70多歲的寡婦，被教區神父「命令」

接受治療。由於三十多年前有過一段短暫的婚外情，每天都要向神父告解、尋求赦免，到後來，神父愈來愈受不了她這個強迫性的需求。

一位聰明的年輕女性，在公司工作表現出色，卻沒有得到任何表揚，因為她向英俊而傲慢的上司彙報工作，不料那個傢伙竟把她的成果據為己有，還因此得到了榮譽和晉升。

一位中年婦女，患有慢性疼痛，無法參加社交活動，結果朋友都沒了。她的孤獨和羞愧如同她的病痛一樣，令她感到虛弱無力。

這類故事我聽得太多了。傷害性行為所造成的內疚，會惡化為長年的羞恥感，甚至伴隨一生，這種羞恥感必然導致失敗，失敗又會導致內疚；如此惡性循環，相互餵養，根本沒有出路。我身為治療師，職務是傾聽病人的故事，為他們提供不同的解讀，以一種新視角去了解往事，協助他們從罪惡和羞愧的牢獄中解脫出來。心理治療把這種重新詮釋稱為**重構**（reframe）。

## 重構羞愧感

「重構」是以一種新的角度來理解引發內疚和羞愧的

事件。假設這個故事是一幅畫像（比如一幅荒涼的風景），我們會把它放在一個新的框架裡，這個框架不會改變畫像本身，但會帶來不同的色調和場景，讓它更為吸引人。

舉個例子，我治療過一個年輕人，姑且叫他瑞克吧。他因為二十年前的一件事，心中充滿了罪咎和羞恥感。他十三歲時受到姐姐勾引，至今還認為自己應對此負責。我跟他提議了三種不同的重構方式，去看待他自己和姐姐的行為，藉以釋放已成為自我形象一部分的根深柢固的愧疚。我首先提到，十三歲的少男，荷爾蒙分泌旺盛，實在難以抗拒成年女人的挑逗。如今的你，怎麼可能如此要求那個年少的自己？然後，我和他一起探索，在他們的家庭背景下，姐姐勾引他的動機是什麼？原來父母跟兩個孩子都很疏離，平時幾乎不管他們，可說是任他們自生自滅。最後我提醒瑞克記得一件事，如今儘管身邊女同事一次又一次勾引他，但他對妻子始終保持忠誠，不是嗎？

每一次重構中所凸顯的信息，對瑞克來說其實並不陌生。他原本可以自己觀察到這些情境，卻因為內心充滿強烈的羞恥感和罪惡感，根本不可能找到其他更寬容的方式來解釋他和姐姐的行為。我的重構方式為他提供了不同的視角；也許事情沒有那麼可怕，原來自己並非性侵犯者，而只是一個相當典型的青春期少男；姐姐的誘惑也並非針對弟弟，她真正需要的是來自父母的愛和關注，這也是姐弟倆人共同的

需要，不幸的是，父母嚴重漠視他們。對於無力抗拒姐姐一
事，瑞克的反應就是決心不再重蹈覆轍，從此絕不屈服於性
誘惑。他把那件令人難受的往事當作堡壘，來抵禦未來的誘
惑。令瑞克引以為傲的是，他成功了！接受重構療法之後的
他，再去回顧當年的亂倫經歷，已不再被羞恥感淹沒，反而
可以看到事情的全貌，並從中寬恕了自己。同樣重要的是，
他終於可以寬恕姐姐了。

先前瑞克顯然被那段混亂時期的感受綁架了，但過去那
些感受與他的現狀並不相符。重構療法擴大了他看待自己行
為的背景，對自己的判斷也隨之鬆動，不再認為自己是個意
志薄弱、被姐姐操弄的受害者，也不會跳到另一個極端，認
定自己是個變態的性侵者。他知道自己為人正直，只不過曾
經在人生的艱難時刻與自己的性衝動搏鬥，因此留下了一些
傷痕，僅此而已。

話說回來，是否只有我給瑞克提供的那些重構方式才是
有效的？當然不是。其他治療師可能使用不同的框架，效果
也可能相當顯著。精神分析師也許會更深入探究瑞克的童年
早期以及他的性幻想。認知治療師則會檢視他的想法，性質
如何，又是如何強化他的罪惡感的。福音派的諮詢師可能先
肯定那確實是犯罪行為，然後以此為誘因，幫他在耶穌那兒
找到救贖。前世回溯諮詢師則恐怕會把他和姐姐的事，解釋
為「前世業債今生還」。

　　哪一種重構方式才合適？哪一種最正確？其實沒有標準答案，因為任何一種都可能有用，但也可能沒有。上世紀六〇年代有部音樂劇《西城故事》（*West Side Story*），其中有一首歌〈啊！克魯普克警官〉（*Gee, Officer Krupke*），以獨特的洞察力和智慧詮釋了這種兩難之境。劇中，一群少年幫派成員結夥街頭作樂，一個扮演警官克魯普克，其他幾人則分別扮演心理分析師、法官和社會工作者等角色，幫助警官弄清楚為什麼有人會選擇做街頭混混。大家在歌曲中訴說種種理由，要嘛沒人愛、老是被誤解、有嚴重的心理障礙、得了現代社會病而成為無辜的受害者，要嘛一定是天生壞胚子。根據不同的觀點，他們的需求也各有亮點，比如愛和理解、心理分析、一份體面的工作，甚至坐牢一年。然而，從他們自我嘲弄的話語中，我們知道，對他們而言，這一切都於事無補。因為他們的日子太好玩了，根本就不想改變。

　　那麼，對瑞克以及無數類似狀況的人來說，什麼又能讓他們從根植於過去的羞愧和內疚解脫出來？為什麼**我的**重構方式會奏效？是運氣好，碰巧給他挑選了最好的一種方式？還是因為我給了他好幾種，其中一種方式沒打動他，其餘那些倒也發揮了作用？我認為這些都不是答案。

　　許多研究都調查過不同類型的心理治療，試圖確定哪些是最有效的。結果發現，治療師的理論取向並不重要。也就是說，成功並不取決於治療師運用了哪一套重構療法，而在

於治療師和病人之間的**關係**。如果關係足夠牢固，充滿了信任和關心（我敢說這就是愛），那麼，不管他是傳統佛洛伊德學派的治療師，就只管默默地待在沙發旁，或者是愛深責切的戒癮諮詢師，對病人不計後果的行為厲聲喝斥，病人都有改善的可能。總之，關係才是關鍵所在。只不過，一些專注於某個治療學派的執業醫師，恐怕很難接受這個觀點。

## 無罪本質的力量

《奇蹟課程》將關係分為「特殊關係」與「神聖關係」兩種，但這並不局限於情侶，而是適用於**所有**的關係，包括心理治療關係。沒有錯，在幫助瑞克的過程中，我的確採用了自己的專業知識和技能，但我覺得那不是他康復的關鍵，重要的是我自己的心態——如何**放下**評判？這正是我在本課程所學到轉而運用在瑞克身上的東西——放下這位弟兄過去的「罪惡」去看待他。我相信，正因如此，我所提供的重構方式才會有療效。

我是從兩個不同的層次去看出瑞克的無罪本質的。首先是亂倫那件事，我並未因此羞辱他，或大肆批判而加重他的罪咎感，也沒有試圖美化或淡化他這段經歷所造成的重大創傷。不論在心理治療或我個人的生活裡，我都相信他人，並

且盡量往好的一面去看待。確實，以他們姐弟當時的所知所能，倆人都已經盡了最大的努力。瑞克只是一個十三歲的男孩，與父母疏離，性觀念又如此幼稚，可想而知，必然欠缺知識和能力去理解並應付這種事情。而且，他和姐姐都忙於應對艱難的家庭環境。在我看來，他是無可指責的。他當然犯了錯，但是，如果以他現在所具備的認知重新來過，他一定會作出不同的決定的。只不過，事實上不可能重來一次，而只能**重新檢視**。我們無法重現過去，卻可以選擇不同的眼光去**看**同一件事。《課程》早已提醒我們，錯誤並非罪惡，它是可以修正的，事實上，我們每天都在犯錯。罪則不然，它是不變的、洗不掉的，是靈魂上永遠無法抹去的污點。

如果沒有小我作祟，罪的觀念是不可能存在的。在小我嚴厲的審判中，我們全都因為離開了上主而被它定罪。不僅如此，它還不斷威脅我們：「回不去了，因為上主永遠不會帶我們回家的。我們既已拒絕了祂，必會遭受祂的鄙視，理當終身監禁，乃至判處死刑。」認同小我的結果就是這樣。

以這個角度看來，瑞克並沒有犯什麼亂倫之罪。此外，我從另一個更高的層次看到了瑞克的清白無罪。不管他曾經做過什麼，或者將來會做什麼，也不管他成為聖方濟一般的聖人，或查理斯‧曼森那樣的殺人魔，他仍是上主之子，屬於基督之心的一部分。為此，他在夢中所做的一切全都**無關緊要，因為這僅僅是個夢而已**。他仍是上主所創造的模樣，

純屬靈性。他那源自於愛的神聖本質如我一樣；在那個層次，我和他無二無別。

從圓滿自性的角度來看，任何罪過都無法立足。瑞克認同於分裂的小我，曾因多年前的亂倫而背負著罪咎和羞恥。然而，那並非真正的瑞克，更非上主之子。身為奇蹟學員，我的職責便是看到他的**本來面目**，而不是他**認為**的自己。身為治療師，我所扮演的角色倒是更像固定斷腿的石膏，就在瑞克的自我形象好似斷腿一樣碎裂之際，在我心內仍然完整地保存著他的真相，直到他能夠接受並讓自己成為這個真相為止。

目前，瑞克還沒準備好接受「他仍是神聖的上主之子」這一真相（其實也沒有幾個人準備好），但他非常願意和我一起重新檢視，透過我給他的重構方式，放下了背負多年、令他心力交瘁的罪咎和羞愧感。

這種著眼於無罪本質的慧見，堪稱為「終極重構」。但已經分裂的人是無法真正獲此慧見的，更不可能僅憑自己就能護守它，因為我們本身就活在一個分裂不完整的世界裡。唯有聖靈知道完整性，只要我們有足夠的願心，祂必會為我們指點迷津，帶領我們抵達無罪本質之慧見。更確切地說，我們只是藉助祂的眼光，直到我們完全交託，慧見才足以成為我們自己的眼光。

# 終極重構

在任何情況下，聖靈都只看真理實相，而不看過去，因為過去已經過去了。更重要的是，那只是夢的一部分而已。就實相之境而言，過去本來就不存在。沒有過去，當下一刻得以自由地散發出完美純潔的光輝，自然地進入本課程所說的「神聖一刻」：

神聖一刻是聖靈教你了解愛的真諦最有效的工具。它的目的是要全面終止你的判斷。因判斷不能不根據過去，過去的經驗乃是你判斷的憑據。沒有過去，你無法判斷；沒有判斷，你不可能了解任何事情。（T-15.V.1:1~4）

上主知道你當下的真相。祂只知道此時此刻的你，除此之外，祂什麼也不記得。神聖一刻只是為你反映出祂所知道的真相，它會把一切知見由過去抽離，撤銷你為了評判弟兄而自行建立的思想座標。你必須先撤銷自己的評判座標，聖靈才能用祂的座標取而代之。祂的座標純粹來自上主。（T-15.V.9:1~5）

在現實生活裡，我們採用了無數的座標及重構方式，輪番上陣，想把自己的生活、關係以及眼前世界詮釋得合情合理，但終歸徒勞無功。因為那些方式所依據的都是過去，獨

獨把我們在上主心目中的那個真相排除於外,故必有缺陷。然而,真理實相完全取決於上主本身,而非小我。為此,不論任何時候或何種境況,唯一能夠整體性地療癒的,唯有聖靈的重構療法,因為它並非基於過去,而就在**當下,只有上主存在**,其餘一切純屬幻相。每一種境遇、關係或行為,都可以置於聖靈的「終極重構」中,看穿它們的虛幻不實。不消說,這些幻相根本無法與上主同步,因此不可能是真的。事實上,它們從未發生過,僅僅是分裂世界的餘響而已。我們已經從中解脫出來,它們再也無法阻礙我們覺醒於自己的真實自性了。

　　我們從瑞克的例子看到,治療師真正的任務並非作出精準診斷或運用種種具體療法,來修復看似支離破碎之物。相反地,治療師的首要之務是要看出病人的清白無罪,這是每個人在每段關係中所面臨的課題,其實就是〈心理治療〉所說的「*每個人在這治療關係中既是病患又是治療師*」(P-3. II.1:3)。〈正文〉還對此作了進一步的闡述:「*聖靈既然負起了重新詮釋你打造的世界之任務,就會利用你先前為小我撐腰的特殊關係當作教材,將你導向真相。在祂的教誨之下,所有的人際關係都成了學習愛的人生課題。*」(T-15. V.4:5~6)

　　一旦你緊盯著他人的「罪過」,只要對方辜負你的期待或傷害到你,這些「罪過」**在你心目中**必會變得真實無比。

同樣地，你若把某人捧上神壇，企圖否認對方的缺陷，把他變得很特殊，還希望對方投桃報李。這樣做，等於暗中坐實了自己想要忽略的那些缺陷；畢竟，若非相信那些缺陷確實存在，就無需藉著理想化來掩蓋了。

看到沒有？特殊性有如一把雙刃之劍：要嘛置對方於萬劫不復，強調他的罪大惡極，為自己的怨尤自圓其說；要嘛只賦予正面特質，以理想化的方式來掩蓋對方的過錯。無論哪種方式，都已經把他們的「罪」弄假成真了。

每一種關係都蘊含著足以引發改變的決定：在特殊性或神聖性之間，你決心重視哪一個？究竟**想要**看到哪一個？這才是唯一需要作的決定，其餘的一切必會隨之而來。你若重視神聖性，並且能夠在別人身上看到它，那麼，你同樣會在自己身上看到這個神聖性。你若重視特殊性，但凡在別人身上看到它，不論是正面或負面的，你都會在自己身上看到這個特殊性。究竟是要邁向合一之境，還是加深原有的分裂，只能二選一。

> 去喚醒每一個人心中的上主記憶吧！共同憶起天堂就在他心裡。因為你願弟兄活在哪兒，你便會認為自己也活在那裡。不要聽信他對地獄及卑微的嚮往，只去聆聽他心中對莊嚴偉大天堂的呼喚。不要忘了，他的呼喚也代表了你自己的心聲，與我一起答覆他的呼求吧。（T-15.III.12:1~4）

　　這正是本課程的一個核心理念，也是教學關係的基石：
**你在弟兄身上看到了什麼，也會在自己身上看到什麼。**身邊
的兄弟姐妹若有某種罪行，你必也有；他們若仍是上主所創
造的那樣純潔無罪，你必也是，如此而已。

　　就因為我們自認罪孽深重，才會想方設法掩蓋自己的羞
恥感，以為這樣就沒人能看見，也沒人能審判自己。就像亞
當夏娃以樹葉蔽體一樣，我們也把特殊性當作遮羞布來隱藏
自己，甚至更樂意把焦點放在別人那塊遮羞布，而非覆蓋其
上的神聖本質。然而，如果我們是永遠清白無罪的聖子，必
也是聖愛本體的延伸，又何需做任何事來證明自己的神聖
性，或者探求自己在上主眼中的價值？神聖本質乃是我們每
一個人與生俱來的權利，在這一體的光明中無需任何的特殊
性，故特殊性不可能出現，也不可能存在。


## 辨認出真正的起因

　　《奇蹟課程》多次指出，若想解決問題，僅僅處理後果
是沒用的，必須先認出它的**起因**，並在因的層次解決問題才
行。否則就不是從根本上解決問題，而只是處理它的後遺症
罷了，問題仍會改頭換面，不斷捲土重來。唯有找出問題真
正的根源，加以修正，方能滿懷信心地說：「太好了，問題

已經解決了！」

例如醫療行為至關重要的一環就是臨床診斷，必須先透過患者的症狀去確定真正的病因。以「不明原因發燒」為例，在病人發燒原因不明情況下，醫生當然可以先用退燒藥來降低病人的體溫，但藥效一過又發燒了。除非找到發燒**原因**，作出準確診斷，否則是無法有效地治療的。

我參加過一位年輕住院醫師的講座，他曾在非洲某部落工作一年。他說部落旁邊有一個大池塘，當地人在池塘這邊取水吃喝，卻在另一邊拉撒，如此一來，糞便細菌和寄生蟲就污染了水源，也難怪部落裡的人經常出現腹瀉腹痛。醫師說，原本可以分發抗生素和其他藥物來對治這些症狀，但這只是在「果」上頭下功夫。真正的原因是人們對池塘的兩種用途相互矛盾，故必須優先淨化部落唯一的飲用水源。於是，醫師便教他們如何開挖廁所，很快的，他們的病狀就停止了。

再打個比方，你憤怒時可能會想狠狠揍什麼，也許打枕頭、撞牆壁、亂扔東西，又或者衝著孩子咆哮一陣，這些發洩情緒的方法好像可以消氣，為壓抑的憤怒找到一個出口，但絕非真正的解決之道。如果你恨老闆，卻又充滿無力感，不敢當面質問，那麼，再多的敲打或咆哮，也不能改變這個局面。不管努力了多少次，試圖把憤怒排除於外，結果仍會一次又一次地重新填滿憤怒，一切只因根本沒有處理憤怒的

真正事由。

「治果不治因」乃是小我的標誌，它的座右銘則是：「去找，但不要找到。」（T-12.IV.1:4）小我一點也不**想要**解決問題，因為它本身就是問題的真正起因。不論問題化為何種形式，一概如此。〈練習手冊〉第七十九課明確指出，所有的問題都來自同一個根源，就是分裂之念，而我們卻始終把分裂當真。

> 你若不知道問題之所在，就無法對症下藥。縱然問題已經解決了，你的問題還在，因為你不會認出它已經解決了。這就是當今世界的處境。……世上每個人似乎各有自己的特殊問題。其實全是同一回事；你必須先認出它們全是同一個問題，才可能得到解決所有問題的同一答覆。……你若能認清自己的唯一問題不過是分裂，那麼，不論它化身為何種形式，你都會接受那解決方案的，因為你會看出其間的關聯。（W-79.1:1~3;2:1~2;6:2）

話說回來，已經相信分裂的心靈又如何能夠療癒分裂之念呢？既然小我就是問題的始作俑者，解決問題的關鍵必定是揭穿它的廬山真面目，然而，這樣會導致小我的消亡，它豈會甘心？為了防止這種情況發生，小我的一貫手法，就是採取一套另類而瘋狂的策略來解決問題。它不看原因，只處理結果。也因此，真正要解決任何問題，就必須看穿小我，

拒絕它，不再被它誤導，轉而選擇另一條不同的路，就是聖靈之路。

> 小我想盡辦法在枝節上「解決」問題，絕不追溯問題的起因。如此才能保證問題永遠不得解決。反之，聖靈只願幫你一了百了解決所有的問題，因此祂會追根究柢，在問題的源頭徹底化解。分裂之境便在祂的化解之下逐步瓦解；合一之境則會逐步向你接近。（T-17.III.6:1~4）

唯有選擇接受聖靈對事件的解釋，也就是聖靈的「終極重構」，才能在源頭上解決問題，我們既然從未離開上主，故也從未犯罪。如此一來，不單是我個人，連同整個分裂聖子奧體也一起療癒了。

\* \* \* \* \* \* \* \* \*

小我為了阻礙我們找出問題的根源，必會把真正的原因隱藏起來，祭出「羞愧指南針」的所有防衛措施，來防止我們面對因分裂而存於內心的「原罪」，也就是罪咎和羞恥。我們若不去面對，就不可能擺脫它，想當然，這恰好正中了小我下懷。

事實上，這也是**所有**心理防禦機制的目標。這些防禦機制的策略只是針對負面情緒，諸如焦慮、悲傷、憤怒或羞愧

等等，卻從不針對真正的起因。這就是為什麼心理防禦不可能解決問題，因為它們最多只是暫時緩解一下，完全錯失機緣，無法找出問題起因，從根本上加以解決。不僅如此，防禦還會扭曲真相，粉飾太平，當事人可能會好受一點，但根本問題始終未解，甚至更加惡化。

如果你是個老煙槍，連續咳嗽了一週，而且越來越嚴重，那就應該去看醫生了。但你擔心自己可能罹癌，便採取心理防禦——你也許把咳嗽**合理化**，認為只是過敏而已；或者索性**否認**問題的存在，更別說承認它已經每況愈下了；你會說某某人咳嗽得更厲害也沒什麼事；或者去藥房買點止咳糖漿，然後說服自己已經對治了這個問題。果真對治了當然好，但萬一沒有呢？

又如家裡天花板出現一塊污漬，在斷定這是屋頂漏水造成之後，你會立即採取行動去修理它。但如果你懷疑它不是污漬；或者告訴自己那污漬已有多年，只是以前沒留意；又或者將之合理化，說那是因為天花板老舊而已；當然，還可能因為沒有預算，乾脆決定把它徹底忽略掉。如此一來，只會使狀況變得更糟，結果還得花上更多的錢才能了結。請看，要是一開始就承認有問題並加以解決，就無需付出更大的代價了。

那麼，如何解決小我的問題以及它抵制羞愧的伎倆？既然小我已經扭曲了我們「看」的能力，我們還可能認出問題

所在，然後努力改善嗎？答案是：不可能。這好比在強風中
試圖將長長的頭髮梳理順直，而那時最需要的就是找到一個
避風處，才可以梳理頭髮、保持整潔。同理，羞愧感也需要
一個平靜又安全的避風港，免受批判和議論的吹襲，方能把
它攤開來，好好面對它、承認它，也才得以療癒它。

## 揭示與釋放

　　我以前在辦公室的書架上擺放著一個小雕像，藉以時時
提醒自己，千萬不要低估了羞愧的力量。這雕像是一對同性
戀伴侶送給我的，當時他們互相隱瞞與欺騙，兩人之間暗潮
湧動，最終導致關係破裂。後來，在我的協助下，他們坦誠
地分享了彼此的祕密和恐懼。在最後一次諮詢裡，他們送了
一個小雕像給我，以表達感激之情。雕像頭部低垂，緊貼身
軀，乍看就是一塊硬木，沒有臉，縮頭弓背，羞愧得蜷成一
團。這個誇張的雕像倒是提醒我們，羞愧真的會把自己的臉
全都丟光了，就像這個木雕一樣，呈現出一團糾結不清的情
緒，再也無法處理自己羞愧的根源，因為光是想想，整個人
就癱了，談何面對？更別提接受和解決了！

　　儘管如此，想要真正解決問題，還是得從根源著手。處
理羞愧（或任何其他負面情緒）的第一步，當然是找出原

因；在那當中，人們必須心甘情願地超越小我的防衛措施，才能徹底誠實——先是對自己誠實，再以誠待人，同時還得由衷承認心理防禦真的無法幫助我們應對羞愧感才行。因此，我們有必要逆向而行，無論此舉看起來多麼不對勁，多麼令人焦慮，都必須鼓起勇氣，把自己因羞愧而隱藏之物全都攤在陽光下。

由此可知，在所有健康的關係中，誠實是絕不可少的。我們倘若真心渴望親密，就必須向伴侶敞開內心世界。所謂「看懂我」，意味著對方必須看得到自己最黑暗的角落，而且無一例外。縱然完全開放似乎不太現實，甚至是難以企及的目標；也縱然感覺有多不舒服，或者因此遭受伴侶的批判甚至離開，我們仍應毫無保留，**甘願**分享彼此之間可能存在的任何障礙。有些時候，我們可能無法立即敞開心扉，也許需要幾小時、幾天，甚至幾年，但說真的，實在沒有什麼非要**故意**隱瞞的。

我要澄清一下，這**絕不**是讓我們恣意開口，想到什麼就說什麼，也非口無遮攔，使得人見人厭，更不是為了糾正別人，比如說：「親愛的，我得說實話，你穿那件衣服看起來很胖。」絕不是的！所謂敞開，只是坦承自己那些羞於啟齒的祕密。那些祕密原是為了保護虛假的自我形象，而敞開的目的就是讓自己從那個形象中解脫出來。例如：

「我假裝很成功，但覺得自己像個騙子。」

「我和一百多個男人睡過了。」

「我曾偷取別人的創意，當成自己的原創。」

\* \* \* \* \* \* \* \* \*

哪怕對伴侶只隱瞞了一個祕密，彼此關係也會日趨惡化。因為你不得不使出渾身解數來保護那個祕密，編造更多的謊言來掩蓋事實真相，以便保護自己。要知道，祕密就像一塊強力磁鐵或太空黑洞，把周遭的一切都吸入自己的「情緒場」，不斷吞噬整個關係，直到危機重重才猛然發現，原來自己對伴侶已經完全封閉了。其實，對方也能感覺到這一點（不管有沒有說出來）。就這樣，自己在倆人之間砌起一堵高牆，牆背後的祕密似乎安然無恙，代價卻是將自己所愛的人關在牆外。然而，如果真想療癒，那些祕密最需要透露的對象，正是牆外的那個人。

更堪憂的是，我們會逐漸相信自己的謊言，如此一來，不僅拒伴侶於千里之外，杜絕了任何親密的機會，同時還拒絕了自己本身！至此，我們再也無法了解自己了。對此，〈正文〉更是一針見血地點明：「你若想隱藏什麼，自然無法看到它的存在。」（T-15.IV.9:7）確實如此，我們怎麼可能去正視鏡子裡那個難看的自己？風險太大了，最終只好向世人推銷一個虛假的形象，還得沒完沒了地修補改善，來冒

充真實的自我。

　　這種隱藏的模式不僅是心理學的課題，更是《奇蹟課程》的核心內容。身體可以公開示人，念頭則屬於隱私的範疇。尤其是，這類私念虛幻無比，猶如孤獨的小我在漫畫世界裡冒出的一連串氣泡型獨白。我們決定保留不說的，都只會加強分裂感，阻礙我們與上主、聖靈、姐妹兄弟，以及所有人共有的自性之間的交流。

　　小我當然會把私念視為珍寶，這原本就是它的看家本領。小我無法分享愛，卻善於打著愛的旗幟，繼續進行它的勾當，利用重重煙幕和詭計來掩飾自己。小我存在的核心乃是天人分裂，是一個充滿罪惡與羞恥的祕密，絕對不能洩露出去。一旦被揭發，小我的遊戲就終結了，我們也會因為憶起上主而覺醒過來。難怪小我對**任何**事情都不可能誠實，因為事實真相就是它的敵人。

　　這就帶來了一個悖論：想要擺脫羞愧就得甘願揭露它，把隱祕的自我與私念全都帶到光明中。問題是，一旦暴露了內心最原始、最敏感的部分，就會**更**容易受到羞辱。再以瑞克為例，如果他某天決定告訴妻子，他曾經被姐姐勾引過，結果妻子感到厭惡或心寒，那該怎麼辦？萬一妻子再也無法接受他親近呢？倆人的婚姻豈不是完了？即使發生的機率不大，但對瑞克來說，還是相當冒險的，念頭一轉，不如隱藏自己的過去，那就容易多了。

一旦你陷入了這種進退兩難的困境，又該如何？若**真想療癒**，就必須敞開內心深處的自我，但請記得，並不是要你在任何人面前說出來，也不是出於一時衝動，而應該是在足以信任的安全狀況，分享自己隱私的念頭和感受。**只有**在分享的氛圍中說出那些原本想要埋藏的祕密，才會得到傾聽、尊重與接受。遺憾的是，世上很少有真正安全的環境。或許有好朋友偶爾可以充當安全港，但如果他們已經相信了你假扮出來的公開形象，那就不太合適了。至於家人，通常也不那麼可靠，因為他們自認為對你已經瞭若指掌；何況在你過去的羞愧經歷中，他們往往也有份。

相形之下，心理治療**更**讓人安心。治療師與求助者沒有私人關係，無需維護對方虛假的自我形象。專業治療師只是致力於協助，不做任何預設。在心理治療中，保密不但是必須的，法律也有明文規定。

另一個備受歡迎和尊重的安全空間，則是類似「戒酒無名會」（Alcoholics Anonymous）致力推廣「十二步驟」之團體，他們採用的方法也適用於許多不同類型的成癮行為。這類團體的環境相當安全，成員之間採用匿名制，嚴禁對外透露任何所聽所見。更重要的是，團體不在乎成員的社會身分，因為那跟當前的課程活動無關。不管是腰纏萬貫還是沿街乞討，年方二十還是八十老人，都一樣是酒鬼或癮君子，每個人都曾經努力隱藏自己，也曾多次試圖獨力克服成癮行

為，卻均以失敗告終。即便如此，這並沒有什麼好丟臉的，因為這裡每一個人都經歷過同樣的事情，彼此之間毫無差別，可說是「羞愧面前，人人平等」。

彼此都有相同的缺陷，會給人一種安全感，也都可以放心地坦露自己。尤為可貴的是，療癒就這樣發生了。在活動的一兩個小時內，大家本著一個共同目的，以誠實的同盟心態相聚一起，而將小我的謊言、假門面及精心打造的形象全都擱置一旁。

另如一段專注於親密而非特殊性的關係，其實也可以安全地展現自己內心深處的自我。請記得，「看懂我」乃是親密關係透明度的衡量指標。只需毫無保留、心甘情願地與親密伴侶分享自己，就可以從羞愧中解脫出來。而且，無論彼此相識多久，都有可能發生這種情形。多少人經歷了五十年的婚姻，卻從未接近過真正的親密；相反的，有些人彼此剛剛認識，反而有幸投入其中。如果雙方都覺得完全自在，能夠自然地敞開心扉，便可以聊上幾個小時，甚至對自己分享出來的那些東西感到十分驚訝，因為以前從未向任何人透露過。這並非為了推銷自我形象，或讓對方記得自己，更不是要勾引或操縱對方。除了渴望得到充分了解之外，沒有其他目的。

雖然並非所有的關係都是以親密為目標，但在夫妻面臨嚴重危機時，諸如外遇、破產或痛失孩子等等，親密的需求

就變得很迫切。然而，除非雙方都決心誠實面對當前狀況，不再互相責備，放下羞愧感，純然分享自己內心深處的感受，否則夫妻關係很可能難以為繼。雙方都必須明白，若要維持關係，度過危機，對透明性作出承諾至關重要。遺憾的是，能夠如此承諾的少之又少。在我的經驗中，夫妻通常都是「大難臨頭各自飛」。如果他們繼續在一起，就得赤裸裸地誠實以對，並且承認脆弱，但這實在太難了，倒不如分開要容易得多。

幸運的是，如今我們不再需要心理治療，或「十二步驟」團體，乃至藉著一段愛的關係中的安全感來療癒羞愧。提供「終極重構」的聖靈，才是終極的安全空間，我們和祂的關係也成了透明性的典範。因為祂對我們已經瞭若指掌，而且無論如何都愛我們。祂對我們所有的假相視若無睹，只想幫我們憶起真相，自然比世間任何治療師都更勝一籌。事實上，**我們都有「小我上癮症」**，故聖靈絕對堪稱為最理想的治療師。然而，就像人間治療師一樣，祂極需我們參與其中，只因療癒羞愧乃是聯袂合作；祂能發揮多大的作用，端看我們的意願有多強。

> 聖靈僅僅要求你一事：與祂分享你封鎖在心底的所有祕密。為祂開啟每一扇門，邀請祂的光明驅散你心中的黑暗。祂樂於應你之邀而來。只要你敢向祂揭開每個黑暗的角落，祂的光明便會進入。你若仍

存心隱瞞，祂也不會窺探你的隱私。……因此，
把你暗中隱藏的一切念頭都帶到祂那兒，與祂一
起去看吧！祂充滿了光明，你內則是一片黑暗。
當你們兩個一起正視時，光明與黑暗便無法並存
了。祂的判斷必然無往不利，但你得把自己的知見
融入祂的知見，祂才能給你祂的判斷能力。（T-14.
VII.6:1~5;8~11）

我們把不可告人的祕密向聖靈開啟，並非為了乞求赦
免。因為罪過既沒有等級之分，也沒有大小之別，全都可以
寬恕。事實上，**根本就沒有罪這一回事**；在聖靈眼中，那些
只是一些錯誤而已，而所有的錯誤都是同等的，也都可以忽
略。在我們感到羞愧、自卑、失敗和罪惡之處，祂只看到了
圓滿的愛。當我們從聖靈的角度去看待自己所有的關係時，
就等於把這些關係交給祂療癒，也因而得到轉化。

聖靈活在你心內的寂靜光明裡，那兒徹底開放，毫
不隱祕，故沒有什麼好怕的。……沒有任何黑暗是
愛的光明無法驅散的，除非它故意逃避愛的慈顏。
你若存心與愛保持距離，自然難以得享愛的療癒能
力，因為你已跟愛分道揚鑣而投奔黑暗了。（T-14.
VI.2:1~4）

為此，只要把隱藏的黑暗帶到祂圓滿一體的「寂靜光明
裡」，黑暗頓失立足之地。這無需我們採取任何具體行動，

跟我們在外面世界的所言所行也毫無關係，我們只需發出小小願心就行了。一旦作出決定，選擇上主，選擇療癒，選擇寬恕，便足以逆轉分裂，徹底解除小我暴虐的統治。

真相遮蔽不了，也不可能被遮蔽；我們可以隱藏自己的真相，但也能輕而易舉地找回它。我們就像孩子一樣，自己緊閉雙眼，卻哀號著被人打瞎了。故唯一需要做的，只是睜開眼睛而已。眼睛一張，光明來臨，真相重現，因為光明和真相的本質就是要顯露，而非隱藏。

> 愛深願為人所知，全然被人了解，也全然被人接受。它沒有任何祕密，也無意保留或隱藏任何事情。它行於燦爛陽光之下，眼睛雪亮，心地柔軟，常以笑容歡迎所有的人，沒有人會曲解它那單純可見的誠意。（T-20.VI.2:5~7）

而且，「你若只要愛，就不會看到其他的東西。」（T-12.VII.8:1）言下之意，愛始終在那裡等著你，你的眼中別無一物可見，因為本來就別無一物存在。

與上主聲息相通的聖靈，如今正等著我們向祂開啟自己的缺陷，我們若能持之以恆，必會得到療癒的。如同《奇蹟課程》開篇之言：它旨在清除使我們感受不到愛的那些障礙，讓愛流進我們的意識裡，我們便會再度憶起自己的真實自性。然而，我們卻一直處於衝突之中，根本無法敞開自

己。只因所有的私念全是我們自己預設的，而且心知肚明其中毫無愛心可言，故也不願暴露出來。

不僅如此，大部分的內疚和羞愧都早已塵封日久而深埋心底了，我們甚至對它們一無所知，因此才亟需逐步帶入意識中，同時準備好面對它們，否則只會引發更多的恐懼。事實上，我們準備就緒與否，也唯有聖靈才能作出判斷，並親自引領整個過程。

就這樣，我們依照自己的能力和步調，漸漸地把一切交託給聖靈。也可以把它看作一個緩慢的、重新調整的過程──只要不斷肯定我們在上主心目中的真實身分，自己的虛假形象便會慢慢改觀。總之，我們願意接受上主所賜的意象才是唯一的真理實相，以之作為判斷自己和他人的唯一標準，就會越接近這一意象，把它當作真實的自己。心中了了分明，無論夢中發生了什麼，多可怕或者多扣人心弦，都只是一場夢而已。你在夢中夢見自己被人殺了，或者殺了別人，醒來的一刻，並不會覺得內疚或害怕，而是頓時感到解脫：「感謝上主！幸好，只是幻夢一場。」大家可還記得這一段〈正文〉：

> 你正安居於上主的家園，只是在作一個放逐之夢而已；你隨時可以覺醒於真相的。這豈非只有你才能決定的事？你的經驗顯示出你確實已把夢中一切當真了。你必須等到清醒之刻才會恍然大悟，夢中好

似發生的事，根本不曾發生過。當你仍在夢境，縱
使夢裡的情景完全違反你醒時世界的運作法則，你
絲毫不以為怪。有沒有這種可能，你只是由一個夢
轉到另一夢裡，其實你從未真正清醒過？（T-10.
I.2:1~6）

我們不妨沿著同樣的思路，思考一下中國古代聖人莊子
的「莊周夢蝶」：莊周有一天從夢中醒來，猶記得夢裡的他
變成了一隻逍遙飛舞的蝴蝶。他不禁恍惚起來，因為從此再
也不能確定自己是誰了──是他在自己的夢中變成了蝴蝶？
還是蝴蝶在它的夢中變成了莊周，而且至今還在作夢？

幸運的是，始終與上主同在的我們必能擺脫這種困境。
總有一天，我們會徹底覺醒，而非從一個夢逃至另一個夢。
一旦覺醒於真理，便終結了**所有**的夢境，這就是救贖。

\* \* \* \* \* \* \* \* \*

當我們不斷把羞愧交託給聖靈而獲得療癒，接下來會如
何？都有些什麼樣的體驗？我們可能會經歷許多情感，但其
實都是同一種情感的不同面向：感受到喜悅與自由，因為從
此不再扛著羞愧的重擔了；充分開放與真誠，因為不再需要
偽裝，把精力投注於毫不真實的自我形象了。我們會以誠待
人、用慈悲心去看待他人的羞愧，因為他們虛假的自我形象

不再對我們造成威脅，也無法把我們拉回自己過去那個假我。最重要的，我們終於享有平安，而且是無所不在且永恆不變的平安。

平安，乃是真實自性的標誌。它並非那種單純的如釋重負之感，更不是操勞一天之後喝杯冰葡萄酒，或者一種美好的回憶。平安本身就是正念的力量，這種力量只可意會，不可言傳，如《聖經》所說的「超越人所能理解的平安」（〈新約‧腓立比書〉4:7）。

平安一旦來臨，卑微感頓失立足之地，特殊性毫無吸引力，衝突與爭鬥也逐漸止息。我們仍會看到衝突，但不再緊盯著它們不放了。它們就像自己在某個陽光明媚的下午，去露天劇場觀看的一部模糊不清的黑白驚悚舊片。太陽底下，螢幕泛白，背景全是沉悶槍聲及尖叫聲。即使我們想看，也很難跟上劇情，何況我們已經不想看了。它們的虛幻本質早已暴露無遺，我們再也不會當真了。

只要讓聖靈把我們由小我的羞愧中釋放出來，我們就會找到平安。平安會驅逐所有的衝突，但並非對外在的世界，因為世界就是為了衝突而打造出來的，而是在感知世界以及賦予其意義的心靈中。當我們找到內在的平安時，平安也會反映在我們所有的關係中。正如〈練習手冊〉第一百三十七課所說：「當我痊癒時，我不是獨自痊癒的。」也就是說，我們走在同一條旅途上，要嘛一起走，要嘛誰也走不了。

第 *7* 章

# 坦承內在之物

　　1945年，一位農民在埃及拿戈馬地（Nag Hammadi）沙漠，偶然發現了一個洞穴，洞裡藏有密封的陶罐，罐中裝著一批皮面的莎草紙手抄本，年代可追溯到西元四世紀左右。這些古抄本就像《新約》裡四部福音的經文一樣，都是講述耶穌的事蹟，而且聲明它出自親聆耶穌教誨之人，傳承了好幾代。只不過，古抄本裡耶穌的教誨，與福音正典中耶穌的說法截然不同。知名學者伊蓮・佩格斯（Elaine Pagels）曾這樣描述：「新約中的耶穌宣揚的是罪與懺悔，古抄本那位『活生生的耶穌』卻僅僅談論幻相與覺醒，他不是把我們從罪惡中拯救出來，而只是作為一位嚮導，為世人開啟靈性之見的大門。當門徒覺悟時，便與這位靈性導師平起平坐，兩者無二無別。」（〈諾斯替福音〉PP.xix–xx）各位看看，這

種觀點與《奇蹟課程》非常相似吧？確實如此。只是在海倫和比爾筆錄《奇蹟課程》的那個年代，這批「另類福音」僅僅對菁英階層的圈內學者開放，鮮少人知，也就不可能影響到他們倆人了。

在那些古抄本中，最著名的一份文獻首推〈多瑪斯福音〉。它由一系列耶穌的語錄組成，這是其中一條：「你若坦承內在之物，所坦承之物就會拯救你；你若隱藏內在之物，所隱藏之物就會毀滅你。」可以看出，這段簡單而神秘的文字十分強調「揭示存於我們內的真相」。但我們的「內在之物」到底是什麼意思？必須「坦承」什麼？又該對誰「坦承」？目的究竟何在？

從上一章「療癒羞愧，擺脫小我」的脈絡裡，我們不難看出這條語錄完全可以運用於治療羞愧：讓隱藏在內心的羞愧浮出表面，在安全的環境中公開分享；只要如此「坦承」，我們就得救了。坦承會讓我們免於進一步的羞愧，而且將羞愧連根拔起，徹底解放出來，光憑這一點就已經值回票價了。但遠不止如此，它甚至會加速心靈的綻放，最終喚醒我們的真實自性──純粹一心的基督，也就是活在所有人心中的愛與平安的一體境界。

反之，我們「若隱藏內在之物」，拒絕揭露，而任由羞愧惡化、滋長下去，它必會毀了我們。上一章也提過，這樣只會導致更強烈的羞愧和更多的隱藏，直到真實的自己消磨

殆盡，最終變成一副軀殼：能說會走，僵硬的臉上掛著幸福表情，足以欺騙世人，讓別人和自己都看不到下面醜陋的真面目。這樣的虛假只會污染所有的關係，讓親密變成不可能，更別說「看懂我」了，只因為我們完全不許任何人看到自己隱藏的「內在之物」。很遺憾，這正是小我世界中大多數關係的狀態——保留隱私，害怕暴露，放棄了擺脫它的機會，也就無從體驗到與他人真正的結合了。

為什麼坦承內在之物具有療癒性？又為什麼要把羞愧揭露出來才得以釋放？

答案很簡單，只要還把羞愧鎖在心裡，就是在強化它的真實性。縱然過去的經歷，連帶所有的傷害、悔恨、侮辱以及種種愧疚都早已過去了，事實上卻依然存留在我們心裡。這些記憶每重現一次，所帶來的羞愧仍舊會灼痛難當，就像昨天剛剛發生一樣。我們越努力隱藏，結果只會適得其反，只是把羞愧餵養得更為強大而已。

隱藏不可能帶來安全，因為所隱藏之物總會拼命浮現出來，難怪我們一直提心吊膽。如同〈正文〉所言：「唯有曖昧隱晦之物才嚇得了人，那是因為它莫測高深，並非因為面目可怖。」（T-14.VI.1:4）隱藏之物猶如一個關在閣樓裡的瘋子，在那裡尖叫著要求釋放。試想，關在閣樓，與世隔絕，遭人唾棄，有可能恢復理智嗎？

　　醫學上有一種病理現象，印證了隱藏機制的危險性。眾所周知，發生感染的部位，如果是在免疫系統不能完全穿透的區域，就無法治癒，通常身體會把感染部位隔開，防止擴散，最終出現病變，形成膿腫，產生一灘膿水和潰爛物，與身體其餘部分隔離開來。試問，這種招數會有效嗎？患有膿腫還能正常生活嗎？當然不能。隔離之後，病灶仍在，仍會引發疼痛和高燒等症狀，若不及時治療，甚至會導致敗血死亡。那該怎麼治療？抗生素無法穿透封閉的區域，效果當然不彰；通常只能動手術，切開膿腫，排膿清創即可。想一想，還有什麼比這段話說得更貼切：「你若坦承內在之物，所坦承之物就會拯救你；你若隱藏內在之物，所隱藏之物就會毀滅你。」

　　同樣地，士兵若在戰場上被彈片擊中，又無法取出，人體組織就會直接把彈片包裹在裡面，盡量癒合傷口周圍。然而時日一久，身體常常會以一種奇妙方式去處理，它會強行將彈片往外排，受傷之後的幾年甚至幾十年，那些金屬碎片往往會刺穿皮膚。這表示身體具備一種本能，能夠透過坦承隱藏的「內在之物」而自我療癒。心靈層次同樣如此，我們想要獲得療癒，就必須揭露和排出隱藏之物。

　　所有我們不敢揭露的祕密，就像病變的膿腫或穿入身體的彈片，那些原是過去情緒發作時充塞在心裡的異物，早已感染、惡化，變成了膿包，不斷毒害心靈，令我們毫無幸福

可言。直到我們跌入谷底，覺得自己已經受夠了，別無選擇之際，才不得不揭露它們，看看到底是些什麼玩意兒。這才發現，它們什麼也**不是**。在上主實相中，它們只是虛無，根本就不存在。確實，祕密一旦披露，就猶如夏日烈陽下的古老冰塊，最終消融於無形。

《奇蹟課程》再三提醒，我們只是在作夢而已；而我們隱藏的分裂之罪和羞恥，正是整個夢境的基石。只要我們繼續沉睡下去，夢境核心深處的可恥祕密便會陰魂不散，不斷恐嚇我們；而且還繼續向外擴散，化成各種形式，每一種形式都會引發出個別的噩夢。所幸，夢裡發生的一切，都不是真實的。然而，唯有等到醒過來，我們才會明白這一點。

坦承內在之物意味著自己願意覺醒。當我們不再保留祕密，天人分裂之戰所留下的彈片（亦即羞愧），就會逐漸浮出表面，於是我們開始慢慢不再受它控制；縱然還在夢中，卻內心湧動，終於發現自己不可能遭受天譴，因為我們沒有做錯什麼，既未拋棄過上主，也沒有被上主拋棄，所以沒有什麼好怕的。漫長的噩夢如今曙光乍現，開啟了《奇蹟課程》所說的「幸福美夢」。還記得這兩段〈正文〉吧：

> 當孩子以為自己看到了恐怖的鬼魂、怪獸或惡龍時，當然會嚇得半死。如果他們能向自己信任的大人請教這些東西的意義，而且願意放下自己的看法而接受真相的話，他們的恐懼立刻化為烏有。只

要有人幫這孩子解釋一下：他看到的「鬼魂」原是
窗簾，「怪獸」原是陰影，「惡龍」不過是夢中魅
影，他就不再害怕了，甚至開心地嘲笑自己膽小。
（T-11.VIII.13:1~3）

只要他們（孩子）有心覺醒，且願接受真相，恐懼
就會消失了蹤影。如果他們還想隱瞞靈夢，便難以
擺脫那些魅影。……孩子，你正扯著厚厚的棉被罩
住自己的頭呢！你存心把靈夢藏在自以為是的黑暗
中，拒絕張開眼睛正視那些魅影。別再抓著靈夢不
放了，……掀開那棉被正視一下你所害怕的東西
吧。你所怕的只是一些假想敵而已，什麼也不是之
物有什麼好怕的？（T-12.II.4:2~5:3）

＊＊＊＊＊＊＊＊＊

　　長篇小說《紅字》（*The Scarlet Letter*），是美國著名作
家納旦尼爾・霍桑（Nathaniel Hawthorne）的代表作，書中
強力描繪了「坦承」的必要性以及隱藏的後果。故事的背景
是十七世紀清教徒遷居地新英格蘭的一個港口小鎮，主角海
絲特・白蘭，因婚外情生子而被定「通姦罪」。全鎮民眾群
情激憤，想要知道孩子父親的身分並加以懲罰，但海絲特
拒絕透露，還聲稱永遠不說。結果，她被勒令終身在胸前佩
戴一個醒目的猩紅色A字（英文Adultery「通姦」的第一個

字母），以示贖罪。海絲特無怨無悔地接受了這一懲罰，既不抗議，也不辯解，更沒有逃到其他地方，奢望另一段新生活。她仍然是清教徒中的一員，在眾目睽睽之下撫養她的私生女珠兒。

在整部小說中，海絲特始終帶著一種與生俱來的尊嚴感。是的，她的「罪惡」已經全部公諸於眾，那又怎樣呢，日子還是要過的。猩紅Ａ字原本是用來不斷提醒世人記住過往的罪惡，現在卻失去了效力，因為一經公開曝光，眾所周知之後，馬上就成為陳年往事了。過去終會褪色，而且當下就能改寫。可以這麼說，海絲特對猩紅Ａ字的看法已經徹底轉變了，如今它只代表著「接受」（Acceptance）。海絲特的內在轉變也同時映照在外面所有清教徒的身上，他們終於接受了海絲特、猩紅Ａ字、珠兒，以及所有的一切。

相形之下，孩子的父親丁梅斯代爾卻始終隱藏自己的行為。他是港口鎮的牧師，一旦曝光就會身敗名裂。此時，海絲特失蹤已久的丈夫也回到了鎮上，竟然嗅到了丁牧師的罪惡感，於是不斷對他進行精神折磨。到了小說結尾，原來丁牧師的胸口也有一個猩紅Ａ字，但並非如海絲特胸前所戴的那麼顯眼，而是隱藏在法衣裡面──皮膚上的一個猩紅烙印，除了他自己，沒人看得見。他向所有人隱瞞自己的祕密，而這祕密也一直侵蝕著他。最終，丁牧師還是走上了絞刑台，公開烙印，當眾懺悔，坦然擁抱海絲特和女兒珠

兒，隨後便與世長辭。套用那句語錄，即是：「海絲特坦承
自己的內在之物，所坦承之物拯救了她；丁牧師隱藏自己的
內在之物（猩紅 A 字烙印所象徵的罪），所隱藏之物毀滅了
他。」

　　古老文獻〈多瑪斯福音〉和小說《紅字》，都能讓我們
深刻了解羞愧，以及在通往自由的路上，羞愧究竟是如何
控制人們的。確實，坦承內在之物才是唯一的療癒之道。
《課程》的開篇之言：「它旨在清除使你感受不到愛的那些
障礙；而愛是你與生俱來的稟賦。」（T-in.1:7）言下之意，
我們無需打造愛，也不必跟愛討價還價。愛永遠都在。那
是上主親自安置於我們內「與生俱來的稟賦」。事實上，**唯
一**存在的就是愛，其他都不是真的，也都不存在。既然上
主就是一切，那麼，只要與上主同在，便無一物得以隱藏，
因為無處可藏。還有什麼能夠脫離無所不包之境而隱藏身分
呢？「上主不曾隱瞞過聖子任何事情，可是聖子卻可能隱瞞
自己。所幸上主之子隱藏不了自己的榮耀光輝，因上主願他
活在榮耀之中，而且賜下光明，由他心中照耀四方。」（T-
11.III.5:1~2）

　　我們並沒有改變自己的真實天性，因這根本不可能發
生。這正是《奇蹟課程》的精髓，也是它所傳遞的自由之
信息。天性是無條件的，無需我們**努力**獲取；正因那是天
性使然，任何人都無法改變。〈正文〉「最後的一步」那一

節說過，受造物無法改變造物主及其造化的神聖本質。〈練習手冊〉更是不斷重申「我仍是上主所創造的我」（W-94；110；162），而且永恆如是。

就懷著這樣的心態，以另一種方式來理解「坦承內在之物」這個原則吧。是的，只要我們繼續相信小我之夢，罪咎感和羞恥感就都會一直存於我們內，而且必然如此。為此之故，若想療癒與覺醒，就必須坦承自己的罪咎感和羞恥感；因為還有不同之物活在我們心內，就在罪咎的下面，超越所有羞愧。如果想從夢中解脫，也必須讓此物呈現出來。不消說，它就是我們自己的本來面目——上主創造的純潔無罪的自性。

不論我們認定自己有多麼邪惡，我們的真實自性始終不變，它永遠純潔無罪，永遠圓滿，永遠平安，永遠是愛。我們可以拒絕承認，也可以決定去看別的東西，甚至流浪到幻境之中，這是我們的自由，但是，我們永遠沒有改變自己真實天性的自由。

這正是《聖經》故事「浪子回頭」的寓意。縱然我們自以為流浪異鄉，似乎已將天父所賜的家產揮霍殆盡，但終究不可能真正失落這一天性的。只要我們決心憶起自己的身分而回歸家園，天父便會迫不及待地前來擁抱我們。

一旦穿越過去的羞愧以及掩蓋它們的層層防禦，徹底識

破它們的幻相，底下會是什麼？除了愛與光明、純粹一心的
基督、上主當初所創造的聖子以外，我們還能找到什麼呢？

> 不要害怕往內去看。小我告訴你，你心內只有一
> 片漆黑的罪咎，不要去看。……你心裡其實並非
> 你想像的模樣，更不是你心目中那副德性。你內
> 在的神聖印記，值得天父對你全然信任。……現
> 在就去瞻仰祂置於你內的光明吧，學習看出你
> 所害怕的那個東西其實早已被愛取代了。（T-13.
> IX.8:1~2,6~7;13）

> 把你的心靈想成一個很大的圓圈，被裹在一層濃密
> 的雲層中。你所能看到的只是團團烏雲，因為你好
> 似站在圓圈之外的某一點上。從你立足之處看去，
> 你沒有理由相信烏雲內會藏有燦爛的光明。烏雲似
> 乎成了唯一存在的現實。你所看見的好似僅止於
> 此。因此，你裹足不前；然而，唯有穿越過去才可
> 能使你徹底相信烏雲的虛幻不實。（W-69.4:2~5:4）

> 你心裡透亮的平安始終反映出你受造之初的完美與
> 純潔。別再害怕面對自己內在的美妙真相了！看穿
> 那遮蔽你視野的罪咎之雲，你的眼光便能超越黑暗
> 而目睹那神聖的光明。（T-13.X.9:4~6）

濃密烏雲純屬錯覺妄想，穿越過去便是真實自性那道

永恆的璀璨之光。我們也可以把〈多瑪斯福音〉那句語錄改為:「你若呈現內在之物,所呈現的內在之物就會拯救你。」這「內在之物」指的就是這道光明——只需呈現「我們與上主一體」的真相,這真相就成了我們的救恩。我們若對它視而不見、聽而不聞,只熱中於小我的種種目標,不惜貶低它的價值,表示我們選擇了**不讓**它呈現。不消說,這一選擇最終必會導致自我毀滅,再也無法了知自己的真實天性,繼續深陷黑暗,在痛苦與失落的世界苦苦掙扎,既不相信自己會看見光明,也懷疑光明是否真的存在。

在此,我必須釐清兩點。首先,除非穿越層層烏雲,揭發並釋放阻擋光明的任何東西,否則光明是不會呈現的。其次,我們不可能毀滅自己,因為我們不是自己創造出來的。沒有人摧毀得了自己的真相,這正是救贖的真諦,也是救恩的承諾。只有在夢中,我們才能改變自己的身分;而我們唯一能摧毀的,也是自己這個假我。

如果繼續拒絕向內看,拒絕呈現內在的光明,這個假我就會一直占山為王,但最多也只是片刻而已,因它總是無法滿足我們,更不可能一直愚弄我們。直到我們受苦受夠了,便會意識到自己一定還有重新開始的機會。

我們隨時都可以轉變心念,呈現永存心內的光明,這個選擇始終操之於自己。事實上,正如《課程》所強調的:「『決定能力』乃是困在世界的你所剩下的最後一點自

由了。」（T-12.VII.9:1）然而，真正的問題是，我們還要多久才作出這個選擇？在小我的奴役中還要虛擲多少的光陰？願意忍受多少的痛苦才決心覺醒？請記得，無論如何，「基督在你困難、煩惱及迷惑之刻始終溫柔地提醒你：『我的弟兄，重新選擇吧！』」（T-31.VIII.3:2）一旦作出那個決定，時間當下終結，我們終於重返天堂了。

\* \* \* \* \* \* \* \* \*

至此，〈多瑪斯福音〉那句語錄便有了兩種詮釋，一是坦承內心的黑暗，一是呈現內在的光明。哪一種更有幫助呢？不少奇蹟學員更為關注後一種詮釋，他們認為，只要看光明那一面就好了，不管自己對身邊人的感覺如何，都要盡最大的努力去愛每一個人，如此便能展露光明，驅散小我。另一些學員則側重前一種，強調必須揭露小我所有的防衛措施、不可能達成的目標，以及一切的虛假神明，不斷把它們一個一個放下；唯有承認它們，把它們全都拉到真相前，才能找到救贖。

事實上，這兩種觀點可謂相輔相成，缺一不可。理論上，我們若能當下作出決定，把自己及兄弟姐妹視為無罪，不再妄下任何評判，就只可能呈現出光明——神聖的真實自性。遺憾的是，我們做不到這一點，至少目前還不行，而且也無法始終如一，這表示我們仍需努力，徹底擺脫罪咎及羞

辱。為此,我們必須善用這兩種看法,同時必須雙管齊下,僅憑其中一個是不夠的。

因此,一方面切莫忘卻我們的內在光明,以及「我們永遠是上主所創造的我們」這一實相;另一方面,若想揭露小我,戳穿它五花八門的偽裝並帶到光明中,就絕對不能迴避它們。之前已說過,我們唯一的任務就是「清除使你感受不到愛的那些障礙」。正因兩種方法都是為了療癒的緣故,所以不但不應厚此薄彼,而且也要謹記在心,務必先坦承自己內心的黑暗,才可能帶來光明。

# 第二部

# 怨尤與寬恕

是你的寬恕,把黑暗的世界帶入光明之中。……藉著寬恕,你才能憶起自己的真相。因此,你得救與否全看你是否寬恕了。(W-62.1:1,4~5)

第 *8* 章

# 關係的目的

　　在所有現存的靈性傳承中,《奇蹟課程》可說是獨一無二的,因為它把人際關係(而非個人開悟)視為覺醒之路,核心目標就是將特殊關係轉變為神聖關係;若非如此,是不可能回歸我們的真實自性的。〈正文〉一開篇的「序言」就直接指出:

> 世間的特殊關係常是自私、幼稚、自我中心,甚至含有毀滅性的。儘管如此,只要交託給聖靈,這些關係仍能轉變為人間最神聖之物,也就是奇蹟,為人指出回歸天國之路。世俗常利用人間的特殊關係作為排除異己及自立門戶的祕密武器,聖靈卻能將它們轉化為學習寬恕及由夢境覺醒的最佳教材。每

一個關係都為人提供了療癒知見和修正錯誤的機
緣，每一個關係也成了寬恕別人因而寬恕了自己的
機會，每一個關係都成了歡迎聖靈以及憶起上主的
邀請函。（T-序言.三.8）

根據《課程》的觀點，要從小我及其幻相中解脫出來，
就必須憑靠人際關係。這些關係原是小我的工具，如今必須
轉化為一種交流設施，服務於聖靈和上主的救恩計畫。小我
的關係純屬權宜之計，是在不同的個體之間的交易，隨時可
分可合，每個人的人生故事不同，也打著各自的算盤。然
而，所有關係一到聖靈手中，便成為一種教具，讓原是一體
不分的心靈認出彼此的神聖性。藉著認出他人的神聖，我們
重新點燃了自己對它的記憶。如此一來，人間的關係便由特
殊關係轉為神聖關係；我們也再度覺醒於自己的真實身分，
亦即純粹一心的基督自性。

話說回來，**我們**的任務並非在關係中編造出神聖性，因
為上主已經把每一個人創造得有如祂一般神聖。故我們唯一
的職責，只是揭露和撤銷我們自己學來的那一套關係，並願
意跟隨聖靈學習，才得以看見上主創造的神聖本體。如同
〈正文〉所言：「神聖關係……是有待學習的。你舊有的不
神聖關係必須脫胎換骨，才能在你新的眼光下煥然一新。」
（T-17.V.2:1~2）但我們目前還看不見這一神聖性，除非我們
具備如下幾點：

⑴真心**想要**看見它。

⑵主動尋找讓我們看不見它的那些**障礙**。

⑶「**決心看見**」高於**其他一切**。

　　「我決心看見」、「首要之務，我要看見」，正是〈練習手冊〉第二十及第二十七課的主題。小我及其特殊性欲望根本無法與人共享，我們必須與它們分道揚鑣；也唯有擁抱**只能**與人相通的愛和圓滿，才看得見神聖性且憶起我們的真實自性。一如《課程》所言：「上主的禮物必然是人人共蒙其利的。這一屬性，使得上主的恩賜與其他企圖取代真理的夢境顯得涇渭分明。」（W-185.12:4~5）因此，必須改變人際關係的原有目標，才足以反映這一真相。

　　只要我們還認同小我，自視為一個獨立的自我，就絕不可能在關係中看見神聖性。神聖性如同真理實相一般具備共享性，沒有人能夠被排除在外；即使排除任何一位，我們就會從圓滿的生命落回分裂之境。為此，神聖性必然涵容眼前世界所有看似一具具的身體和分裂的自我。正因「神聖的身分是眾生本具的」（T-14.X.12:5），故人際關係足以引領我們認出這種共享性。可還記得〈練習手冊〉之言：「若非透過我的弟兄，我無法來到祢（上主）這裡。若要悟出我的生命源頭，我必須先認出祢創造成與我一體的那個生命。唯有弟兄的手能領我步上通往祢的道路。」（W-288.1:2~4）

　　言下之意，獨立的個體是無法接近上主的。只有在夢中，我們才可能活成個體之我，甚至可以達到某種超然的狀態，但絕不會獨自一人回到一體境界的，只因「獨自」的概念在上主的實相中毫無立足之地。〈正文〉更是一針見血地指出：「你是不可能獨自在暗中憶起上主的。……孑然獨行的旅程註定失敗，因為它一開始便已摒棄了自己所要尋找之物。」（T-14.X.10:1,7）

　　我們若是共享同一真實身分，心靈必然也是一體相通，如同創造之初那樣，都是上主的唯一聖子，即純粹一心的基督。那麼，如何才能重新憶起這個一體之境？除了透過人際關係之外，還有其他途徑嗎？《奇蹟課程》給出這樣的答覆：「他們只能由這層互動關係中尋回自己的救恩。」（P-2.in.4:3），縱然「一對一的關係並不等於『一體』的關係。然而，它卻是回歸『一體』的途徑，也是上主為聖子選定的回歸之路。」（P-3.II.4:6~7）

　　藉由人際關係回歸圓滿之境，就是下定決心，以不同的方式看待他人。這表示對方不再是一個傀儡，也非有利可圖的商品。可還記得第二章提到的兩類人際關係：「我─它」和「我─汝」，這也意味著，每一個人都不是「它」（物品），而是「汝」，一個神聖生命；我們就在其身上看到了自己的神聖倒影。但我們若真想看見，就得一段關係一段關

係地推進，但凡妨礙我們以慧眼看待別人的怨尤，都一一寬恕，無論它是大是小，乃至微不足道。因為即使是一絲不悅，都會阻礙愛的來臨而讓我們不得圓滿。為此，我們必須清理關係中所有特殊性的痕跡。特殊性有賴於比較，我們通常認為某事某人或某種結果比其他的更值得追求，其實全是擋在圓滿性之前的障礙。

也正是透過這些人際關係，我們才找到自己的本來面目；它們要嘛讓眾人共享的神聖身分得以現身，要嘛將神聖身分隱藏在我們的眼皮底下。依照《奇蹟課程》的看法，在通往覺醒的旅程中，關係乃是轉變的基本要素：「聖靈之殿不是一具身體，而是一種關係。」（T-20.VI.5:1）「真正的學習」就發生在那兒，好似上課的教室一般，聖靈則是我們的導師。「在祂的教誨之下，所有的人際關係都成了學習愛的人生課題。」（T-15.V.4:6）

每一段關係都為我們提供了一個新的機會，也就是每日每時每刻都在「神聖性與特殊性，基督與小我，一心與失心」之間作選擇。這是本課程一直強調的所有關係唯一的真正目的。

# 真實的關係

　　倘若嚴格按照《課程》的教導，將它應用到現實生活中，很明顯，**所有**的關係都必須改變，不僅是那些自己選定的、特別的關係，如朋友、愛人或競爭對手，還包括所有那些無謂的、再普通不過的一般關係。為什麼？只因我們還活在分裂之境，根本無法區分什麼是特殊的、什麼是神聖的。終歸一句，我們太認同小我了。

　　如果我們足夠誠實，就會承認無論是何種形式，自己**所有的關係都屬於特殊關係**。我們會斷定每個關係孰「好」孰「壞」，比如哪些人給了我什麼？是否同意我的觀點？聽我講笑話時會笑嗎？是否為我提供所缺之物？如果是的話，那就歸入特別「好」之列。同樣，哪些人會令我難過、恐懼、羞愧或憤怒？當然了，這也很特別，應該歸入特別「壞」之列。總之，不論是誰，凡是把我看成我本人想要的模樣、支持我這個自我形象的，我就喜歡；凡是挑戰和破壞我這個形象的，我就討厭。由此可見，小我利用關係並非為了溝通，也不是結合，而只是強化自己的獨立身分而已。

　　另一方面，聖靈同樣會利用關係，卻達到截然相反的目的：幫我們從小我的控制中解脫出來，恢復我們的本來面目。每個人際關係，只要交託給聖靈照顧，目的都會轉變。它們不再服務於我們原有的需求，因為那全是從小我角度出

發，把對方視為獨立的個體。它們如今只事奉同一目標：在靈性層面將我們結合為一。為此，每一個關係也都成了通往合一和我們同一自性路上的一塊墊腳石。

聖靈從不區分不同關係的好壞高下，沒有哪個關係特別有價值或無價值。對祂來說，每個關係都同樣重要，同樣值得愛，也都具有完全一致的目的——寬恕。因此，每個關係都有待療癒。下面這段〈正文〉說得更清楚：

> 人間所有的關係並無程度之分或層次之別。它們若非真的，就是不存在。不神聖的關係稱不上是一種關係。它只是一種孤立的存在狀態，而且也虛有其表。僅此而已。當你的瘋狂一念升起，把你和上主的關係變得很不神聖時，所有的關係當下便意義全失。（T-20.VI.8:1~6）

換句話說，兩個獨立個體之間的關係，其實只是一種障眼法，意在掩蓋小我更深一層的孤立狀態。這種關係虛幻無比，卻是孤獨的小我唯一能夠理解的關係。對它而言，神聖關係永遠遙不可及。這絕非上主的某種惡作劇或懲罰，而不過是重申了小我的本質，因為它永遠脫離不了孤獨。《奇蹟課程》曾明確指出：「沒有人能夠單獨憶起上主的。」（T-12.II.2:7）；「天國是不可能獨自尋獲的，身為天國的你，也不可能獨自尋回自己。你若想達到本課程的目標，絕不能聽信小我……。」（T-8.III.6:1~2）

　　正如本系列第一本書《從失心到一心》所說，在我們通往覺醒的道路上，小我是個最不可靠的嚮導。它會利用人際關係以及生活中的一切來分散我們的注意力，藉此來保護它自己，也讓我們深受其害。不消說，我們與上主的關係才是唯一且真實的關係，我們既是祂唯一的聖子，也是祂聖愛的完美延伸。

　　即使我們對純粹一心的基督故意視而不見，它依然活在每個人的心中，這是我們永遠無法改變的。我們不可能改變上主創造我們的樣子，因它是唯一的實相。一旦憶起這一自性，必會充滿快樂，因那就是我們受造之初的模樣，沒有第二種選擇。

　　遺憾的是，對活在分裂之境的我們，上述洞見無論多麼強而有力，通常都沒有什麼幫助，因為我們早已跟小我沆瀣一氣了。那麼，該如何著手修復我們與上主及真實自性之間的裂痕（這道裂痕只存於人心，不存於天心）？又如何療癒四分五裂的聖子奧體？答案仍是上面所說的：一個關係接一個關係地推進。

# 第 *9* 章

# 修復支離破碎的上主之子

　　在小我的操控下，我們早已迷失了方向，漫無目的地遊
蕩於變化莫測的夢境裡。然而，如前文所說，我們無法將
真相拒之門外，因為真相本身就是我們自己的一部分。可
還記得〈正文〉所說：「*愛的法則並不因為你睡著而停止運
作。*」（T-13.VI.13:1）真相必會不斷撞擊幻相之門，找出我
們防線上的縫隙溜進去，設法哄勸我們邁向覺醒。它如此婆
心切切，就像待在昏迷孩子床邊的父母，緊緊握著小孩的
手，輕輕訴說著他們的愛與支持，並且堅信自己的愛語必會
透過某種更深的層次，讓孩子從無意識狀態中甦醒過來。為
了讓自家小孩脫離昏迷，父母尚且甘願付出一切，更何況上
主，怎麼可能不堅定地喚醒祂沉睡的聖子呢？

任何宗教或靈修法門都無法宣稱真理是它的專利，如果真有，那它肯定是為小我服務而非上主。真理永不受限，更不可能局限於某一套信念。不論哪個時代哪個時期，不論何種文化何種語言，真理都會經由無數形式，滲透到準備聆聽的任何人當中。真理就如看似平靜卻無情的潮水一樣，不斷拍打著我們為了阻擋它而築起的防護堤，最後必會衝垮所有的堤防。真理永不停息，因為它是永恆的。我們的防禦根本抵擋不了真理，最多只能拖延到「末日審判」，或者說是「和解之日」。到那個時候，所有的幻相都會在真理之光前銷聲匿跡。

因此，「沒有人能夠全面否定真理，縱使他自認為有此能力。」（T-3.II.1:8）只要給真理一絲縫隙，它的光明就會穿透進來。難怪《奇蹟課程》的一些觀念也會出現在某些宗教或靈修學派中。本來就該這樣的，不是嗎？

## 修復世界

猶太教神秘主義曾試圖解釋分裂的世界是如何形成的，還發展出 Tikkun Olam 一詞，它是希伯來文，意思就是「修復世界」，類似於中國的大同世界觀。根據它的說法，上主為了創造世界，把祂的存在本質注入一個光的容器。但不

知何故，這個容器跌破了，上主的造化也就分裂成無數的光明碎片，至今仍四處散落，受困於這個物質世界裡。那些碎片其實就是**我們**——地球上的億萬眾生，而且每一個人都有一個神聖任務：為修復分裂狀態提供一份願力，將那些零散碎片重新結合於上主的創造初衷，也就是一體之境。由此可見，猶太神秘主義的「修復世界」也近似《課程》的「救贖」。事實上，我們不難由下列引言中的術語看出這一點：

> 切莫忘記，上主只有一個聖子。既然一切造化都是祂的聖子，那麼每位聖子必是整個聖子奧體中不可缺席的一份子。聖子奧體的整體性遠遠大於各部分的總和。然而，它若失落了任何一部分，這一奧體的真實面目便會顯得曖昧不明。因此，在聖子奧體的所有成員回歸一體之前，我們是不可能徹底解決衝突問題的。……修正得了這一錯誤，便是「救贖」。（T-2.VII.6:1~5,9）

> 凡是相信上主可畏的人，只會打造一種替身。……那就是以幻相取代真相，以片面取代整體。因著它一而再再而三的切割、分化、再分化，最後讓人再也認不出它原本一體而且永遠一體的真相。你其實只犯了一個錯誤，……然而，你眼前所見的，根本顯示不出原始錯誤的遺害之深，那個錯誤好似已將你逐出天堂之門，將真知粉碎為互不相關又毫無意

義的殘破知見，使你不能不換來換去，反覆取代不
休。（T-18.I.4:1~4;5:6）

世界究竟是什麼？不就是你眼中的小小間隙，你還
以為它已經把永恆支解為年、月、日了。活在世
上，你們也像聖子畫像中的一塊碎片，每一塊碎
片甚至自成一家地包在吉凶難卜的泥塊裡。（T-28.
III.7:4~5）

傳統猶太教的「修復世界」很清楚地闡明：藉由行善，
來修復業已分裂成碎片的上主造化。然而，在《奇蹟課程》
的眼中，這種計畫是不可能成功的。為什麼？因為那些善行
善事全都發生在小我的夢境裡，行善之人仍然認定彼此是分
裂的，故也無法判斷什麼才是最有益的。

任何行善之舉，即使我們願意去做，也未必有助於
回歸救贖。因為行善之人見樹不見林，有可能常常「好
心辦壞事」，尤其是當他們受了小我的操縱而只為一己之
利時。這有點像「意外後果定律」（the law of unintended
consequences），比方說，你捐款給某個公益團體，不料卻
發現他們把錢都浪費掉了；或者救了一個溺水的孩子，誰知
他長大後變成殺人犯。正因為我們全都迷失在幻相中，無法
看到自己的行動、金錢或服務如何才能得到最恰當的運用，
才亟需聖靈的整體看法和引導。

＊　＊　＊　＊　＊　＊　＊　＊

《奇蹟課程》告訴我們「什麼也不需要做」（T-18. VII.5:5），便能讓神聖一刻來臨，結束一切幻相。「做」，需要身體；心靈則什麼都不「做」。由於夢中所有的行為都不可能終結夢境，本課程當然不會提倡透過行善來拯救世界：「為此，不要設法去改變世界，而應決心改變你對世界的看法。知見是果，不是因。」（T-21.in.1:7~8）我們如果真想改變世界，那就為「修復世界」善盡本分：修復我們與上主的分裂、修復我們彼此之間的分裂。毫無疑問，我們必須向聖靈敞開心靈，才能成為「奇蹟志工」。

奇蹟，不是一種行為，儘管它發生在夢境和分立的自我那一層次，但它的源頭卻在我們共有的心靈層次。因此，奇蹟只針對夢者而非夢境；它只治因而不治果。夢中也許會顯現「奇蹟效應」，也許不會，但這並非重點所在，因為我們無法作出任何判斷。由於缺乏宏觀的視野，我們只能看到事物的片段，如同《聖經》所形容的「對鏡觀看，模糊不清」（through a glass, darkly），這就是知見的本質（更詳細的討論，請參閱《從失心到一心》第二章）。

大家都已經了解，奇蹟確實能節省時間。原本或許要窮盡一輩子才能解決的怨尤或衝突，奇蹟瞬間就完成了。只需善盡寬恕的本分，接受上主的救贖計畫，我們就成了奇蹟志

工，足以改變內心對「我是什麼」以及「我為什麼活在這兒」的看法。只要我們決心寬恕，從恐懼的眼光轉向愛的慧見，其餘的一切聖靈自會照料，藉著我們的心靈來跟其他心靈相通。一如〈正文〉所言：

> 奇蹟是環環相扣的寬恕當中的一環，當它圓滿完成之時，便成了救贖（Atonement）。而救贖能在任何一刻運作於所有的時間層次。（T-1.I.25:1~2）

> 接受寬恕之人本身必已成為救贖的工具。他們已被靈性充滿，故能報之以寬恕。自身已獲釋放之人必會加入釋放弟兄的行列，救贖大業於焉告成。至於奇蹟之路，就是自願事奉聖靈的心靈，為了救恩或是為了釋放上主的一切造化而與我（耶穌）結合。（T-1.III.3:1~4）

　　如今，我們終於懂得欣賞關係在救贖和「修復世界」中所發揮的重要作用了。如果我們不把自己視為小我及身體的話，關係其實不限於一對一。關係，可說是邁向靈性的墊腳石，每一個關係都會讓我們作出決定——我指的是唯一的、深遠的，且具有真正意義的決定。我們選擇把別人看成是與自己有著不同利益和目的的個體嗎？若是如此，我們就會評判、攻擊和防衛。或者，我們願意接受聖靈的教誨而學到另一種看待事物的方式？把眼光越過彼此的不同而目睹每個人心內合一的光明，如此燦爛且永恆不變，正是我們在那「圓

滿一刻」體驗到的同一光明（請參閱《從失心到一心》第三章）。這光明與肉眼無關，卻能使我們所見的一切充滿光輝，身體和彼此的差異也在它的光芒中逐漸消退，讓我們重新發現一體自性。

## 解離性人格分裂

「解離」本質上就是一種心理防禦機制，我們在《從失心到一心》第五章已經詳細談論過了，解離的極端表現屬於一種精神疾病，稱之為「解離性身分識別障礙」（DID: Dissociative Identity Disorder），俗稱「多重人格」。《奇蹟課程》則把「分裂」與「解離」（斷絕關係）視為同義詞：「分裂作用自始至終都是為了斷絕關係。」（T-6.II.1:5）要如何了解這些碎片，又如何解決這種困境，多重人格可說為我們提供了一個最清楚的範例。

多重人格是嚴重創傷所導致的，因為那個創傷太過巨大了，心靈無法承受，於是分裂成許多不同的人格，也可稱之為「次人格」。它們當中每一個都認為自己既孤立又獨特，與其他的次人格截然不同。每個次人格都居住在自身逼真的內心世界裡，如同噩夢一般，不是攻擊就是反擊；但對次人格本身來說，這一切都是真實的。次人格之間未必互相了解，卻常彼此勾心鬥角，互相厭惡，互不信任。

旁觀者當然知道這群次人格共用同一具身體。儘管如此，次人格依然拒絕這種看法，還會奮力抵制所有的佐證，因為那會嚴重威脅到它們獨有的「自我感」。只有透過治療，次人格才能體驗到更大的平安與幸福，那時，它們再也不會存心分裂下去，而是接受彼此合作的可能性，乃至最終相互融合。

我們也很像那群次人格，確實，何苦為了一個瘋狂的「整體」觀念，而放棄自己珍愛的個體性以及為它撐腰的那些關係呢？當然，如果沒有體驗過《奇蹟課程》的效果，我們一定會認為它那一套世界觀既瘋狂又充滿威脅。唯有見證了寬恕的奇蹟，感受到更多的平安，人際關係也多了一些慈心善念，我們才會心甘情願地反省：我們對自己和世界的理解有可能是錯的。

人們如此相信經驗，倘若缺少了經驗的證明，我們是不可能完全接受這個觀念的，這個觀念就是心靈本是不可分裂的一體，我們的真實身分如此偉大，遠遠超乎我們自己的想像。這正是本課程所帶給我們的佳音。

然而，對於堅持以幻為真的人來說，真相顯得如此瘋狂，他們更要捍衛自己的錯覺妄想，誓死抵抗任何來犯者。幻相本來就不會輕易放棄，只要我們還相信它，它便呈現為「虛幻現實」。如同眾多的形上學，《奇蹟課程》同樣明確指出：知見必然受制於信念。我們會「如假包換」地看到自己

想要看到的一切，只因我們深信不疑。正如〈正文〉所說：

> 當你一相信某物，它對你就變得真實無比。（T-7.
> VI.7:7）

> 你渴望什麼，就會看到什麼。那種現實如此虛妄，
> 為了保護這一假相，你自然不會揭發自己企圖弄假
> 成真的陰謀伎倆。（T-21.II.9:5~6）

比方說，我若確信某人犯了罪，就會透過這種信念去看待對方，把他視為有罪之人：「瞧，他那偷偷摸摸的樣子，形跡可疑，得悄悄跟蹤上去並馬上報警；果不其然，他發現有人跟蹤便慌忙逃竄，當然是因為害怕**我**了。」就這樣，我對他的所作所為激起一系列反應，這些反應又反過來證實了我最初的信念。知見（我們自以為的所見所聞）只是果，而非因。因此，所有錯誤的認知都只能在它們的源頭（也就是心靈）修正過來。


## 把人際關係交託給聖靈


我們全是精神錯亂的人，迷迷糊糊地遊蕩於自己的分裂與死亡之夢。只要我們還把信念投注在夢境裡，它對**我們**就顯得真實無比。所有的人際關係都會影射出我們的信念，同

時也會反過來強化這些信念。然而，人類的實相絕對不是我們心目中的人類。怎樣才能體驗這一點？這就需要聖靈了。就在一個接一個的關係中，把自己對他人及其行為的詮釋交給聖靈，聖靈必會為我們重新詮釋，從實相的角度去看他們，以上主的眼光去看他們。在這種眼光下，所有人際關係唯一的目的就是寬恕。不論是三角戀、合夥人、年老癡呆的父母或叛逆的孩子，在聖靈眼中，毫無差別。他們全是**我們**夢境的一部分，聖靈的任務只是將我們由夢中喚醒，而非加入我們的夢境。我們則藉由祂的眼光，領悟永遠源自一體之愛的真諦。

我們全都是愛，而且也只有愛；在愛中受造，也在愛中長存，而且無一例外。在純粹一心的基督慧眼裡，我們之間沒有任何不同。任何一物，只要我們覺得**沒有**愛，其實都是我們自己設下的障礙，就是為了將上主擋在我們的意識之外。如果真的需要愛以及愛帶來的喜悅，就必須拆除那些障礙。關鍵就在我們的願心，事實上，缺乏願心才是唯一的障礙。為此，只要我們心甘情願清除這些障礙物，聖靈自會帶給我們全新的眼光。可還記得〈正文〉這句話：「你若只要愛，就不會看到其他的東西。」（T-12.VII.8:1）

這就是真正的親密──「看懂我」。我們看懂了所有的人，但所看到的一切與人的缺陷或弱點無關，也與身體、個性或行為無關。我們會越過這些，因為這些純屬魅影而已，

只可能消失於自性光明之中。我們終於一睹「神聖性」，而且情不自禁地愛上自己之所見，因它同樣活在我們心中，自然也會歡迎每個人都看見彼此內心閃耀著的同一光明，一再展現這神聖光明，一起見證它所共享的實相。如同〈正文〉這段話所說：「神聖性必具分享性，因為分享性正是構成神聖性的因素。」（T-14.V.11:6）就在這光明裡，我們與所有人合一了。

我們所能分享的，唯有真實之物；其餘一切都是虛無，只需放下就行了。它們對我們已經不具任何意義，更無需隱藏；我們想要隱藏之物只會遮住光明，如今還要它有何用？

當然，小我一定會抗議並向你發出警告：「同享神聖性就沒指望擁有特殊性了，何必去冒這個險？何苦放棄自己所知道的一切以及想要的一切？」然而，聖靈是不可能讓你的特殊關係在這光明中消失的。以多重人格來比喻，聖靈不會消除你早已當真的那群次人格，祂只是透過你來施展工作，昇華「關係」這一觀念，把有限的特殊之愛的幻相轉化為無所不包的聖愛實相。下面兩段〈正文〉說得更清楚：

> 這是聖靈藉你的特殊關係所發揮的大用。祂無意摧毀你的關係，也不會將它由你身邊奪走。祂只會轉變它的用途，幫你看清，只有祂的目的才是真的。你還能繼續保持自己的特殊關係，只是這些關係不再是你的痛苦與罪咎之因，而成了喜悅與自由之

源。這關係不是單獨為你而設的，因為「單獨」正
是滋生痛苦的溫床。特殊關係的「不神聖本質」只
會造成彼此的隔閡，唯有神聖本質才會帶給每個人
禮物。

原有的特殊關係便轉成了……美夢，連你身邊的人
都有幸與你同享此夢。（T-18.II.6:4~7:1~2）

　　把我們的一己私心交給聖靈吧，祂必會以聖子奧體的一
體心靈回報的。用幻相來交換真實世界，這筆買賣比小我所
能達成的任何交易都划算得多。〈正文〉是這樣說的：

所有活在世間的上主之子，唯有處在神聖關係中才
離自己最近。他會在此找到天父對他的肯定。他會
在此找到此生的任務，幫那些自絕於天律的人際關
係重歸天父之律，找回失落的一切。只有在時空世
界才有失落的可能，但絕不會永遠失落。為此，上
主之子所有的部分最後都終將合而為一；每結合一
次，時間的終點便拉近一點。每個結合的奇蹟都成
了永恆境界的偉大先驅。凡是目的單一、明確又統
一的，必是大無畏之人。凡是懷有同一目的的人，
必然合為一體。（T-20.V.1:1~8）

　　就在特殊性讓位給神聖性之際，分裂成碎片的上主之子
重新復合，經由聖靈慈愛之手連接在一起，實現「修復世

界」真正的目標。如今，所有的關係都成了療癒的工具，服務於它的真正目的——返回正道，重歸完整。特殊關係也已轉變為神聖關係，最終，所有的關係乃至神聖關係本身，全都消融於上主與聖子的一體無間之境。

# 第 *10* 章

# 心懷怨尤

　　我的外婆米妮是個老好人，她愛家人勝過愛自己，願意為孫輩們做任何事。但是啊，怎麼說呢，她這輩子可真能緊緊抓著怨尤不放！

　　我的父母親在1960年代末期離婚，那時候，外婆非常責怪我父親。沒錯，父親對離婚這件事是應該負起大部分的責任。然而，身為一名經驗豐富的伴侶關係治療師，我知道，除了極少數的例外，每個離婚事件一定是雙方都有責任。就像黑澤明的經典電影《羅生門》中的人物一樣，每一個當事人，以及那些旁觀者，對發生的事情都有自己的一套說法。但是，外婆對我父親提出的抗辯，或是能讓他逃避任何責難的說法通通都沒興趣。簡單地說，他傷害了她的女兒，就是這麼回事。

其他的都不重要。

為了強調她的觀點，米妮把收集來的家庭照片每張都用剪刀剪掉我父親的部分。結果那些照片看起來相當突兀而彆扭，但米妮並不以為意，反而似乎想藉此讓大家看到我父親做的事有多傷她和她的家人的心。出於禮貌，我們這些孫子輩從不在她面前提到我們的父親。

沒多久，我的父母都各自再婚了。事實證明，他們跟新的配偶在個性上更為投合，彼此的相處也極為融洽，更沒有誰會誹謗別人。當我的父母迎來他們自己的新孫輩，殘餘的些微障礙也全都迎刃而解了。我們沒特別去討論什麼，也毫無保留，又開始像一家人一樣一起慶祝生日和節日。我爸和繼母會在某個場合邀請每個人去他們家，我媽和繼父也會在別的場合這麼做。這些活動通常非常喧鬧，但並非發生了什麼爭執——純粹只是一個典型的猶太家庭在熱鬧聊天而已。遺憾的是，我的外公外婆從不參加這些聚會。（外公與我爸的關係依然密切，外公會偷偷去我爸的辦公室見他，米妮則完全被蒙在鼓裡）

米妮帶著她對我父親的怨尤一起進了墳墓。這個怨尤是在一場痛苦離婚的熱浪中形成的，在別人對此事的熱度已經冷卻為灰燼很久之後，她仍然讓心中的火焰繼續燃燒。就像對家庭照片一樣，把離婚的往事取出一小片，拒絕任何相反的信息，反而把那一小片極力放大，用指責為它包膜，將它

變成絕對不可寬恕之物。

這樣做，究竟是為了什麼目的？復仇嗎？它傷到我父親了嗎？一開始也許有，但每當兩家人又聚在一起了，父親顯得很開心。可以說，唯一仍在受傷的人是米妮。她不讓往事過去，卻犧牲了現在，剝奪了家人團聚的喜悅。當然，她從不認為自己錯過了什麼，因為她從來不願意加入我們的行列，或者說，從來不願意給寬恕一個機會。她想把我父親逐出家門，但實際上她驅逐的是自己。

佛教的教義對這種怨尤的雙刃性描繪得很貼切，大致是說，心懷怨尤就像用一把利劍刺穿自己的腹部，目的是傷害站立在身後的來犯者。你可能會成功，但結果是你比他死得更快。

另一個很好的比喻是，怨尤就像一塊燙煤，你把它扔向虐待你的人。但為了要扔它，你得先把它牢握在自己的手裡。結果是，不管你最後有沒有扔中對方，自己都會先燙傷。最好是把那塊燙煤留在原地，然後撿起橄欖枝釋出善意。如同〈練習手冊〉所言：

> 我所作的一切，都是對我自己而作的。我若攻擊，
> 我就受苦。我若寬恕，救恩便會降臨於我。（W-
> 216.1:2~4）

一點也沒有錯，怨尤確實是一把雙面刃，向著自己那邊

的刀刃往往是最鋒利的。

## 怨尤即是攻擊

　　除非你生來就是聖人，否則生活中不可能不心懷怨尤的，也許某個時刻，也可能是任何人事物：瓶蓋太緊打不開、剛要過十字路口紅燈就亮起、家鄉球隊在那場季後賽輸得太難看了，還有高速公路上的交通堵塞、忙亂之中電器偏偏故障等等。然而，最令人耿耿於懷的怨尤，通常都是針對人的。因為小我的本質以及它所認為的關係就是如此。正因沒有兩個人對事物的看法是完全一致的，衝突便勢所難免，而這是所有人際關係固有的特性。

　　怨尤的形式包羅萬象，從輕微的不悅到強烈的復仇欲望，但多半不是無風起浪的，它是我們對眼前的傷害或侮辱的一種反應，我外婆米妮就是一個例子。只要某人或某事傷害了我們，就認定那是一個沉痛的傷口，要癒合太難了，根本想都不用想。相反地，我們寧願緊抓住那些創傷不放，還經常撩撥，讓它在心裡翻攪，不斷重溫滄桑往事，把它像徽章一樣的佩戴著，以便時刻提醒自己所遭受的不公與痛苦。

\* \* \* \* \* \* \* \* \*

心懷怨尤其實等於攻擊。如前所述，我們一感到怨尤或匱乏，就會發動攻擊。傷害和侮辱更會加劇自己的自卑感；對方竟敢挑戰自己試圖向世人推銷的自我形象，怎麼可以就此甘休？必須想辦法報復才行。

總之，無論我們認定那個羞恥的源頭是什麼，都會痛加反擊，以便抵消羞恥的刺痛。故怨尤可說是「藉著攻擊他人來抵制羞愧」的典型例子，無異於「暗箭傷人」，不論誰來羞辱我，一概反擊回去。

例如外婆米妮，她因為女兒的離婚而感到羞愧，卻怨恨我的父親，很明顯就是以攻擊他人的手段來處理羞愧感。我不知道外公外婆的婚姻有多穩固，但很清楚雙方個性南轅北轍，難免衝突。但他們都是來到美國謀生的移民，無論順境和逆境都得休戚與共，哪會想到離婚。外婆覺得我父母的離異嚴重地打擊了她的基本信念，因她認為「無論如何夫妻都要不離不棄」，就像她對待自己的婚姻一樣，即使不滿意，還是寧可犧牲自己來維持這段婚姻；自然希望女婿也能效法，他卻辜負了她的期待。這場離婚挑戰了外婆的犧牲觀念，甚至令她對自己選擇的生活方式產生了疑問。既然女婿沒有遵守同樣的遊戲規則，當然不能就這麼算了，必須讓他受到懲罰，哪怕只是為了抵制她自己的恐懼。可想而知，外婆多麼害怕她的婚姻信念可能是錯誤的，因為這意味著所有的犧牲全都白費了，**那樣更沒面子！**

由此可見，羞愧與怨尤一向攜手同行，形影不離。

奇怪的是，上主也是世人最常抱怨的對象。一有不幸的事情發生，比如大規模槍擊案、天災或孩子罹患癌症，人們就會哭天喊地：「上主怎能允許這種事發生？我們或他們究竟做了什麼、竟落得這個下場？」每一個人都覺得自己是受害者，遭受了不公與迫害；每個人也都像《聖經》中的約伯一樣，受到一股強大外力的宰制。這讓人想起童年時，連發生在自己身上的事也難以掌控。這正是小我世界最真實的寫照，因為它的「掌控感」純是謊言，所有的一切隨時都有可能土崩瓦解。顯然，那種「失控感」其實就是根深柢固的恐懼與羞愧的根源。

對上主心懷怨尤，反映出我們對上主的本質有個根本誤解。我們指定祂扮演一個角色，擁有全知全能的力量，這股力量存在於我們之外，俯視著我們、找出我們的缺陷、審判我們。倘若相信上主真的是全知全能的，必也相信上主就是我們受傷和受辱的根源，除此之外，還有什麼其他的可能呢？難怪我們會怨祂、攻擊祂。

我們不僅沒有往內尋找內疚和羞恥的根源，反而把上主變成祂絕不可能成為之物，還把罪責全推給祂。這又是小我「誘餌─調包」之手法：先把自己充滿傲慢與批判的惡劣嘴臉，投射在它心目中的上主這個可怕的形象上，然後對祂表示不滿。說到底，這其實就是我們自己預設的一道防禦措

施，以「攻擊他人」來抵制上主。然而，上主（以及祂的代表聖靈）其實是我們離開小我監獄的唯一途徑，責怪上主必會讓我們繼續身陷牢獄，這正好滿全了小我之所願。


## 小我的救恩計畫

　　小我那種自我概念是站不住腳的，它要推銷給你的自我形象純粹是一種詭計，用意是掩蓋它核心裡的不安全感。《奇蹟課程》一針見血地指出：「小我的基本願望就是取代上主的地位。」（W-72.2:1）但小我心知肚明，這種事情永遠不可能發生。只因它所尋求的「取代」純屬自戀幻想，無論如何努力，都註定失敗。小我也知道它自己什麼都不是，你才是上主的造化，如此肖似上主，一如上主肖似祂自己。這簡直讓小我抓狂，懷著怨尤向上主報復，還有你、你的同胞，乃至任何一物，只要能把你的焦點轉離真相就行了。

　　你也許還未意識到，小我也制定了一個與上主作對的救恩計畫。你所相信的正是它的計畫。……小我的救恩計畫說來說去不外是抓著心裡的怨尤不放。它堅持主張，如果別人的言行表現有所不同，或是外在環境或事件有所改變，你才可能得救。為此，你始終認為救恩來自你之外。你所懷的每

> 一個怨尤，不只是一個聲明，更成了你內心的信
> 條：「如果事情不是這樣，我就沒問題了。」原本
> 要求你改變自己心念的救恩，轉身一變，成了你對
> 每個人、每件事的要求，就是不敢要求自己。（W-
> 71.1:1~2；2:1~5）

怨尤乃是對幻相的投資。既然外境僅僅是心靈的投射，往外去求也必會失敗，因為只有從心內才能找到療癒。我們之前提過，治**果**不治**因**是不可能達成真正的轉變的，而這個因正是神智錯亂的心靈，它夢見自己變成了小我。

我們在本書前文說過，想要光明來臨，坦承內在的黑暗是必不可少的。但若想百尺竿頭更進一步，僅僅揭露和放下自己的羞愧是不夠的，因為那只是解決方案當中的一部分。想要恢復自由，還必須寬恕自己對別人的怨尤。怨尤如同內心深處的某種羞恥感，只會將自己隔絕於愛與真我，而且還會影響自己的每一個關係。我們無法一面尋求自由，一面囚禁別人。

《奇蹟課程》說得更透徹：獄卒和他所看守的人一樣，都是囚犯，都只能活在監獄的鐵窗下，只是從相反的角度看著鐵窗而已。他們都無法行動起來、自由地離開，除非他們放棄自己被指派的角色。要獲得自由，獄卒必須完全放下想要監禁別人的慾望；囚犯則需學習把獄卒視為通往自由的唯一之路。反之，他們對彼此的怨尤只會把他們捆綁在一起，

繼續受困於獄中。讓我們一起讀一下這兩段課文：

> 被愛創造得猶如它自身一樣的你，不可能心懷怨尤
> 還能知道自己的真相。放不下怨尤，表示你已忘卻
> 了自己是誰。放不下怨尤，表示你已把自己視為一
> 具身體。放不下怨尤，表示你讓小我掌控了自己的
> 心靈，並為身體宣判了死刑。你也許尚未充分意識
> 到，放不下怨尤對你心靈的傷害。它好似硬生生地
> 將你由生命根源那兒劈了出去，使你不再肖似於
> 祂。
>
> 你一旦背棄了你的自性，那依舊意識到自己肖似造
> 物主的自性就好似昏睡過去了，而那在睡夢裡編織
> 幻境的另一部分心靈，則會裝出一副清醒的模樣。
> 這一切真的都是因為你心懷怨尤而引起的嗎？一點
> 也沒錯！因為放不下怨尤的人，已否認了自己是出
> 自愛的創造，在他充滿怨恨的夢中，造物主顯得可
> 怕萬分。有誰會夢到怨恨而不害怕上主的呢？（W-
> 68.1:1~6；2:1~5）

這就是心懷怨尤真正的代價，不只把「修復世界」的目標拋在一邊，還讓我們無法恢復自己原有的真實自性，更無法體驗到它的平安。既然如此，何苦選擇抱著怨尤不放呢？畢竟而言，我們必須決心放下怨尤，學會寬恕。

第 *11* 章

# 釋放過去

　　所有的怨尤都是過去式，與**當下此刻**正在發生的事毫不相干。怨尤乃是過去的幽魂，全靠記憶一手養大，至今陰魂不散。

　　所有的怨尤都只是一種回憶，而非體驗。它們棲息於記憶中，不斷向外擴張，設下圈套，將我們與早已過去的人事物捆綁在一起。

　　怨尤，只是設法讓過去保持鮮活的手段。我們在米妮身上也看到了，這其實就是一種選擇，膜拜那些傷害我們之物，把它看得比當下的幸福還重要，更任由它像硫酸一樣，侵蝕著我們內心的平靜，以及唾手可得的滿足感。**的確，那個恐怖的人對我幹了那件卑鄙的事，我怎麼可能好好過下去**

呢？於是，我們或者幻想復仇，或者懊惱事發當時的反應不夠機靈。然而，這些心態對我們不僅毫無幫助，反而讓怨尤的情緒火上加油。

# 過去否定了現在

小野田寬郎是一名忠誠的日本士兵，有著傲人的武士血統。第二次世界大戰結束之前的幾個月，他接受了游擊戰和間諜訓練，旋即被派往菲律賓的一個小島。1945年2月，島上日軍潰敗，他奉命和其他三名士兵撤入叢林，展開游擊戰。從軍人的角度而言，他無疑是稱職的。

同年8月，廣島和長崎被原子彈摧毀，隨後日本天皇宣佈投降。小野田這支小隊卻一直沒有得到消息，他們繼續襲擊當地的村莊、偷取食物、製造混亂，然後再退回叢林。

為了搜尋像小野田小隊那樣的殘餘日軍，美軍曾在菲律賓眾多島嶼空投了大量傳單，告示戰爭已經結束。小野田也看到了傳單內容，卻認定那是宣傳伎倆，他始終不相信日本皇軍會投降。

期間，曾有一名小隊成員逐漸意識到傳單上說的都是真的，於是向地方當局自首。在他供出剩下幾個頑抗份子的身

分之後，當局便散發他們的家庭照片，勸他們放下武器回家。但小野田仍然認為他的家人是在美軍的脅迫之下，才提供那些照片的。

就這樣，這種情況竟然持續了二十九年。終於在1974年，一個日本冒險家和小野田的崇拜者一起來到島上，在叢林中找到了小野田。這才知道，除非是小野田當年的指揮官直接下命令，否則他絕不放下武器。後來，大家好不容易找到那位早已轉為平民的指揮官，一起飛往菲律賓，見到了小野田，由指揮官發出最後命令：「投降！」至此，對小野田寬郎來說，戰爭才算結束了。

在日本，許多人把小野田視為英雄、盡忠報國的典範。但這個例子也說明了怨尤能持續多久、戰時形成的民族仇恨能荒謬到什麼地步。小野田的行為奪去了不少人的生命，自己也荒廢了漫長的歲月。

很明顯，小野田認定了過去（指揮官的命令）比現在（新的信息）重要，才拒絕接受家人的照片和信件，同時也拒絕了釋放過去的機會，反而僅憑一腔信仰、為國而戰的心態去解讀那些新信息（認為都是宣傳伎倆）。這種行為堪稱為英雄嗎？或是昏了頭的傻子，竟然如此固執，就這樣失去了一生中將近三十年的光陰，而這些時間本來可以和家人安心度過的？

　　小野田的例子，活生生地展示了《課程》所說的不寬恕之念，以及我們對寬恕的抗拒：

> 不寬恕的念頭，是指一個人作了一個毫不真實卻不容他人置疑的評判。心靈一旦封閉，等於作繭自縛。

> 不寬恕的念頭會做出許多事情。它是不達目的絕不罷休的，一看到任何妨礙它計畫之物，便會立刻加以扭曲或打壓下去。扭曲真相，既是它的目的，也是它滿全己願的手段。它打倒實相絕不手軟，任何與它觀點狀似矛盾之物，它皆不屑一顧。（W-PII.一.2:1~2;3:1~4）

　　仗恃「不寬恕的念頭」，才能將怨尤努力維繫下去。然而，真相必會透過形形色色的人物，以及各種各樣的方式來修正怨尤的。因此，盯著怨尤不放的人，也像小野田一樣，拒真相於千里之外，將往事奉為圭臬，用舊有的信念拴住自己。殊不知，那些信念只是為了因應不同時期不一樣的自己而形成的，自然也就否定了現在。

　　想要削弱往事對自己的控制力，就必須賦予它不同的意義。若套用在小野田身上，一旦看清戰爭結束的種種跡象並接受這個事實，便不必再找理由為自己的怨尤辯解了。事實上，除了他自己心裡以外，那些怨尤根本不曾真正存在過。

他只需逐漸接受新信息，重新詮釋往事以及由此產生的怨尤就行了。其實這就是本書第六章所說的「重構療法」（當然包括了聖靈的「終極重構」）。進一步來說，記憶本身只是對往事的「主觀重構」而已，絕不能以此為準，更不可信以為真。

如同《從失心到一心》書中所說，我們並非全見全知，五官所提供的信息如此有限，眼睛及耳朵的功能在很多方面都根本達不到我們的要求，難怪由感知所形成的記憶很多時候是扭曲的。

要知道，導致怨尤的原因並非事件本身，而是對這些事件的**詮釋**。這類詮釋都是由那些根深柢固卻又模糊不清的信念塑造出來的，本身就有極大缺陷。如果能接受這個觀點，就更容易將詮釋視為虛構，而從過去的重擔中解脫出來。畢竟，要是我們知道怨尤背後的記憶如此不可靠，就會更願意放下怨尤了。

## 記憶：事情並非過去認為的那樣

大家都知道，年逾半百的人幾乎都很健忘；但根據心理學，人們也有可能「記住」一件從未發生過的事情。比如說，我們聽別人，特別是可以信任的人講述他們親眼目睹

的一些事件，尤其當我們反反覆覆去聽那些細節時，便會自然地建構視覺影像，以便配合所聽到的內容，於是造成了錯誤的記憶。這種情況常發生在兄弟姐妹之中的弟妹們身上，他們聽了自己嬰兒期的一些事兒，就聲稱自己還記得那些往事。同樣地，人們也會把發生在別人生活中的素材，乃至小說或電影中的場景都當成是自己的。人確實可以無中生有，只需經常述說那些想像之中的細節，最後就會弄假成真而成了「記憶」。

　　我記得高中最後那一年的一個週末，適逢「陣亡將士紀念日」（the Memorial Day），我和幾個朋友在新澤西州的原木小鎮（Wildwood）租了一棟海濱別墅，打算在那兒舉辦一場盛大的畢業派對。一天晚上，我喝多了幾杯啤酒（那個年代的法定飲酒年齡為18歲），隨後開車穿梭於繁忙的街道上，結果撞到一輛停靠路邊的車子。我當時並沒有停下來，事後才發現自己車子右側車門也蹭了一道長長的凹痕。我可不想向父母坦白「罪行」，便編了個故事騙他們：「知道嗎？那個週末的小鎮有多瘋狂，所有的酒吧都擠滿了喝得醉醺醺的大孩子。我從酒吧出來，走到自己停靠路邊的車子時，竟然發現這道可怕的凹痕，一定是哪個醉酒少年撞壞了。」平常我都是個誠實的孩子，父母從來沒有質疑過我的說詞，何況這次我所說的離事實並不遠，這件事也就不了了之了。

　　當然，我腦海也非常生動地想像出這一幕：我走到車前，看到凹痕，露出一副難以置信和憤怒的表情。隨後幾年，我愈發強化了這種心理意象，感覺自己真有過這麼一段經歷：走到車前，發現車子被蹭了，也不知是哪個開車的傢伙撞壞的。其結果，我捏造出一個記憶，多年來，每當有人談到原木小鎮時，我都會搖頭表示不敢恭維，還反反覆覆講述同一個故事：某個醉酒少年如何剮蹭了我的車子。對我來說，它是一個真實無比的記憶。就這樣，我把這個故事講了無數遍，終於有一天突然想起，這不是真的！然而，我為自己虛構的記憶並沒有因此消失，反而令我對同一事件同時有了兩種「記憶」：一種是已經發生的，另一種是我希望發生的。即使到了今天，我依然感到那個虛假的記憶更為鮮活也更為真實。

　　每當密切相關的兩個事件混合成一個記憶時，這個記憶也很可能是編造出來的。精神病理學家莉娜德（Lenore Terr）著有《怕到不敢哭》（*Too Scared to Cry*）一書，書中描述了一個案例：有位年僅十歲的小女孩，是個東歐移民。有一次，小女孩受到脾氣暴躁的亞裔店主的責罵和羞辱，隨即衝出店外，但跑過馬路時不幸被車撞倒了。兩年後，當她講述往事時會信誓旦旦地說，撞倒她的司機也是亞裔，跟那個亞裔店主差不多。她敢這麼肯定，是因為她被撞之前看到了司機的臉。儘管警方的報告白紙黑字地寫明，司機是個白人，對她卻一點用都沒有。因為兩個緊密相連而且非常強烈

的創傷記憶已在小女孩心裡融合為一，她很清楚自己「看
到」了什麼，當然很難相信還有其他的可能性。

這類案例說明了，記憶往往不可靠，故也不能完全信
任，只因它建立在一堆假設以及分別判斷之上，又再衍生出
更多的假設和判斷。也因此，我們必須保持開放的心態，向
自己的記憶提出質疑，依照新的證據去加以修正，尤其是記
憶已經僵化成怨尤之際。

## 認清怨尤

我們在本書前文說過，關係乃是聖靈的課堂，藉以教導
我們如何憶起你我同是靈性、也同等神聖。不消說，怨尤必
會阻礙這番領悟，除非我們願意誠實地看待那些怨尤，然後
寬恕它們，否則聖靈也愛莫能助。

既然我們對事件的詮釋才是怨尤的成因，那麼，只需接
受「詮釋並非事實」，就比較容易向那些詮釋提出質疑了。
再以我外婆米妮為例，她相信女兒會因為離婚而受傷受辱，
但那只是**她的**感受，也僅僅是**她自己的**詮釋，而非女兒的。
如果她能夠聽聽女兒的看法，或者隨著時間的推移見證一下
癒合後的大家庭融洽氛圍，應該有機會把她的詮釋與怨尤一
併放下的。

人間林林總總的詮釋究竟有多厲害？不妨想像以下三種場景，每一種都有可能讓人產生怨尤。這些場景雖然跟你的際遇未必完全吻合，但應該也有「似曾相識」的感覺。

**場景一：**你一踏入電梯，就瞥見角落裡擠著兩個青少年，正在交頭接耳。就在電梯門關閉、你按下樓層鍵之際，其中一個大男孩朝你這邊看了一眼，咧嘴一笑，接著與另一個大男孩嘀咕些什麼，隨後兩人竊笑不已。你當然確定他們在嘲笑自己，卻不知道為什麼。

**場景二：**你在公司工作了好幾年，結交了兩個好朋友，不僅一起合作做專案，一起參加聚會或烹飪，還一起大笑或說老闆壞話，一起分享生活、愛情以及成功之類的人生哲學。有一天，你得知這兩位好友去聽了一場音樂會，既沒邀你，也不問一下你是否想去，甚至始終沒有提及這回事。你被他們排除在外，卻完全不知道原因。

**場景三：**哥哥竟然切斷了和你所有的聯繫。你這一生都很了解他也很尊敬他。你們一起歡度節日，一起參加家庭聚會，也一起共度種種難關。但現在，卻不見他回你的簡訊、電話或電子郵件。你只求他一個解釋，卻得不到任何答覆。看他發在臉書上的照片，日子明明過得好好的；似乎，他就是不想讓你繼續出現在他的生活中，而你卻始終不知道為什麼。你感到困惑、深受傷害，一想到他就黯然不已。

　　現在，我們對照一下上述三種情景，問問自己以下五個問題：

　　一、如果是我，會有怎樣的感覺？

　　二、我會怎麼反應，為什麼？

　　三、我希望得到何種結果？

　　四、如果我無法得到解釋，也無法改變現狀，那麼這種情況還會困擾我多久？會轉成怨尤嗎？

　　五、我會責怪自己，還是更傾向於責怪對方？也就是說，我是否為自己所做之事而感到內疚，即使想不出**自己**到底做了什麼？或者，我是否覺得自己才是被虐待的那個人，因此我有任何反應都是理所應當的？

　　可以說，我們對五個問題作出什麼答覆，大多取決於自己如何詮釋這三種情景，而我們作何詮釋又取決於自己過去的經驗。

　　我們就從「場景一」開始探討。倘若你身為父母，家裡剛好有個十幾歲的男孩，對於電梯裡兩個大男孩那些古怪行徑早就司空見慣了，當然不會介意，只是微笑著走出電梯，根本懶得再去想它。不過，倘若你有個十幾歲的大女孩，前幾天還被班上一些男生戲弄、哭著從學校回家，那感覺就大相徑庭了，因為女兒的經歷影響著你對兩個大男孩的反應。

你或者對他們說些什麼，或者打算板起臉孔，悻悻地不理他們。還有，倘若你過後仍對此事耿耿於懷，一再讓它鮮活地在腦海上演，它必會影響你一整天，你甚至會對伴侶或同事大發雷霆，他們卻不知道自己做了什麼惹毛了你。

或者，你一直教兒子待人一定要彬彬有禮，不可指指點點，那麼幾乎可以肯定，你會無情地批判電梯裡的男孩；不僅針對他們，還有他們的父母，竟然教出這麼沒教養的孩子。你甚至大發牢騷，猛烈抨擊社會道德淪喪：「連小孩都可以隨意侮辱大人，這世界成何體統？」只需把事件不斷擴大，就可以在譴責別人的同時，也肯定了自己的美德。

或者你踏入電梯前剛胡亂吃完一頓午餐，便懷疑孩子們發現你衣服上的食物殘渣；或者那天風很大，把你的頭髮吹亂了；又或者你剛去面試，結果表現不佳，那些孩子也可能感覺到你的挫敗而拿來打趣。總之，不論何種情況，你都會引咎自責：都是因為我，他們才那樣。

還有，假如你年紀不大，猶記得當初在學校裡就屢遭排斥，還被一群備受青睞的孩子戲弄過，那麼，電梯裡的男孩也許會突然強烈地勾起你那些熟悉的感覺，學生時代的羞恥感再度浮現，令你一整天都悶悶不樂。還有，假如你曾經遭到兩個大男孩搶劫，你可能感到威脅，甚至怒火中燒。當然，還有另一種可能：電梯裡的場景讓你回想起自己青少年時的感受，以及自己幹過的好事，包括那些荒謬的惡作劇、

那些令人討厭的蠢事，它們都曾經讓你哈哈大笑，因此你能理解這兩個大男孩，對他們竊竊私語的快樂頗能感同身受。請看看，即使如此簡單而短暫的一個互動場景，都有可能激發各式各樣的反應，而那些反應也都取決於你**過去的經驗**。

其次是「場景二」，把你排除在外的並非陌生人，而是你的朋友，那就很難若無其事了。因為比起「場景一」，你們雙方的關係顯得更密切也更重要，但你的過去仍然決定了你的感受和反應。如果「被冷落」對你來說是一種熟悉的經歷，如今又突然遭到朋友的拋棄，你會發現，這種突如其來的「不忠」更令人痛苦，因為它已非單一事件，反而更像是一種重複出現的模式，因此你可能更加自責：「為什麼這種事老是發生在我身上？我究竟做錯了什麼？」

反之，你若一向善於交友，除了這兩位，還有很多親朋好友，那麼，面對這種「排斥」，你大概只會聳聳肩，「寬恕」一下他倆。朋友之間，偶爾行事有所隱瞞，本無大礙。就算此事重演，日子照樣能過；彼此的友情沒了，你還是一樣幸福。

最後一個就是「場景三」，問題就大多了，因那可是你的親哥哥！不管你覺得自己有多好，不管你有多成功，有多少朋友，倘若你深愛的哥哥無緣無故就把你從他的生活中切割出去，毫無疑問，你必會感到崩潰、困惑不已。在沒得到解釋之前，你大概無法放下吧？或許他正準備離婚或快要破

產，為了避免尷尬，他才不想告訴你；或許他剛知道自己被診斷罹患絕症，不敢面對你……。確實，如果對方沒有什麼解釋，大多數人都會為之神傷。我們通常認為，切斷聯繫就是一種攻擊。一旦受到攻擊，要嘛防守，要嘛反擊，甚至雙管齊下。

即使像這種例子，你的感受和反應同樣是由過去塑造而成的。連你很珍惜的你們彼此之間的關係，也是基於過去。如今你和哥哥早已不在同一屋簷下了；這麼多年來，兩人共處在一起的時間也沒幾天吧？你對他的印象是由很久以前那段快樂時光以及那些美好回憶湊合而成的。珍藏在你記憶中的哥哥，和如今拒你於千里之外的哥哥，根本就不是同一個人了。也許，你很難承認，你真正害怕失去的並非你和哥哥的關係，而是你自己的過去以及由它延伸出去的未來，也就是你對哥哥的希望與期待。這些希望與期待又再衍生出更多有關哥哥的美好回憶，以便支撐配合舊有的記憶。

＊　＊　＊　＊　＊　＊　＊　＊　＊

我們總是根據往事來評判所有的關係，往事也因而成了關係的存活之地。我們不斷將過去留存於記憶中，任由它決定我們的未來。過去當然容不下現在，但現在才是我們唯一可以做出真正改變的時機。〈練習手冊〉第七課和第八課這樣提醒我們：「我所看到的只是過去的經驗。」以及：「我

的心裡塞滿了過去的念頭。」小我就這樣把我們留在過去，以防止我們改變。但〈練習手冊〉下篇也有這麼一課：「往事已矣，它再也影響不到我了。」（W-289）那麼，為什麼我們還會深陷其中呢？如果想超越怨尤，體驗真正的寬恕，我們就必須了解自己賦予過去什麼樣的力量：

> 藉由過去的經驗作為評判現況的座標，你認為是「很自然」的事。其實它一點兒都不自然，那是精神錯亂的徵兆。你必須學會不再用過去的經驗指標來評論任何人（不論在你心目中那是他的過去或是你的），你才可能從眼前的事件學到東西。

> 所謂重生，即是放下過去，不再以定罪的眼光去看當前的一切。遮蔽聖子的烏雲早已過去了；如果你希望它一逝不返，此刻絕不能再著眼於它了。你在這一刻若還看到幻相，表示你尚未擺脫它的束縛，雖然它早已不在此地了。（T-13.VI.2:1~3;3:5~7）

我們總算明白了怨尤與過去的關係，現在不妨進一步深入《奇蹟課程》的核心教誨，也就是寬恕：

> 寬恕就是認清了，你以為弟兄做了對不起你的事，其實不曾發生過。寬恕不會因為原諒他人的罪而反倒把罪弄假成真。它在其中看不到任何罪過。而你自己所有的罪過就在這一眼光下一併寬恕了。

罪是什麼？它不過是對上主之子的一種誤解罷了。

寬恕，不過是看清了這一誤會而放下它而已。

（W-PII.一.1:1~6）

如何寬恕？這就是本課程開出的一帖猛藥：我們彼此相怨只是為了那些從未發生過的事；它們只出現於夢中，根本不曾發生過。

我們已經忘了自己乃是上主的造化，也是祂唯一的聖子。即使我們共享同一真實身分，卻依然相信自己是一個獨立的個體。《課程》之所以如此明白指出：「你以為弟兄做了對不起你的事，其實不曾發生過。」（W-PII.一.1:1）是因為在上主和聖靈眼中，弟兄和你根本就是同一個實存生命，他**能**把你怎麼樣呢？一個永遠完整、沒有獨立部分的一體生命，怎麼可能攻擊自己呢？何況看似發生於時空世界的**一切**全是幻相，不管它是屬於過去還是未來。上主實相內唯愛猶存，其餘一切從未發生過。

可還記得本課程開篇之言，字字力透紙背，短短幾句話就涵括了整部課程的教誨：

凡是真實的，不受任何威脅；

凡是不真實的，根本不存在。

上主的平安即在其中。（T-in.2:2~4）

既不真實又不存在之物怎麼可能傷害得了我們？只要接

受這一事實，我們的任務就成了忽略不真實之物，只記得真實之物；忘卻小我以及它充滿怨尤、衝突和威脅的世界，只記得上主的造化。只要付諸實踐，這一任務便成了轉化的妙方，而且適用於任何處境。

## 選擇性的遺忘，全面寬恕

寬恕並不是你要去「做」（do）什麼，它最多只是「化解」（undoing）──從自己曾經相信的虛幻過去解脫出來。也因此，寬恕不可能強迫你，這是你自己作出的一個選擇，也就是選擇平安。一旦選擇了，你甚至無需去化解，那是聖靈的任務。〈正文〉也說過：「修正不是你的任務。」（T-27.II.10:1）確實，我們怎麼可能知道如何修正呢？我們的責任僅僅是允許化解，願意讓聖靈向自己顯示另一種看待事物的眼光，而非從中作梗。如同〈正文〉所言：「我什麼都不必做，只要我不再干預祂的運作。」（T-16.I.3:12）何謂干預？就是與小我為伍，選擇任何形式的怨尤，而非愛。不論在生活的任何層面，只要一加以干預，就等於又一次加入了小我的「救贖」計畫。

前一章提過，小我的計畫就是心懷怨尤，經由選擇性記憶來執行，只記住那些令人羞辱、憤怒、難堪或害怕的人和

事；把錯誤看得比什麼都重要。

聖靈也有一套選擇性記憶，標準卻截然不同。祂只著眼於真實之物以及如何去體驗它的真相，其餘一切，全都置之一旁。我們無需以任何方式消除或否認那些負面的記憶，只需把它們和其他不存在的過去一併放下即可。這是《課程》給出的妙方，乃是寬恕不可或缺的過程：

> 寬恕，就是只記住你過去給出以及接受的種種善
> 念，而將其餘的一切拋諸腦後。寬恕只是一種篩選
> 的記憶，但不是按照你的標準。（T-17.III.1:1~3）

之所以只需記得那些慈心善念，是因為只有那些才是真的，才符合上主賜予我們的真實身分。其餘一切，全屬小我巨大幻想中的一部分；聖靈一概不予採信，因為對祂而言，這一切都不可能存在，也從未存在過。這就是為何選擇的過程要由祂掌管，而不是你。因祂只看真實之物，而你不是。故你必須先學會「否認」不真實之物，才能如聖靈一般真正地看。

這是本課程最能發揮大用的「否認」手法，與之相反的，則是心理學所說的「否認」，後者只是一種毫無益處的防禦機制。**我們**把否認當作防衛措施，所否認之物卻依舊存在。只因我們已經認可它的真實性，但它對自己的威脅太大了，只好將它剔除於意識之外，直接否認它的存在。

人們會把「否認」用在各式各樣的事情，大家也已司空見慣，比如車子被拖走（它去哪兒了？我確定是停在這兒的）；比如罹患癌症（醫生真有這麼說嗎？沒有吧？）；又比如配偶的不忠（他不會吧？我拒絕相信）。心理學家也認為，否認是一種非常原始的防禦機制，因它不是全有就是全無，甚至不惜扭曲事實而陷入幻想。更糟糕的是，如第六章所提到的「屋頂漏水」，一旦否認某種威脅，我們就不會想辦法去修正它了。既然對我們來說它不存在，那還有什麼要處理的？

《課程》明白點出：人們一直以否認的心態去抵制上主及真實白性的來臨，只因它對小我構成了威脅。而我們需要做的則是：「幫忙否定他們對真理的否定。」（T-12.II.1:5）如同〈正文〉所言：

> ……（否認）任何不是來自上主之物具有左右你的能力。這是使用「否認」最上乘的手法。因你用它修正錯誤，而非隱瞞任何事情。……真實的「否認」，是一道有力的保護機制。你能夠也應該否認任何要你相信「錯誤能傷害你」的信念。這種否認無意隱瞞事實，它是一種修正。（T-2.II.1:11~2:3）

聖靈會為我們完成這一修正的。但凡過去的，祂只是從中挑選出愛的要素，而否認其餘一切的真實性。

　　不妨把聖靈想成一個過濾器，我們用它濾掉自己對人和事的知見與詮釋。或者把祂想成一副偏光太陽眼鏡，用來消除干擾視線的眩光。聖靈會過濾掉所有缺乏愛心的念頭或行為，以及有違真我的知見，沒有一個能夠玷污當下這一刻。於是，所有過濾掉的攻擊念頭與過去的記憶只好重歸虛無，事實上，它們也從未真正存在過。如此一來，剩下的當然就是真實慧見，看出弟兄清白無罪的樣子——即基督，亦即上主之子。請記得，沒有過去就不可能有怨尤。這就是為何《課程》敢說「現在就是寬恕」（T-17.III.8:2），因為現在這一刻淨化了過去，擺脫了未來的束縛，唯愛猶存。

　　還有一個很有幫助的比喻，就是把聖靈和寬恕想成是一種「萬能溶劑」：這種潔淨方式如此完美，但凡不是出自愛的，都能夠溶解掉。不論何種困境，只要滴上幾滴，衝突矛盾的污漬就會逐漸消褪。也把過去對你怒目相向或愁眉苦臉的那些人，放在純淨清澈的寬恕中沐浴一會兒吧。看啊！他們露出了燦爛的笑容，其他的都不見了。還有什麼能夠抵擋這萬能溶劑的神奇力量？總歸一句，寬恕是聖靈對你一切問題的「溶劑」（solution，雙關語，也有解決方案之意）。

# 第 *12* 章

# 寬恕不可寬恕之人

我們在前一章已經看到，怨尤是如何讓過去保持鮮活的。這不僅適用於個人的過去，對集體的過去亦然。另外還有一種根深柢固的怨尤，乃是基於發生久遠的歷史事件當中的文化或歷史記憶，那些事件固然沒有發生在後人身上，卻顯化為跨越無數世代的惡毒偏見。

1980年代我訪問克里特島時，聽到這樣一個故事：有位德國人，二戰期間是個士兵，曾駐紮該島。幾十年後，他回來度假，重溫他對該島的美好回憶。但不久，人們發現了他的屍體，是死於謀殺的。顯然有人記得他，但不是以他現在的身分，一個無辜的遊客，而是他在戰爭中所扮演的角色。確實如此，過去的怨尤足以置人於死地。

　　儘管納粹大屠殺已經過去快八十年了，期間德國也為那段黑暗歷史做了許多努力，其程度遠遠超過鄰國奧地利和瑞士，但有些猶太人仍會因為該事件而拒絕去德國。可還記得1992~1995年的波士尼亞戰爭以及1999年的科索沃戰爭，期間，一些塞爾維亞基督徒大肆宣揚自十三世紀以來一直流傳的偏見，導致了對回教徒的暴力甚至種族滅絕。要知道，他們本身與那些回教徒數百年來一直比鄰而居呢。

## 「謀害基督的兇手」

　　歷史怨尤或集體怨尤會纏繞某個族群的所有人，被世人指控他們過去犯了不可饒恕的罪行。在那當中，持續最久和最具毀滅性的，莫過於一項對猶太人的指控，聲稱他們對耶穌的受難負有責任；就是因為當初猶太人對羅馬總督施壓，甚至情願世世代代的子民受詛咒，才逼得總督把耶穌釘死在十字架。這也為反猶太主義者提供了最原始的理由，即使在今天，儘管歷史學家早已揭穿這一切全是謊言，卻仍有無數基督徒對此表示認同。

　　我祖父童年時有過一段可怕的遭遇，正是與「猶太人謀害耶穌」這個惡毒謊言有關。他在一個沙皇統治下的俄羅斯村莊長大，那是一個以壓迫猶太人而惡名昭彰的地方和時

代。在一次反猶太大屠殺中，整個村莊慘遭殺戮，殺戮的理由竟然只是一個謠言「血祭誹謗」（Blood libel），聲稱猶太人謀殺了基督教的小孩，還用他們的血來做逾越節薄餅。

　　祖父有個小名，叫波基。在他只有八九歲大的時候，有一天，他正穿過小鎮、走在回家的路上，卻遭到一群大男孩痛毆。大男孩們嘲弄他、大聲斥責他是謀害基督的兇手，還把他推倒在地拳打腳踢。若非此事碰巧發生在一座東正教的教堂前，我祖父可能傷得更重。因為有一名神父聽到了喊叫聲和咒罵聲，忙從教堂跑出來勸架。他問孩子們：「怎麼回事？為什麼要毆打這個小男孩？」孩子們回答說：「他是謀害基督的兇手！波基就是謀害基督的兇手！」神父看了看孩子們，然後問其中一個：「**你看到波基殺死基督了嗎？**」男孩搖了搖頭（他當然不可能看到）。神父又轉向下一個男孩，問了同樣的問題。就這樣，每一個人他都問了：「**你看到波基殺死基督了嗎？**」每個人也都不得不承認：「確實沒看到。」神父最後問：「既然沒有任何證據，你們憑什麼說他是謀害基督的兇手呢？」

　　神父接著對男孩們解說了猶太教的古老起源，以及基督教本身是如何從猶太教衍生出來的。男孩們都道歉了（我想像他們全都淚眼汪汪的），之後再也沒有找過我祖父的麻煩。傷痕累累的祖父也回到了家中，對前來拯救他、充滿慈悲睿智的那位神父，懷著深深的敬意和感激。

　　祖父性格很寬容也非常慷慨。據我所知，他一輩子沒有仇敵，我也不曾從他嘴裡聽到批評別人的話。現在想想，祖父能如此豁達大度，莫非就是那個事件發揮了作用？果真如此，那位神父的介入就影響了我祖父這一生所接觸過成千上萬的人，當然也包括我了。若非遠在二十世紀初的某一天、一位不知名的俄羅斯東正教神父的一個舉動，恐怕今天我也不會寫出這本以關係和寬恕為主題的書了。

　　祖父的經歷提供了一個很好的例子，當數千年前的民族怨恨轉嫁到後世的一個小男孩身上時，是如何得以釋放的。憑藉著神父本人的權威，本可以強迫攻擊者立刻住手，乖乖就範，但他溫和地引導孩子們逐一檢視自己的偏見，讓他們意識到耶穌之死與自己或波基一點關係也沒有，從而明白那個偏見並非根據現在的事實，而是過去虛構出來的，根本不曾有任何一個孩子見過波基殺死基督。他們終於完全了解這個八歲的俄羅斯猶太小男孩，與兩千年前發生在中東的那個事件毫無瓜葛。最後，神父還給孩子們傳述了一些新信息，比如猶太教的本質、猶太教與基督教的關係。如此一來，至少在這一事例中，針對整個民族的集體怨尤便得到了化解。

　　也許孩子們都把神父的教誨融入了心中，終身奉行，同時也傳授給他人。最起碼我是這麼希望的。果真如此，表示「猶太人犯了不可寬恕的罪行，成為千古罪人」這段想像出來而其實從未發生過的歷史，已被他們重新界定為謊言而消

除了。寬恕就這樣取代了長達兩千多年的怨尤，也印證了這句奇蹟引言：「你以為弟兄做了對不起你的事，其實不曾發生過。」


## 如大屠殺一般的怨尤

僅僅因為猶太人和耶穌，就怨恨整個種族或教派，實在是毫無道理，古代猶太人究竟何罪之有呢？再以剛才提及的針對猶太人的大屠殺為例：納粹大規模殺掉了六百萬歐洲的猶太人。假如納粹打贏了二戰，肯定會把整個猶太民族消滅殆盡。如此慘絕人寰之事，你說怎麼可能寬恕得了？尤其是那些已經失去所有親人的猶太人。

還記得嗎？我們剛剛也講到有些猶太人至今仍拒絕去德國。照理說，他們也知道，沒有理由要求1935年以後才出生的德國人來承擔大屠殺的責任。但對於拒絕寬恕的人而言，這類細節無關緊要，父罪子償是天經地義，所有德國公民都必須受到指控，即使他們當中沒幾個人能記得那些罪行。然而，不就是同樣的想法，令猶太人成了謀害基督的兇手，連波基這個小孩也因此慘遭攻擊？由此可見，集體怨尤並不局限於任何一個國家或族群。我們拒絕寬恕，結果我們自己都成了罪犯。

我們在奇蹟讀書會談論寬恕這個主題時，也經常有人提出一個問題：「怎麼可能寬恕希特勒？」世人一提起希特勒必然聯想到納粹大屠殺，當然會拒絕寬恕他，因為他對無數人的痛苦和數百萬人的死亡負有直接的責任。

類似的問題不知被提出多少次了，可見大多數人是如何看待寬恕的。人們以為的寬恕應該取決於罪行的大小，比如一般的罪行甚至大多數的罪行是可以寬恕的，但某些罪行，像是種族滅絕，簡直令人髮指，任誰也寬恕不了。

但究竟是什麼因素讓那些罪行變成了無法寬恕之事？是死亡的人數嗎？還是痛苦的程度？該如何去衡量計算呢？分界線又在哪裡？要知道，不管是死了六百萬人還是「僅僅」六個人，都會造成很深的傷痛。

無論我們評判什麼是不可寬恕的，所憑藉的，都是**我們自己的**判斷，而非聖靈的。寬恕的大能就在於它的普遍運用，它所依憑的神聖慧見，足以超越我們習以為常的「人我有別」之信念。聖靈眼中沒有「別人」這一觀念，因為那毫無意義。所有的人都是一體的，故所有的人都配得到寬恕，包括分裂之「罪」及其殘留下來的陰影。然而，只要有一個例外，去評斷任何一人不配寬恕（即使像希特勒那樣的人），就表示我們已經選擇小我而放棄了聖靈，選擇夢境而拒絕了覺醒。矛頭一指向他人，必然也給自己定了罪，正因為你我本是一體的。

# 美洲種族滅絕

史坦‧葛羅夫醫學博士（Stan Grof,MD），一位捷克精神病理學家和迷幻藥研究者，我曾經從他那兒聽到一個故事，可說是寬恕功課的有力見證。在他精彩的自傳《當不可能之事發生時／暫譯》（*When the Impossible Happens*）書中有一段記載。史坦在他職涯早期就知道美洲原住民在宗教活動中，會把佩奧特仙人掌（peyote cactus）當作聖禮來食用（仙人掌裡含有一種迷幻藥成分），稱之為「佩奧特儀式」。他對此深感興趣，想要參與當地原住民這種儀式。如其所願，他很快結識了一位美洲原住民，還是個同行，兩人成了好朋友。不久，史坦便與幾名團隊成員前往堪薩斯州的大平原，與一個印第安部落一起參與一場「佩奧特儀式」。

儘管一行人已受到部落首領的邀請，但在儀式開始之前，仍須得到每一位參與者的當眾認可，方可進入這個圈子。初時，原住民情緒激昂，提出種種質疑，因為白人曾經對美洲土著部落犯下諸多罪行，包括欺騙、強迫遷徙，乃至屠殺等等。到了後來，部落所有人都接受了這批白人，歡迎他們進入圈子——除了一個男人以外。這人身上散發出濃厚的怒氣，滿懷著對白種人的強烈仇恨，同胞們只好勸他先讓儀式繼續進行，但他以極度憤怒的表情聲明自己不願意參與，因為白人出現在如此神聖的場合簡直就是一種侵犯。史坦也感覺到，這男人眼中的怒火完全是衝著自己而來，還感

染了整個儀式，氣氛非常尷尬。

就在儀式接近尾聲時，史坦同行中的一個人坦承了歐洲殖民者對美洲原住民造成的破壞，同時他也向遠離捷克故鄉的史坦深表同情。剎那間，那個倔強的男人的神態變了，怨恨消失了。他撲倒在史坦腳下，傷心地哭了大約二十分鐘，訴說自己如何把史坦和儀式上所有白人都視為異族的侵略者和敵人；事實上史坦只是一名無辜的捷克客人，根本從未參與迫害美洲原住民的罪行。

不僅如此，這男人的悔恨還有一層更深的根源。他承認自己是二戰期間應徵入伍的一名空軍，在戰爭的最後幾天參加過一次行動，對捷克一座城市實施毫無必要的轟炸。因此，事實與他原先認定的正好相反，他**才是**真正的行兇者，史坦才是受害者；是他炸死了史坦的族人。於是，這男人為自己的行為道歉，懇求大家的寬恕；並且分享了這一領悟：確實，如果世人都把祖先的怨尤代代相傳下去，世界還有什麼希望？

這個故事有力地見證了人性的真相。想一想，我們在生活中同樣常常把自己描繪成暴力的受害者，但我們不也都是施暴者嗎？在小我的統治下，誰沒有傷害過別人，哪怕是出於無意？或僅僅是在念頭和幻想中？

小我就是要攻擊，這是它的本性。這種攻擊通常比較隱

祕，一方面自己會感到不舒服，一方面也不想被人看出來。不過，攻擊性偶爾也會全面爆發，而且醜態百出，充分暴露出小我的邪惡本質。

我們如此認同小我，把自己視為一具身體，搶佔種種稀有資源，為自己那份寶貝的特殊性你爭我奪，如此一來，勢必陷入互相攻擊，而且註定會失落，最後不可能不心懷怨尤的。在小我眼中，這世界有人得就有人失，沒有誰是真正的贏家，全都是罪人，個個惡貫滿盈，只等待著死刑的來臨。

另一種則是聖靈的觀點：我們全都純潔無罪，不可能受到任何攻擊和失落，只因這是上主創造我們的模樣。兩者沒有妥協的餘地，我們要嘛是純潔的圓滿之愛、結合於上主所創造的一體自性內；要嘛是怪獸，到處瘋搶，不論在何時何地，也不論針對何人何物，什麼都抓，能抓一點是一點（還一直裝出一副天真的笑容）。

要知道，你所認同的觀點，必會反映在世界及他人身上，當然也反映在你自己身上。你心目中的罪過，是因著你的真相而得到赦免，還是因著你以為的自己而受到詛咒？你究竟是神聖的上主之子（基督），還是那個殘缺不全、支離破碎、受盡痛苦而且不堪一擊的怪物？這是你所面臨的選擇，而你所有的關係也都會反映出這一抉擇，並形塑出相應的模式。

# 罪咎之源

回到史坦故事中那個部落男人，滿腔怨恨的他強烈痛恨白種人，在佩奧特儀式正式開始之前的交談中，就拒絕正視自己的怨恨，直到後來大家一起進入迷幻體驗中，他還是一副義憤填膺的樣子，始終覺得自己是個義人，藉此將自己與整個群體隔絕開來。

即便是這樣的聚會，也可以為療癒作出最有力的鋪墊，史坦的臨在本身就提供了療癒之道。縱然累積了好幾個世紀的憤怒全聚焦在他身上，但當那個男人得知他來自另一個國家，本來就跟白人迫害美洲原住民毫無關係，所有的怨恨瞬間便消解了。

如果那個男人願意仔細檢視自己的怨尤，就無需一位捷克客人來提醒自己這一認知了。在佩奧特儀式的圈子裡，沒有一人做過任何傷害他的事情，也不曾傷害過他的家人和族人。如同之前提到的波基一樣，史坦一行人也是純潔無罪的。真相終於大白了，局面全盤翻轉，原來，那個男人才是圈子之中唯一的真凶。

究竟是什麼在背後推動那個男人所有的憤怒？無疑的，正是他參與的那一場殘酷大轟炸的沉重負罪感。套用心理學的說法，就是他把自己的罪咎**投射**到所有白種人身上。於是，**自己**搖身一變，成了受害者，而**那群白種人**則成了犯下

慘無人道之罪的罪犯。他以義怒來掩蓋自己在戰爭中的所作
所為，純粹是為了逃避自己的罪咎和羞愧感。

　　同樣地，我們也把分裂之初的罪咎和羞愧都投射到兄
弟姐妹身上。說白了，就是**我們**什麼都沒做，全是**他們**幹
的！在我們眼中，他們是獨立於自己之外的，殊不知這本身
就是一種毫無根據的指控。結果，我們所遇到的每一具身體
都成了控訴的指頭，反身指向我們。我們把罪咎投射到他們
身上，必會害怕受到他們的（同時也是上主的）攻擊，這又
反過來令我們以自衛之名起身反擊，周而復始，若無聖靈相
助，就只能陷入冤冤相報的惡性循環，永無了結之日。

## 人間最神聖之處

　　史坦和部落族人的故事，見證了聖靈的寬恕與療癒手法
完全是另闢蹊徑；然而，即便是最直接明瞭的療癒之道，卻
也未必有立竿見影之效。只因為在我們跌入谷底、終於願意
放手和寬恕之前，還得不斷面對小我的頑強抗拒。

　　繼續回到那個部落男人身上，倘若他在儀式正式開始之
前就表達自己的憤怒及傷害行為，此事就可平順地解決了。
同理，在佩奧特仙人掌的作用下，集體的參與原本可以讓他
感到相當地愉快，但他始終不願放下鬱積已久的憤怒，直到

後來才恍然大悟而徹底釋放，也才為自己和他人帶來充滿力量的體驗。

在整個過程裡，並沒有什麼計畫，事情就這樣發生了。這群白人訪客當中一個人舉手示意：「這裡有一位不是美國人，他不可能犯下種族滅絕罪。」這個動作並非事先設計好的，而是冥冥之中人們內心對療癒的渴望衍生出來的。也許隨著佩奧特仙人掌的作用而自行浮現，或者是部落成員允許白人進入他們的神聖圈子所帶來的結果，甚至僅僅是時機正巧到了而已，這些一點都不重要，只需內在的層次上有寬恕的願心就足夠了。

那一天，史坦和所有部落成員一起目睹了真正的療癒：攻擊轉為全然且毫無保留的臣服而進入了寬恕。那個部落男人的怒氣蕩然無存，也不可能再死灰復燃了。當他不得不面對鏡子、看見自己的罪咎感之後，便意識到無論是針對任何人，自己那種不寬恕的憤怒根本是毫無道理的。攻擊只會引發攻擊，《聖經》說：「凡動刀的，必死於刀下。」結果如同我們所見，受傷的還是自己本身。

《奇蹟課程》有一段極為優美而鼓舞人心的話，描述了這種療癒：

> 仇恨的血跡逐漸消褪，草地恢復了青青歡顏，潔白
> 的花朵在夏陽下光彩熠熠。在這光明世界裡，昔

日的死亡陰府轉化成一座生命的聖殿。……人間
再沒有比「千古宿怨化為眼前之愛」更神聖的地方
了。……連天堂都找不到比這更神聖的地方。……
凡是將仇恨釋放給愛的生命，都會化為天上耀眼的
明星。使天堂的光輝倍加燦爛，欣慰地看到一切終
於恢復了原狀。（T-26.IX.3:1~2; 6:1~6）

那一天，一座神聖的殿宇驟然聳立在遼闊的堪薩斯州大
平原上。這座聖殿與那些緬懷戰爭及衝突的紀念碑截然不
同，它無需雕像、匾額或遊客中心，因為心靈才是它真正的
家園。

那一天，人們更為愛好和平，不再輕易屈服於攻擊欲
望，因為其中一人心甘情願地面對了自己；正是為了他自己
和世界的療癒，寬恕了史坦這位弟兄，也寬恕了自己，最終
認出彼此無二無別。

這就是救贖之道。

# 第 *13* 章

# 寬恕所需的時間

眾所周知，比爾‧賽佛是《奇蹟課程》的筆錄參與者，曾經有人問他：「你怎麼知道自己修奇蹟是否進步了？」比爾以反問作答：「你需要多久才能寬恕一個怨尤？」

寬恕似乎很難，但實際上它根本不需要時間。改變自己的心念，就是轉變自己看待事物的方式而釋放過去，並且：「寬恕就是認清了，你以為弟兄做了對不起你的事，其實不曾發生過。」這究竟需要多久呢？它可以瞬間了悟，就像上一章提到那個部落男人的例子一樣。真正的問題是，我們需要多久才**甘願**承認自己的怨尤，把它拉回意識中，作出放下它的決定？我們又需要多少時間、忍受多少傷痛和憤怒，才甘願以聖靈的詮釋取代自己對事物的詮釋？

　　在我所著《從瘟疫到奇蹟／暫譯》一書中，曾經提到一個心理治療個案。案主是一位婦女，她經過了多次治療，依然對自己童年遭受性虐待一事憤怒不已。她喜歡講述自己報復的幻想，細節極其恐怖，充滿了暴力，當然，我也只是耐心地坐著、聽著。雖然她僅僅是在想像中如此這般地對待施虐者，但絕對稱不上是寬恕。身為奇蹟學員，我當然很清楚這一點。不過，我並沒有阻止或糾正她，更不會努力證明她是錯的。我明白還在療癒過程的她，確實需要表達自己的憤怒，藉由那些幻想而獲得力量感，而且她也只能在診療室這個安全空間這麼做。她腦海中的幻想都是童年慘遭施暴的餘波，必須先清除掉；如果沒有充分感受那些憤怒，怎麼可能讓它們浮現而療癒呢？

　　隨著時日的推移，這位女士如同烈火般的憤怒終於冷卻下來，化為灰燼。幻想的程度也愈來愈弱，對她已不再那麼有魅力了，而且也無法帶來滿足感。幻想的目的既已達到，便無需再去幻想了。幾個月之後，我詢問這位女士如何看待童年受過性虐待一事，她表示已經不再感到憤怒了。說得更確切一點，她對這件往事的感覺已經相當平淡；事情發生了，是很痛苦，但都過去了。其實，那個施虐者在這位女士接受治療之前的好多年，就已經不在人世了，何苦耗費時間去想他、讓他還魂？這位女士花了好幾年的時間才釋放得了這個怨尤，這是完全可以理解的。她努力穿越仇恨與暴力的深淵而邁上寬恕之路，成功地放下自己的怨尤。

　　我在奇蹟讀書會經常看到，每當有學員未能當下寬恕時，不論什麼原因，總會有人嚴厲批判他們，拼命說服他們此刻就得好好寬恕，好像他們不願或不能寬恕很不應該似的。也許那些人的不寬恕或多或少會動搖其他人的決心，說不定有人認為他們削弱了《奇蹟課程》的教學力道，於是導致了另一種怨尤，矛頭直指那群無法放下怨尤的人。為此，我們真的需要寬恕那些未能寬恕的人，因為我們根本不知道他們寬恕的最佳途徑，也不知道這該發生在一瞬間，還是貫穿於一生之中。

　　聖靈善於利用時間，目的只是「給我們時間」去改變心念，找到寬恕的途徑。這究竟需要幾分鐘還是幾千年，並不是我們所能決定的，因為我們連判斷的資格都沒有。在這世上，沒有人能為另一個人指出一條最好的療癒途徑，我們只能把它交託給聖靈。若想充當聖靈的角色，加速寬恕，那等於是在說：「我不信任聖靈，我認為自己比較厲害。」除了小我以外，有誰敢出此狂言！

　　你可能自己沒有怨尤，但又如何面對別人的怨尤呢？例如別人對你不滿，你卻莫名其妙；或者明知自己被冤枉了，其他人卻拒絕聽你澄清。他們對你耿耿於懷，都是**你**的錯嗎？都得自己承擔嗎？到底該如何應對這種情況？

　　一是好好留意自己多麼想要鳴冤叫屈的心態。既然對方恨你，你理當以恨還恨，因為這場戰爭並不是你挑起的。

問題是，這種想法絕不會帶來寬恕的。最好也別企圖向對方灌輸寬恕之道，而是反觀自己不寬恕之念，對小我保持警覺——它就是靠攻擊而存在的。別人既已對你不滿，你若也生氣，他們的憤怒並不會因此緩解。憤怒如同難以根除的惡種雜草，會迅速蔓延開來，四處播種，生根發芽，千萬不要等閒視之。別人對你的攻擊也如同帶著誘餌的鉤子，你若一口咬下去，雙方都被怨尤鉤住，自然也都需要寬恕。總之，你自己上鉤是無法幫助對方擺脫憤怒的。

二是藉由別人對你的怨尤來提醒自己的真實身分，以及你真正想要之物。你可以下更大的決心，不再隨口判斷，也絕不以牙還牙。那麼，該當如何是好？就是把那些事件連同你對它們的感受一起交給聖靈：「請將此事由我手中拿走，幫助我看清它的真相，且為我判斷。……請教我如何使它不再成為平安的障礙，而讓祢為我發揮其用，迎接平安的來臨。」（T-19.IV.三.(1).11:8~10）

誰也無法知曉他人的行為動機，事實上也沒必要去搞清楚，就讓聖靈掌管這一切好了，但請切記，不要試圖告訴祂結果應當如何，或者教祂怎樣達到目的。全部放手吧！即使看不到任何跡象，也請相信在某個更深的層次，對方多少都會受益的。「別人若認為你的禮物（寬恕）毫無價值，沒有關係。他心靈中有一部分仍會向你致謝。」（W-197.4:1~2）也就是說，我們愈致力於自己的寬恕，別人就愈能找到他們的出路。

＊　＊　＊　＊　＊　＊　＊　＊　＊

　　回想1960年代，在比爾‧賽佛和海倫筆錄《奇蹟課程》期間，比爾曾一度成了別人怨尤的對象。事情是這樣的：比爾和亞瑟是同事，均任職於哥倫比亞大學心理系，兩人關係一直很好。有一天，亞瑟突然不再跟比爾說話了。比爾滿腹狐疑，會不會與海倫有關呢？之後，不論比爾在任何場合出現，亞瑟都一概視而不見，好像根本沒他這個人似地，連客套都沒了。比爾當然可以生氣，或者與他對質一番，或者乾脆也用迴避來報復。但是，比爾卻決定以亞瑟作為第一個實驗對象，直接把這部課程的寬恕原則運用在他身上。

　　接下來，比爾每天早上都會走進亞瑟的辦公室，在他桌子對面的椅子坐下來，兩人就這麼待在一起。從比爾進門開始，亞瑟就用報紙擋住臉，藏身其後。儘管如此，比爾仍然那麼平和，只是靜靜地默想那些奇蹟觀念，亞瑟則假裝自己不在場。就這樣持續了好幾個星期，有一天早上，比爾因公事外出，而無法在亞瑟的辦公室露面，亞瑟卻很想知道他會在哪兒，甚至擔心他是不是出了什麼事，便出去找他，如此一來就打開了一扇門，兩人又可以自在交談了。然而，事情還沒有結束呢。

　　幾個月後，比爾和亞瑟一起去參加一個專業會議。他們下榻的酒店因預訂人數超額，要求與會者自由組合、兩人同

住一房。亞瑟便走近比爾問他可否同住，還說：「在這兒，
你是我唯一想要作伴的人。」晚餐前，兩人在酒吧喝酒，亞
瑟從碗裡揀出六顆杏仁，隨手遞給比爾三顆，給自己也留下
三顆。

　　亞瑟接著解釋：「艾德格‧凱西（Edgar Cayce）告訴過
我，每天吃三顆杏仁，就不會得癌症。」

　　比爾一聽，差點從高腳凳跌下來。要知道，比爾不僅久
仰凱西的大名，還曾經和海倫專程去會見凱西的兒子休‧
林（Hugh Lynn），就《奇蹟課程》早期的筆錄資料徵求他
的意見（比爾和海倫後來還送給休‧林一份完整的副本）。
此刻，亞瑟——這位比爾的同儕，一位同樣是受人尊敬的學
院派心理學家，竟然在引述凱西的話。

　　原來，亞瑟與凱西私交甚篤。他當年在海軍服役時，凱
西的家就在他所在的海軍基地附近的佛吉尼亞海灘，他還去
過凱西家裡共進週日午餐呢。對比爾而言，獲悉亞瑟與凱西
這鮮少人知的交情，足以表明兩人的怨尤已經療癒，而這部
課程所教導的寬恕也確實奏效了。之後，他倆再也沒有鬧過
矛盾了。

　　比爾在生命的最後幾年裡，對過去所有重要的關係都報
之以寬恕，而且在去世前不久便已完成這一功課。因此，對
比爾來說，死亡乃是邁向自由的飛躍。似乎是為了強調這一

點，比爾以他特有的幽默感，在1988年7月4日美國獨立日那天離開了他的身體。

比爾和亞瑟這段寬恕歷程持續了好幾個月，之所以如此，因為這正是對他們最有效的途徑。只要他們準備就緒，放下自己的判斷，毫不遲疑地讓聖靈掌管一切，寬恕便能跨越千百年的障礙而發生於當下一刻。心靈平安基金會創始人之一茱麗，就為我們做了一個精彩的示範。

茱麗生長在一個猶太家庭，1975年5月，《奇蹟課程》首次進入她的生活，也成了她畢生的靈修法門。儘管如此，她依舊遵循猶太節日，表明自己是個猶太人。茱麗的父親是猶太人社區的領袖，難怪她剛開始修習《課程》時，很難接受書中那些充滿基督教味道的語言。

有趣的是，茱麗的父親倒覺得這本書沒什麼問題，因他很快就領悟到那些基督教術語背後的形上意涵，但家裡其他成員就不太能接受。所有的堂親們都認為茱麗如此公然參與《奇蹟課程》的團體，等於否定了她父親的猶太教，於是決定跟她劃清界線。茱麗覺得很痛苦，卻無法改變他們的想法，只能勉強接受這種局面，而且持續了幾十年的時間，而非幾個月。

和比爾一樣，茱麗也決心療癒她所有尚未寬恕的關係，她還攜同女兒一起操練〈練習手冊〉，目的就是光照所有未

經寬恕之處。茱麗那時已經八十多歲了，天知道還能活多久？故她決定專注於那些疏遠已久的族人。

茱麗已經多年沒跟那些親戚說過話了。某天，女兒提醒她：「不必去找他們，連一句話都不用說，只需**在自己心裡**寬恕他們就夠了。而且此時不做，更待何時？」茱麗點頭贊同：「對，是時候了。」

於是，母女倆坐在一起，閉上了眼睛。茱麗讓自己徹底放下過去，包括堂親們的尖刻批判、自己辜負他們的愧疚感、幾十年來的疏遠與冷漠。她心甘情願地寬恕這一切，確實，往事已矣，何不放下呢？還有什麼比這更簡單的呢？茱麗張開眼睛，頓感輕鬆自在，再也沒有什麼好期待的了。她已盡本分，寬恕了自己對那些疏遠的親人的種種看法。誠如她女兒所說，這就夠了。

大約二十分鐘後，茱麗收到一個堂親寄來的電子郵件，特意邀請茱麗和丈夫一起參加他母親的百歲生日派對。於是，兩人帶著愛開始書信往來，家庭的其他成員也陸續加入了這一行列。就這樣，幾十年的對抗蕩然無存，如同過眼雲煙，簡直就像從未發生過一樣。茱麗一旦選擇了寬恕，過去的就真的過去了。她並沒刻意做更多的努力，但她所作的決定會直接反映於外在世界，推恩給家人。現在，讓我們再重溫一次本課程對寬恕所下的定義：

寬恕就是認清了，你以為弟兄做了對不起你的事，
其實不曾發生過。寬恕不會因為原諒他人的罪而
反倒把罪弄假成真。它在其中看不到任何罪過。
而你自己所有的罪過就在這一眼光下一併寬恕了。
（W-PII.一.1:1~4）

可還記得〈練習手冊〉第三百三十六課：「寬恕幫助我
了悟心靈的相通性。」茱麗只需自己由過去解脫，便已經把
寬恕推恩到那位堂親的心靈裡。結果兩人之間的裂痕不僅結
束了，根本就等於從未發生過一樣。

這是《奇蹟課程》給出的承諾：「萬物肯定會有個幸福
結局。」（W-292），唯一的變數是，我們任由多少虛幻的
時間橫梗在自己與那個「幸福結局」之間？還要浪費多少寶
貴的時光去追逐小我操縱的目標？我們確有選擇的餘地：既
可以存心耽擱救贖，也可以欣然接受它；既可以寬恕和化解
心裡的怨尤，也可以繼續耿耿於懷，延長自己和別人的痛苦
時間。每時每刻，選擇的主權始終操之於我們自己。一旦作
出寬恕的決定，過去的一切及其後遺症就此終結了，確實，
「除了『過去』，還有什麼需要寬恕的？它一被寬恕，就真
正過去了。」（W-289.1:6）

第 *14* 章

# 影子與鏡子：
# 由人際關係反映出來的自我

先前談過，投射乃是小我處理人際關係的基石，本章將會更深入檢視這一點。

投射屬於一種心理防衛機制，相當於「否認」：我們對自己無法接受的那些部分避之唯恐不及，便向外投射到他人身上，接著對他人以及他人的「罪行」展開攻擊，免得自己那種「自我感覺良好」的狀態受到威脅。

「同性戀恐懼症」便是一個絕佳的例子，對同性戀抱持強烈偏見的人，很可能就是一個有同性戀傾向的人，正苦苦掙扎於自身的衝動之中。但如前所說，防衛終究不能解決問題，而只會讓問題持續下去。〈正文〉曾經這樣提醒：「最重要的，你得明白一個關鍵，所有防衛措施所『做』的，恰

恰變成了它們所『防』的。……愈想防衛的，反倒愈加安全
地保存了下來；而且，就在防衛之際，此舉又把那問題送還
給你，成了你的問題。」（T-17.IV.7:1~3）可想而知，那些
所謂的反同鬥士，平常會耗費多少時間去念及有關同性戀的
問題。

　　我們把自己的「罪孽」外包給別人，然後用原本屬於自
己之物去評判對方，這根本無法消除**自身**的罪孽。同理，存
心讓別人羞愧不已，也無法減輕自身的羞愧感，因為它始終
存於我們內，而且還會愈積愈多、愈演愈烈。

　　本書的第一部談過，若想擺脫羞愧感，就必須先把它找
出來，承認它存在自己心內，繼而揭露那些隱藏之物。至於
已經投射出去的，就有些棘手了，我們必須先把投射之物收
回到自己身上，才能認出自己到底投射了什麼。如果能像前
兩章提及的那位部落男人那樣，投射就會自行化解，療癒即
可發生。我們終於看清了自己投射的靶子，它的真相究竟是
什麼，不就是永恆不易而且全然純潔無罪的上主之子嗎？

　　羞愧感影響所及的，主要是我們的自我認知；投射則更
進一步，徹底扭曲了我們對他人的認知。它已不是單純的防
衛手法，僅僅用來抵制自己不願面對的內在之物而已，更嚴
重的，它還是對真相的一種攻擊。我們心懷怨尤，卻歸咎於
外面的某個人，因為真正的肇因實在是太荒謬了，絕對不能
讓它暴露出來，藏在哪裡都好，只要不在自己裡面繼續出

現，就不再是**我**的問題，而成為**他們**的問題了。如此一來，
我也跟他們劃清了界線。不只你我大不相同，而且**永遠**不會
成為「我─汝」這種平等關係。純屬「另類」的他們，理應
受到我的評判、排斥，甚至攻擊。就這樣，投射不僅保存了
小我分裂的世界，還讓它更加固若金湯。下面這段〈正文〉
說得一針見血：

> 投射與攻擊其實是一丘之貉，因為小我一向是用投
> 射來為自己的攻擊行為辯護。沒有投射，憤怒便無
> 從生起。小我利用投射，純粹是為了破壞你對自己
> 及弟兄的看法。它的陰謀是這樣得逞的：先把你無
> 法接受的某一部分剔除於自身之外，最後又把你剔
> 除於弟兄之外，這是遲早的事。（T-6.II.3:5~8）

　　投射本來是為了擺脫不想要之物，以為可以將它從自我
中剝離出來而轉嫁到別人身上。其結果，愈投射，世界就愈
加支離破碎，與我們之前談論的「修復世界」(tikkun olam)
恰恰背道而馳。

　　我們在他人身上看到的都是自己的投射，根本看不見對
方的真相，眼中盡是投射之物，而非背後那個人。投射必會
醞釀成一種怨尤，如此一來，就無需承認它是源於自己的心
內了。

　　只要把**任何一物**投射到**任何一人**身上，我們就不可能看

見對方的真相，既不再認識他們也不會在乎他們，更遑論看到他們內在的基督自性了。整個世界，放眼望去，盡是扭曲成碎片的自己，如此支離破碎，就像置身於遊樂場的鏡廳，只是少了那一份樂趣，圍繞身邊的全是自己投射出去的最糟糕的念頭，扭曲了我們的自我認知，再也無法看清任何人或任何事了。

那些投射之物蠢蠢欲動，充滿了威脅，簡直令人忍無可忍。到了這個地步，我們只有大發雷霆，猛烈抨擊自己所投射的物件。我的心理治療督導總喜歡說：「憤怒不過是一個創傷而已，我們卻下定決心不讓它癒合。」我們根本不敢面對這個傷痛，更別說承認它並開始一段療癒過程了，反而把它從自己身上投射到別人身上。殊不知，就算將它投射於外，它依然還在我們內。

如何才能走出小我毫無樂趣的遊樂場？如何才能擺脫冥頑不靈的自己投射出去的幢幢魅影、逃離這個令人眼花撩亂的迷宮？首先要留意一下，看看別人身上哪些東西最容易觸怒自己，然後假設那些全是自己的投射──否則我為何總是一觸即發？發現之後，就可以在自己的念頭或行為當中尋找它們的源頭了。

你會覺得別人在憤怒嗎？你會為此而批判他們嗎？那麼，往自己心裡尋找憤怒的種子吧！你是否惱恨那些唯利是圖、貪得無饜的有錢人？那麼，往自己心裡尋找隱藏的點點

貪念吧！除了金錢方面，你還覬覦別人哪些東西呢？有沒有
這類情況，本來可輕易給出去的，你偏不給；或者為了達到
自己的目的而不擇手段；又或者你已到了捉襟見肘的地步，
表面上如此厭惡有錢人，暗地裡卻羨慕不已，奢望能躋身於
他們的行列？

　　一旦認出自己投射的源頭，就有機會收回投射之物了。
只不過，要在鏡廳中收回投射並不容易，因為放眼望去，全
是你向外投射到每一個人身上的「罪過」。前文提過，「原
罪」指的就是分裂，身體則成了小我的「證據」，證明天人
真的分裂了，而圍繞在你身邊的一具具身體，也見證了你自
認為對上主及聖子所犯的罪行。為此，若要收回投射，逃離
小我的鏡廳，就得重新向另一位嚮導求助，祂既不會被那些
身體蒙蔽，更不可能迷惑於種種罪過；祂的眼光只會穿透表
相而看到裡面隱藏的神聖性，將你領向那神聖之境。祂，就
是聖靈。

　　聖靈的任務不外乎扭轉小我所維護的那個錯誤，也就是
由分裂產生的那套思想體系。聖靈只著眼於至善之境和完美
之愛，而且一視同仁地把它們推恩到所有人身上，由此一
舉，逆轉了投射。《奇蹟課程》是這樣描述的：

　　　聖靈的出發點乃是把你視為完美的生命。祂知道這
　　　完美性是眾人共用的，故祂也能在其他人身上認出
　　　它來，而使這完美性在雙方心內更加穩固。這種眼

> 光只可能激發愛心，而非憤怒，因為它為雙方確立
> 了生命的涵攝性（inclusion）。（T-6.II.5:1~3）

由此可見，投射只會加深隔閡，愛則能消除隔閡，將我們結合於一體真愛中。愛沒有部分之別，更沒有層次之分，它就是完美的合一。事實上，唯有愛，才能真正把我們合而為一。故可以這麼說，我們的兄弟姐妹們若非上主之子，就是一具身體；若非一體的，就是「另類」的。和愛在一起，便是一個整體；沒有愛，必然四分五裂，兄弟姐妹不但形同陌路，而且充滿威脅。

聖靈之所以能化解投射，只因祂看不到**任何無價值**之物。對祂來說，這類東西根本就不存在。祂眼中只有你的神聖性，你的純潔無罪，你的完美，此外無一物存在，也無一物是真實的。

聖靈教導我們以自己的完美聖善取代「罪過」，以一體取代隔閡，也因而化解了投射，使兄弟姐妹的神聖性得以撥雲見日，再也無法隱藏在我們充滿敵意的投射背後了。在愛中受造的我們，必與他們結合於愛。聖靈就這樣從我們內心的源頭化解了投射，同時逆轉了投射所造成的隔閡；僅憑祂的慧見，便能將無罪本質由一個心靈推恩到另一個心靈，直到所有的心靈都結合於神聖光明中。

我們不妨這樣想：聖靈的大能就是自動修正小我充滿判

斷和怨尤的世界。每當自己誤判任何一位兄弟姐妹有罪，或者寧可著眼於差異性而非同一性；又或者以攻擊的形式向外投射自己的恐懼及羞恥，甚至理所當然地反擊回去；凡此種種，聖靈都會溫柔地抹去我們的錯誤，並以真相來替換它。就在原先只有罪過和怨尤之處，祂讓我們看到純潔無罪和神聖性，且滌除一切，寫下上主的聖言。

為此，我們先得有意識地選擇聖靈這種「自動修正功能」才行。明白自己如此不安，一定是犯了錯誤，馬上邀請聖靈幫忙修正自己的妄見：「請幫我換個角度去看待此事吧！」我們可能需要在不同情況下如此重複許多次，到了後來，這個過程會變得愈來愈容易，幾乎就成了自然而然的了。一出現錯誤的判斷，我們就完全依賴祂去自動修正吧！

這種「自動修正功能」原是我們心靈運作體系的一部分。在我們當初把分裂當真的那一剎那，聖靈就把它「設置」好了，遺憾的是，我們並沒有開啟這項功能。其實，只需請求祂的幫助，用真相來替換自己**所有的**錯誤，便啟動了這一功能。這就是寬恕法門。

在聖靈慈愛的指引下，我們不再徘徊於小我的鏡廳中茫然無措，甚至把鏡中之我當成別人而大肆抨擊，反過來指控他們。我們開始覺醒於真相，讓原先投射出去的那些奇形怪狀的影像得以淨化，最終變得和我們一模一樣，而且精準地反映出我們共用共享的光明與愛。直到我們徹底覺醒，才會

恍然大悟：它們**就是**我們！除了心靈所作的分裂之夢以外，根本沒有什麼鏡子或影子。如今，我們終於可以放下那些虛妄影像，回到一體之境，並在愛中重新結合為同一個基督自性，亦即神聖的上主之子。


## 土撥鼠和牠的影子

　　瑞士精神病學家卡爾・榮格（Carl Jung）提出了「陰影」（shadow）這個術語，用來描述我們意識中難以容忍的各種人格特質，包括我們所否認的一切、決心隱藏的一切，還有我們不願拿出來療癒的一切──這當中往往有羞愧感、內疚感以及種種無法接受的感覺，比如怨尤、嫉妒、仇恨和憤怒等等。

　　除非我們承認自己的陰影，而且正視它，否則必會把它投射到別人身上。前面討論過，防衛機制所做的，其實正是它原本想要防止的。因此，投射機制不僅無法將我們與自己的陰影隔離，反而讓陰影處處可見，令我們不斷想起自己原本試圖驅逐於外之物。

　　脫離了源頭的陰影，會變得非常嚇人。人心內若隱若現的陰森欲念，如今成了外來的大敵；難怪我們會對自己投射出去的陰影發動攻擊，把它當成來路不明的異類，跟自己一

點關係都沒有。既然沒有投射就不可能攻擊，故不妨把攻擊看成拳擊訓練中的「影子拳」：我們與自己的影子（也就是投射到別人身上的陰影）對打，無論怎麼出拳，根本傷不了影子，反而會打到作為投影用的牆壁，甚至造成關節挫傷或骨折，那陰影卻依舊毫髮無損。

　　我們不可能藉著攻擊而滅掉影子，這種企圖只會傷到自己，因為陰影乃是我們自己的一部分，故必須去面對它。莎士比亞傳奇劇《暴風雨》（*The Tempest*）第五幕裡有一個場景，當充滿智慧的魔法師普洛斯佩羅遇到偷衣服的怪物凱列班時，就說了這麼一句：「我得承認這邪惡之物是屬於我的（This thing of darkness I acknowledge mine）。」這就是驅散陰影之道：先承認自己有什麼陰影，然後讓光明照亮它。

　　每年2月2日是美國的土撥鼠節，它源自一個民間的傳說：每年這一天，洞穴裡的土撥鼠會從漫長的冬眠暫時甦醒過來，步履蹣跚地走到外面的寒冷空氣中。如果天氣晴朗，牠會看到自己的影子，嚇得馬上躲回地下繼續冬眠，因為這表示冬天還會持續六個星期。但如果天色陰暗，不會產生影子，牠就會繼續留在地面上，預示著春天即將到來。

　　以該節日為春天的預告，無論具有何等價值，都足以當作一則能夠說明陰影的寓言。現在，我們來探討一下陰影的本質，它究竟是什麼？又是如何產生的？

　　首先，陰影並非可觸摸的實體，因它毫無實質可言，故無法直接掌握或操控。它也不是事件，而純粹是認知的問題。套用柏拉圖「洞穴」的說法，二維陰影僅僅是黑暗中的三維世界投射出來的。當然，在柏拉圖《理想國》的「洞穴」寓言中，連三維世界本身也是更高層次的實相所投射的陰影。

　　眾所周知，投射陰影需要具備兩個要素，一是光源，二是阻擋光線的物體。因此，從視覺上來講，光線被擋住而形成的陰影，雖然摸不著，但仍能看得到，我們還會根據影子的形狀來解讀它的意義；而它的意義可能與造成影子的物體有關，也可能無關。舉個例子，把手掌放在手電筒前面，產生的影子形狀可能是小狗、鱷魚或鳥兒等等，或者就是原先真正的樣子：一隻張開的手掌，有五根長短不一的手指。

　　若想理解陰影背後的深層含意，必須先明白一個關鍵的事實，**只有背對著光，才可能看到自己的影子**；轉向光，則只會看到光而不見影子。背對著光的人，一瞧，自己的影子就在那兒，從腳下向外延伸，還可以跑跑跳跳、兜兜轉轉；無論身體做了什麼，始終**形影相隨，寸步不離**。是的，只要我們還有這具阻擋光明源頭的形體，就一定會投下陰影的。

　　同樣地，只要我們繼續認同小我，便不可能著眼於光明，還會被自己投射出來的陰影嚇到。我們不妨把小我的整個世界想像成一齣大型的皮影戲，這是人類集體背離上主之

光所造成的。其肇因是一個錯覺妄想：我們自己能夠打造出一個更好的作品，也就是眼前這個遮蔽了上主聖愛光明的物質世界。然而，我們一手打造的世界卻充滿了陰影，既可怕又吸引人，那些陰影全是為了轉移我們的焦點，使我們再也無法轉過身來一睹基督自性的神聖光明。

　　當我們將陰影投射到別人身上時，別人也被籠罩於陰影之中，不再清晰可見。正如同手掌的影子能夠以小狗或鱷魚的形狀移動到另一個人身上。同樣的，我們幻想中的過去的陰影也會蔓延到其他人身上，使他們的面容變得黯淡無光，模糊不清，甚至可怕無比，跟他們的原貌截然不同。投射出去的陰影就這樣改變了**我們**對他人的看法，卻絕對改變不了他人內在的靈性真相。想一想，我們怎麼可能用自己的影子去改變他們固有的本質呢？請記住：陰影並非真實存在，也沒有任何陰影傷害得了任何人，更不可能改變被投射物件的本質。所有的陰影一旦帶入光明中，就消失得無蹤無影了。

* * * * * * * * *

　　現在不妨把上述觀念應用到我們的朋友土撥鼠身上。牠已經進入了冬眠，在酷寒的冬天酣睡著，完全沉浸於夢幻世界裡。如果牠一醒來就看到自己投射出來的影子（套用榮格的說法，就是自己想要逃避的種種面向），便會馬上躲回去，因為離萬物甦醒的春天還遠得很呢。然而，也只有在燦

爛的陽光下，牠才會看到自己的影子，但牠不能不趕緊別過頭去，因為睏倦的眼睛實在受不了這亮光。牠並不明白，眼前這個陰影是自己營造出來的，所以才會那麼害怕。於是，牠只好退回到安全的洞穴裡，再度沉睡於夢中。

如果土撥鼠想要留在地面上，就得溫和漸進，緩緩醒來，沒有強烈的陽光，也沒有可怕的陰影。陰天恰恰如此，土撥鼠避開了陽光和陰影，舒適地躺在地上——啊，春天快到了。

那些早上吃力地從床上爬起來、還在犯睏的人，最討厭的就是一下子拉開窗簾，讓明亮的日光照進來，至少還沒喝第一杯咖啡時不會幹這種事，只因他們需要時間來適應。靈性覺醒也是如此，不少求道者渴望直接就能覺醒於上主內，或者直接契入《奇蹟課程》所說的「啟示」。然而，除非時機成熟，否則這類體驗會讓人承受不住，甚至可能嚇壞了。我在《從瘟疫到奇蹟／暫譯》（*From Plagues to Miracles*）一書中也提到這一點，西奈山腳下希伯來人所面臨的正是這種困境（《舊約·出埃及記》），他們還沒有準備好與上主重新結合，才會覺得上主恐怖至極。

說到底，恐懼沒有任何好處可言。《課程》也說過，聖靈絕不會帶給我們任何可怕的經驗——就算是對上主的體驗也一樣。

我們對上主這麼畏懼，根本接近不了祂。事實上，我們無法透過恐懼而找到上主，就像我們無法經由攻擊而找到愛，或者經由混亂找到秩序，經由噪音找到寂靜。那些「畏懼上主」的祈求者，往往巴不得離他們所崇拜的上主越遠越好。為此，本課程用它特有的幽默輕描淡寫地向我們保證：「不必擔心自己會在瞬間被連根拔起而捲入真相裡。」（T-16.VI.8:1）因為那樣真的只會造成反效果。

難怪沒幾個人準備好直面自己陰影的原型，只因那些被我們否認的欲念和感受會排山倒海一般，立刻湧到自己身上，結果可能粉身碎骨。於是，我們只好和土撥鼠一樣退縮回去，在虛幻舒適的睡夢中尋求庇護，而我們投射出去的那一部分陰影，則反映了我們準備就緒的程度。

正因如此，最有效的靈性成長，必須在光明與陰影之間取得平衡，如同「學習曲線」一樣循序漸進，既有足夠的光明讓我們得以看見，但又不會燦亮到令人害怕和退縮。這就是何以然要把一切都交託給聖靈，因為唯有祂知道我們準備到什麼程度，故能在最適當的時刻教導我們該學的功課，而不會引發任何恐懼。祂會指點我們如何收回自己拒不承認的投射，也就是我們為了讓自己感受不到愛而設下的種種障礙；並且教導我們如何安心地將它們帶入光明之中，讓它們如同陰影本身再度化為虛無。因此，把靈修之路託付給聖靈吧，而且唯獨給祂，祂自會因時因地制宜，避開陰影，以最

合適的進度，帶領我們喜悅地迎向光明。

# 自我的鏡子

　　人不可能看見自己的臉，絕無例外。好好想一下，這其實是一個簡單而深刻的洞見，凸顯出身體感知和小我的局限性。我們這副面容乃是身分的標誌，卻連自己也無從看見，最多只能看到它在鏡子裡的倒影或照片中所呈現的樣子。除了這類間接方式，我們根本無法認識自己的真容了。

　　大家都知道整理儀容總得有面鏡子，否則不是弄亂頭髮，就可能亂塗化妝品，把自己搞得一團糟。有了鏡子，至少看得見哪裡不對勁，應該打理一下，鏡中的我們，看起來可能比自己想像的更好或更差一些，但我們起碼知道下手之處了。

　　正因小我的運作離不開投射，身邊的兄弟姐妹也就成了一面鏡子，我們會在鏡中瞥見自己虛假自我概念的污點，那正是自己否認而在他人身上看到的羞愧、內疚和恐懼。但我們無法在自己身上找到或親眼目睹這些污點，只因我們無法看見自己展現給世人的「嘴臉」。

　　〈正文〉說過：「你在他人身上投射了什麼，就會相信

他們就是這樣，因而學到自己也是如此。」（T-7.II.3:3）藉用剛才整理儀容的例子，我們若想「整理」自我形象，首先就要觀察我們到底把什麼東西投射在別人身上，讓自己無法真正了解他們；然後認出那些病態陰影原是屬於自己的，再把它收回來。

那麼，要如何收回投射，如何從這些陰影中解脫出來呢？答案無他，我們必須心甘情願地誠實看待自己的怨尤，看著兄弟姐妹向我們舉起的鏡子，誠實勇敢地問自己以下的問題：

- 我安在所怨之人頭上的罪名，我會拿來指控自己嗎？

- 我若知道別人對我有怨，我會有什麼感覺？

- 我會抓著怨尤不放嗎？即使明知那樣就不可能真正看到對方及自己？

- 還是我真想放下怨尤，以便認出他們的真相，以及透過他們悟出我的自性？

所謂寬恕，其實就是從自己的投射中解脫出來的過程。我們凝視著鏡子，找出基督臉上的虛幻污點並徹底清除，從而認出我們共有共享的同一真相。我們唯有寬恕那些引發自己反應的事情，才可能明白它們只不過是小我鏡廳中的反射影像罷了。只要卸下我們投射在兄弟姐妹身上的「罪」這付

重擔,在那神聖光輝下看見煥然一新的他們,我們就能認清
自己的神聖本質。至此,我們終於明白了,寬恕的確與他人
無關,從來都不是為了對方,它所關注的始終都是我們自己
以及世人共有的自性。《奇蹟課程》這樣描述寬恕的真義:
「你的弟兄有如一面鏡子,只要你還活在知見層次,必會在
他的鏡面下看見自己的形相。在聖子奧體『知道』自己的圓
滿境界以前,知見仍會繼續運作下去。」(T-7.VII.3:9~10)
確實,我們從未寬恕過任何一人,因為外面根本沒有人;弟
兄與我們原是一體的。總之,寬恕是為我們自己而設的,唯
有它能將我們由自己打造的牢籠中解放出來。誠如〈頌禱〉
所言:

> 根本沒有「寬恕別人」這一回事,你在他人身上所
> 看到的全是自己的罪過。因為你只想在別人身上
> 而不想在自己身上看到罪的蹤影。為此,「寬恕別
> 人」其實是一種幻相。然而,它卻是世上唯一的
> 幸福美夢,……你只能在他人身上寬恕自己……。
> (S-2.I.4:2~6)

　　寬恕,乃是我們回歸一體天鄉的唯一途徑。我們就是靠
它將分裂成碎片的上主之子重新復合,而完成「修復世界」
這一任務的;也唯獨它,方能幫我們憶起自己的真實身分。

　　剛開始時,我們的慧見僅僅依稀可見,難怪我們會認為
寬恕只適用於某些關係:要嘛專注於明顯的強烈不滿,比如

帶給自己極大痛苦的人，或者在人生一段又一段關係中反覆出現的怨尤；要嘛只寬恕那些無傷大雅的牢騷，以便輕易打發它們。第一種情況不啻賦予自己重任，但實在是太難了，這分明根本就無法寬恕，又何必自找麻煩？第二種情況可能會慶幸自己能夠很好地寬恕別人，還順便忽略了那些真正挑戰自己的關係。但可別忘了，小我最擅長利用任何一物（即使是寬恕之念），來達到它的目的。

重點是，我們必須有個入手之處，故關注哪一種關係其實都無妨，只要有意識地與聖靈攜手合作就行了。日後，我們會有很多練習的機會，然而，除非我們已經準備好要解決某種關係，否則祂不會在前領路的。一旦準備要好好面對那些費力的關係，祂必會伸出援手，最終都會迎刃而解的，到那時，我們就會發現，那些關係並不比其他的關係「更難處理」。

此刻，就從自己所在之處開始寬恕吧，就從那些已經在自己生活中出現的人開始吧。對，瞧瞧四周：養著吠犬的鄰居、老是巴結老闆的同事、從不給我回電話的朋友。最重要的，還是跟我同住的那些家人：總把髒襪子扔在地板上的、常買不需要的東西的，還有稍微皺個眉或聳個肩表示不在乎，就能讓你火冒三丈的。

然而，寬恕並不僅限於我們所認識的人。只要如實操練寬恕，學會以聖靈的眼光去看，從祂的角度去了解，那麼每

一段短暫的關係都成了一個寬恕的機會。比如那個路人，我向他微笑，他卻冷臉以對；還有那個開名車逼停我的傢伙；當然還有那群滿嘴謊言的政客。總之，不論我走在哪條城市街道，或驅車在哪段高速公路，也不論我正在瀏覽社群媒體的訊息，還是觀看電視的晚間新聞，操練寬恕的機會可謂俯拾皆是。

也許你有過這樣的經驗，夜晚開車途經鄉道時，車頭燈照亮了前方的道路，但也吸引了蟲子撞到擋風玻璃弄髒玻璃，影響了視線，此時就需要啟動雨刮和噴水器了。我們不妨把寬恕的功能視如汽車雨刷系統，不斷擦拭我們目光所及之處，清除小我的渣滓，也就是那些為了防止心靈踏上歸鄉之路而四處飛濺的評判和怨尤。

＊ ＊ ＊ ＊ ＊ ＊ ＊ ＊ ＊

凡是出自小我的眼光，就必然會對觸目所及的**任何**兄弟姐妹做出評判：對他們的外表、性格、社會地位，還有我是否喜歡對方，以及喜歡的程度。每一個評判都會埋下特殊性和怨尤的種子。這類評判全都是自動產生，而且持續不斷；一旦你開始意識到了，就會發現根本應接不暇。怎麼可能一一寬恕這麼多的評判呢？沒有錯，你得每分每秒都停下來向聖靈求助。

要做到這一點，就非得走「另一條路」不可：我們與他人每一次的相遇，都有如一面鏡子，清晰地映照出自己的臉，好給我們一個機會正視自己投射在他人身上的陰影，然後，寬恕他們和自己。《奇蹟課程》是這樣教導我們的：

> 不論你遇到什麼人，應牢牢記得這一會晤的神聖性。你如何看他，你就會如何看自己。你如何待他，你就會如何待自己。你如何想他，你就會如何想自己。千萬不要忘了這一點，因為在他身上，你若不是找到自己，就是失落自己。（T-8.III.4:1~5）

真正讀懂這段文字，就會明白為何耶穌在福音裡教人「愛鄰如己」。事實上，你也**只能**愛鄰如己，因為你有多愛你的鄰人，就表示你有多愛自己。在聖靈眼中，你和他原是一體；你**就是**愛，你們兩人都純屬愛。你若看低對方，或者把他看成獨立的、特殊的而且與眾不同的，這種判斷也必會反映在你自己身上。你的鄰人（當然包括世上每一個人）無疑就是你自己的鏡子，你會在對方身上看到你想在自己內看到的倒影。你究竟要怨尤，還是要充滿愛的神聖慧見？無論你選擇哪一個，你都會看到那一個。

> 你若真想認出弟兄的真相，最好的方式就是認出他心中的聖靈。……如果你能透過他心中的聖靈去看待他，你才可能認出也同樣存在你心中的聖靈。不論你在弟兄身上認出什麼，必會在自己內認出

什麼；不論你與別人分享什麼，你就會助長什麼。
（T-5.III.1:1; 3:4~5）


# 再談多重人格

在本書第九章，我們以多重人格（解離性身分障礙）作為範例，用來理解我們跟一體生命（或與上主）的分裂狀態，以及如何才能讓那些碎片恢復完整，回到它們的本來狀態。所謂多重人格，是指童年早期經常慘遭虐待，便將心靈分裂為兩個或多個獨立的人格（也可稱為「解離性身分」或「次人格」）。每個次人格都認為自己是獨一無二且與眾不同的，即使它們共用同一具身體，卻都認為自己擁有自己的軀體；這軀體在年齡、性別、頭髮、眼睛的顏色，或者能力、健康狀況方面，與現實中的身體往往不一樣。每個次人格具有不同的性格特質，比如友善的、溫順的、霸道的、好鬥的、冷漠的、風騷的，它們彼此之間很少相處在一起，甚至難得互動。次人格會輪流支配肉體，行為方式與主人格的特質大相逕庭。一個一本正經的女人，一轉身可能會成為到處勾引男人上床的蕩婦，一個道貌岸然的教徒裡面也可能藏著一個小偷。主人格在某個次人格出來接管身體時便失去了記憶，但有時也會突然醒來，卻不知道自己身在何處，怎麼來的，甚至還穿著一身沒見過的衣服。

在治療多重人格的過程中，治療師可能會傾向於偏袒某些次人格。次人格之中有平易近人的，也有充滿敵意而讓人難以接近的；治療師當然更樂意幫助那個惹人憐愛卻又驚恐不安的小孩，而企圖趕走那個恐嚇小孩、動輒說「再出聲就殺了你」的虐待狂。但這樣一來就大錯特錯了，因為治療的目標乃在於整合，讓**所有的**次人格都能相互接受，並認識到它們內在的聯繫，最終結合成一個整體，而且這一整體遠遠大於各部分的總和。

因此，若要完成治療，就不能漏掉任何一個次人格。治療過程中，那個約好了卻臨時爽約的光頭硬漢，和那個渴望得到愛與關注的受傷小孩是同等重要的。最有效的治療，就是治療師善於看到每個次人格隱藏的價值，且一視同仁地尊重它們。簡單說，就是能夠愛每一個次人格，儘管各種人格相去甚遠，仍然牢記它們畢竟是同一個生命。治療師還必須幫助案主認出那些不同的次人格，讓它們彼此欣賞，並且感謝每一位次人格對整體的貢獻。如此一來，維持病患分裂的解離性障礙就會開始鬆動。最終，某些次人格感受到彼此之間的愛，於是其他人格也紛紛效仿。隨著時間的推移，所有次人格都會領悟到這一點。那時，剩下的就只有愛了，再也沒有什麼可以把他們隔開了，接下來，便能讓他們重新復合，成為一個完整的心靈。

我在多重人格的治療中，多次見證了這個過程，總是讓

人熱淚盈眶。有個病患心裡住滿了好幾位小孩一般的次人格，他們因為沒有得到自己所需之物而互相尖叫，但每一個人都為其他人有可能獨得偏愛而焦慮不安。後來，當他們坦然呈現自己隱藏在內心的痛苦而讓其他人知道時，彼此之間開始變得親近，也逐漸看出他們的相通性，而且明白沒有人能夠犧牲他人而單獨獲益。如果他們當中任何一人想要獲得平安，大家都得加入這一目標，這也表示他們都得學會寬恕彼此，寬恕他們共有的過去。最終的結果呢？他們會圍坐在一起（當然是在病患本人的心裡），融入他們後來所描述的那個溫暖而完美的愛心之境。這種體驗如此強烈又相互包容，他們竟然在寧靜中輕鬆地度過了二十分鐘，直到我不得不溫柔地提醒他們這次治療快要結束為止。

　　我所見證過的最有效的「寬恕」案例之一，發生在我治療多年的一位案主身上的兩個次人格之間。案主是位女士，治療過程中曾多次試圖自殺。她童年時期所遭受慘絕人寰的虐待，我並不想多加描述。只提其中一個施虐者，他是一名醫生，為了讓受虐者保持安靜和順從，竟然先給對方注射鎮靜劑，再繼續施虐。事實上，這位病患有一個次人格就是以這名醫生為原型的（沒錯，我的案主是女性，但那個次人格是男性）。在整個治療過程中，那個男性次人格一直很冷漠，保持臨床醫生般的距離，我肯定現實生活中那個施虐者就是這副德性。那個次人格說得很清楚，他不贊成我的治療方法。我試圖與他交流，但不管多麼努力，他除了偶爾嗤之

以鼻外，很少搭理我。

經過多年治療後，有一天，那位男性次人格自覺地站出來，只見他心煩意亂，淚流滿面，顯然與先前的態度截然相反。我問他發生了什麼事，才知道他決定暫時放下分隔自己與受虐兒童次人格的那道解離障礙。即使只是短短的一刻，他經歷了對方所有的恐懼和痛苦。他還反反覆覆說自己沒有意識到情況有那麼嚴重，真的一直都不知道。事實上，他**存心**不知道！因他亟需解離性障礙把他們分隔開來，以免自己被那個受虐小孩的情緒淹沒。但現在，他終於感受到那種情緒了，簡直無法忍受。然而，就僅僅一次把那個障礙擱置一邊，他就轉變了，不再像以前那麼冷漠，也不再折磨其他的次人格了。隨著這一轉變，病患的自殺傾向也消失了。如今，三十多年過去了，那位女士依然健在。

＊＊＊＊＊＊＊＊＊

如果用上述多重人格的範例來比擬人類的分裂狀態以及療癒之道，便會明白我們自己就是那些次人格（當然包括全世界七十億人口）。我們會與某些人為友，與某些人為敵。縱然我們也與其他人交流，但逢人只說三分話，以便保留自己最隱私的念頭，裡面藏滿了純屬個人的羞愧及怨尤。毋庸多說，在上主實相中，我們原是一體；但在聖子破碎之夢裡，我們僅是一堆碎片而已。

想要從破碎之夢的狀態中覺醒，重新合而為一，就得像案例中多重人格患者的次人格一樣，學會擺脫那些看似分隔我們的障礙，最終棄之如敝屣。但是，我們亟需一位真正優秀的治療師來幫助，我們當中誰能勝任這一角色？誰又能在這充滿差異的層面與我們會晤，但同時又能為我們護守著一體真相，並且帶領我們走向那兒呢？

無疑的，聖靈就是那位理想的治療師。誠如〈正文〉所言：「只有聖靈才配稱為心理治療師。」（T-9.V.8:4）祂已降臨於我們這群分崩離析的次人格當中，溫和地將我們領向整合之境。祂立於時間的盡頭，存在於永恆之中，故能了解全貌，知道故事會如何結束，而且必然幸福無比。祂會略過那些似乎將我們分開的差異，而在每個人身上看到整個全息圖──聖子奧體。祂把祂的眼光借給我們，讓我們也能越過差異而學會寬恕。

理論說來容易做來難。如前所述，你我之間的差異看上去如此真實又明顯，根本無法逾越，我們怎麼可能視而不見呢？又怎麼可能學會用聖靈的基督慧見來看待兄弟姐妹呢？


## 愛的試金石

《奇蹟課程》提供了一個非常簡單的準則，如同試金石

一般，能夠應用在我們所遇見的每一個人身上。這準則就是：和聖靈一樣，以寬恕的透視鏡去看待所有的兄弟姐妹。那麼，它是如何運作的呢？

對方給出的是愛嗎？他們所表達的也是愛嗎？如果是，那最好，我們當然要以愛來回報，愛與愛的相遇必會把它自己推恩出去的。但如果對方表達出來的並不是愛，而給出憤怒、攻擊、恐懼、羞愧或嫉妒等等，我們又要如何回應呢？是以其人之道還治其人之身嗎？沒錯，小我的手段一向如此，以牙還牙，以眼還眼。不過，請再想一想，既然對方表達的不是愛，那麼很明顯的，他們必然認定自己失落了愛，才會感到如此**匱乏**。在這種情況下，唯一合適的回應當然就是給他們自認為所缺之物——愛。因此，不論何種情況，也不論他們給出什麼，我們都是報之以愛。下面這兩段〈正文〉說得更清楚：

> 只有仁心善念才是真的。其餘的念頭，不論是以何種形式呈現，只是渴望療癒的求助之聲罷了。（T-12.I.3:3~4）

> 唯有欣賞與感謝才是你對弟兄最得體的回應方式。你的感恩不只是針對他的善念，同時也針對他的求助之聲，因為只要你沒有看走眼，兩者都同樣會幫你覺醒於愛的。（T-12.I.6:1~2）

　　以愛回報，未必表示要熱烈擁抱他們，或者讚不絕口。通常只需一個單純的念頭就行了。「我願意去愛」這一單純的事實，本身就充滿了力量，足以扭轉局面。倘若覺得需要採取一些行動，不妨先向聖靈探問一下，然後聽從祂的指引。請記住，我們只是一個次人格，祂才是治療師。

　　我們只需將這個試金石運用在其他次人格身上，就能學會越過他們表面上的差異，而只著眼於彼此的相通性。所有人都感到匱乏，所有人也都渴望愛。我們既能看到對方的負面心態，又不至於執著自己不寬恕的眼光。我們之所以真心感謝對方，是因為缺乏愛心之人給了我們一個機會，充分意識到存在於我們自己心內的愛。怎麼做呢？把愛分享出去吧！這就是寬恕。

　　愛必會吸引愛，也必會答覆如它自身一樣的愛。我們能夠自由自在地分享，不用擔心給出了就會缺少，它只會帶給施者與受者更多的愛。因此，不論任何場合，只要以愛回應兄弟姊妹，就等於深刻領悟並奉行「愛鄰如己」的誡命。

　　你**是**愛，他們也**是**愛，你們一起共用共享的自性仍然是愛。聖靈的基督慧眼中同樣只有愛，那麼，你還能如何回應你的鄰人呢？愛只能看見愛，歡迎它，擁抱它，感謝它，與它結合在一起。

　　可還記得《課程》的教導：「只教人愛，因為那是你的

天性。」（T-6.I.13:2）你是不可能失去自己的本來面目的；
無論你周邊的次人格認定他們自己是什麼，最終都會覺醒
於「他們同樣是愛」這一真相，也都會完成他們的寬恕功課
的。心與心結合於一體真愛，這不只是可能的事，也是人類
的宿命，而且還是當下的現實。

第 *15* 章

# 寬恕的實用性

　　我們在前一章說過，如果想要寬恕，就必須認出所有兄
弟姐妹都是你的大我的一部分。只要你能收回自己投射到對
方的東西，讓自己的目光與聖靈一致，他們便會精準地反映
出你的真實自性。

　　然則，如何才能具備這一慧眼，並將它一以貫之？我會
在本章提供一些實用方法，但它們並不屬於具體形式的操
練，而是換個角度，以全然不同的眼光去看待他人，也就是
本書第六章所談論的「重構」。無妨把它們當作矯正視力的
眼鏡，用來修正自己錯誤的眼光，最終與聖靈的慧見同步。
現在，就讓我們試用這些「寬恕的透視鏡」，看看哪一副最
適合自己。

## 心理治療師的角度

　　我受到內在指引之後，便開始擔任「心靈平安基金會」會長的職務，同時也接手《奇蹟課程》相關的出版事務。在此之前，我一直是一名私人診所的心理治療師，從業時間長達三十多年，期間曾與數百人緊密合作；每當我進入候診室迎接初次前來的新病人時，都會面臨種種無可預知的因素。與誰相遇？對方是怎樣的人？又會有哪些情緒及肢體語言？每一回，我都深感好奇，因為眼前這個人，很可能在今後的數年裡是我生活中頗具意義的一部分。

　　我經常會遇到令自己不快的人，在尚未進一步了解對方前，當即就對他們身上的某些東西產生反感的情緒。我知道，如果在社交聚會或某些社區活動遇到這類人，我會表現得非常友善，彬彬有禮，但不會花力氣深入了解他們，如此一來，當然便沒有機會修正自己的粗率判斷了。不過，倘若在我的診療室裡與他們見面，則又另當別論了。對我而言，診療室是一個神聖的空間，所有負面的評價在此無處容身。更何況，身為《課程》的資深學員，我相信，每一位向我求助的人，都可以教導我一些東西，也都有能力投入每一個「神聖的會晤」。那麼，我是如何處理自己負面的看法呢？

　　這是我多年來的實踐方法：每次治療開始前，在心裡默念《奇蹟課程》的一段禱詞，也稱之為「救恩禱詞」。它

原是「那天音」針對比爾的直接需求而給予的答覆。就在筆
錄〈正文〉的初期，比爾受邀參加一場關於幼年型糖尿病的
研討會。但他是一位心理學家，而非醫學博士，根本不了解
糖尿病。儘管如此，由於牽涉到學院心理部門決策方面的問
題，他覺得不能不去，但又對糖尿病一竅不通，便感到非常
焦慮，擔心萬一有人問起這方面的問題，該怎麼回答呢？於
是，他請海倫向秘傳《奇蹟課程》的「那天音」祈求指引。
海倫收到的回應就是下面這一段禱詞；此後，比爾一有焦
慮，就會對自己複誦：

> 我在這兒，純粹為了利益眾生。
> 我在這兒，只代表派遣我的那一位。
> 我不擔心自己該說什麼或做什麼，派遣我來的那一
> 位自會指點迷津。
> 祂希望我去的地方，我必然欣然前往，因我知道祂
> 與我同行。
> 只要我肯用祂的方式去治療，我便療癒了。（T-2.
> V.18:2~6）

　　這幾句話著實讓比爾終生受益；當然，這麼多年來對廣
大的奇蹟學員又何嘗不是如此？心靈平安基金會每次召開
重要會議，一開始大家就是高聲誦念這段禱詞，以便確定
目標，祈求指引。這番話是在提醒我們，根本無需去計畫什
麼。事實上，不論我們作何計畫，出發點無非都是小我，也

無論表面上結果如何，都只會妨礙聖靈的目的。祂其實只要求我們一件事，就是亦步亦趨地跟隨祂的指引，成為傳遞祂愛的信息的使者。還在夢中的我們，如果一開始就接受正確的思維模式，那麼不論身在何處，或者與誰在一起，其實並不重要。在聖靈指引下，我們自會根據情況作出言行反應，而且必會帶給每個人最大的利益。

正因如此，我必然會默默地把每一次的心理治療都獻給「利益眾生」這一目標，藉此「代表派遣我的那一位」；堅信自己是活在該活的時代，生在該生的地方，見到該見的人，無論說什麼或做什麼都會得到指引；而且隨時記得治療的目標，不僅是為了我的病人，也是為了我自己。如同前一章所強調的，倘若你我互為倒影，表示我同樣需要接受你帶給我的幫助，我才幫得了你。你的療癒和我的療癒根本就是**同一回事**；彼此並肩而行，邁向完整。

「救恩禱詞」並非什麼神奇咒語，它只是簡單明瞭地綜結了《奇蹟課程》的原則，也只有在我們選擇接受並遵循它的引導時，它才有用武之地。對我這個執業治療師而言，「救恩禱詞」確實讓我專注於幫助病人；但若缺少了願心，它就只是一堆空話而已。

在心理治療中，「利益眾生」（truly helpful，真正有幫助）究竟意義何在？平實而言，它明白點出：我承認自己不知道也不可能知道任何事物，因那屬於真知的領域，遠非

我能力所及。我也承認，我並非掌管整個療癒過程之人，因此，我不會僅憑自己的臨床訓練和過去的經驗去幫助病人，而是放下判斷，退後一步，讓自己成為一個通暢無阻的管道，允許比我更大的智慧出現，如此方能遵循聖靈的指引，讓那些訓練和經驗得到充分利用。總之，一切由祂主導，而不是我；祂遠比我更了解病人的問題以及真正的需求。

至於我對某些病人的粗率評判，又當如何？只要我一心「純粹為了利益眾生」，那些評判就頓時變得無關緊要了。因為重點不是那個小我之我如何看待他人，而是眼前這個簡單事實：他們來到診療室向我求助了，如此足矣。他們全是我的兄弟姐妹，彼此只有一個共同目標，那就是平安。他們都在呼求愛，身為聖靈使者的我，能夠給他們的，就是透過聖靈，學會愛他們如己。

關於這方面的功課，我曾遇到一個巨大挑戰。有位患者來到我這裡，他是一名退伍老兵，參加過一場重大戰役，至今仍為戰友的死亡感到內疚不已。他十分討人喜歡，讓我立刻同情起他。不過，他同時是右翼電臺聽眾熱線節目的狂熱擁護者，每天都要聽上好幾個小時廣播；這種情形，他當然討厭那些自由主義者，而這個標籤恰好準確地說明了我的政治傾向。更具挑戰性的是，他個人衛生奇差無比，渾身散發著汗臭味及尿騷味。每次和他談話之後，我都必須噴灑擦拭他坐過的皮沙發，盡量消除那股強烈的氣味，只希望下一個

病人不會聞到。

　　人體大腦的嗅覺區塊，乃是大腦中最原始也最古老的部分，它與邊緣系統關係密切，而邊緣系統又是我們情緒的樞紐，難怪，我們一聞到別人身上或任何物體發出異味，就會產生強烈的情緒反應。也因此，原先純屬一種生存功能的嗅覺，如今卻成為偏見與歧視的依據來源，比如說，這個人聞起來很臭，像個「異類」，如此「下等之人」理應排斥在外。根據心理學家西爾文・湯姆金斯（Silvan Tomkins）的研究，人們對難聞氣味作出反應時，面部表情與那種撇嘴冷笑的輕蔑表情實際上是一樣的——原先的本能反應已經變成一副譴責的表情。

　　對我來講，病人身上的氣味確實是個惱人的大問題。我的診療室若真是一個神聖的空間，就不該有那些汗臭味及尿騷味！還有，其他的患者又會怎麼感想呢？

　　但在同時，我也了解，如果跟病人提出這個問題，請他治療前先把自己弄乾淨，恐怕會讓他感到羞愧，甚至不再信任我了。這也等於給他一個放棄治療的好藉口，再也不用面對那些痛苦的心理創傷，這是他本來就逃避了大半輩子的。如此一來，便無法達成這段關係的目的了。所以，我還是決定什麼都不說。

　　隨著治療的進行，我和這位病人一起重溫了他在戰場上

的恐怖經歷。當他為倒下的戰友絕望地哭泣時，我只是陪他坐著。慢慢地，他的罪惡感消失了，終於如釋重負地笑了。奇妙的是，我發現自己不再介意隨後清理沙發的瑣碎工作。既然這也是我為弟兄服務的一環，就順其自然吧。再說，他身上的濃重氣味妨礙不了我們決心一起進行的治療工作。事實上，他也進步很快，與先前簡直判若兩人，我們都對此心存感謝，竟然在短短幾個月就完成了這一合作。

　　之所以分享這個故事，是因為我認為心理治療的醫病關係，為「如何在**所有**關係中操練寬恕」提供了絕佳的借鑒。每當小我趾高氣揚地走過來，劈頭蓋臉就是一頓評判，這時，我們可以接受這些評判，把它們當作怨尤的理由；但我們**也可以**牢記自己還有一個更高的目標，而這目標凌駕一切之上，且涵容了所有的人。是的，任何一種關係，雙方都想要平安，也都渴望愛。如同心理治療過程中，只要其中一人比較能意識到這份渴望，便能夠更努力地讓渴望成真。對那個我們原本會評判的人，更大的覺知能夠幫助我們認出他對愛的呼喚，進而幫助我們提供他所缺乏之物——愛。說到底，對方是否會知恩圖報並不是重點，而是我們自己會感覺很好很心安，相信他們遲早也會如此。

＊　＊　＊　＊　＊　＊　＊　＊　＊

　　眾所周知，繼《奇蹟課程》編輯完稿之後，海倫還筆

錄了兩個小冊子：〈心理治療：目的、過程與行業〉和〈頌禱：祈禱、寬恕與療癒〉，統稱為〈補編〉，一併列入《奇蹟課程》的正式文獻。〈心理治療〉看似針對心理治療師而作，實則是言簡意賅地總結了這部課程的基本理念，因此也適用於每一個人。它提出一個核心觀念：從根本上來說，**所有治療都是心理治療**，不論是心靈或是身體的。因為分裂的小我之心才是所有疾病的根源，也唯有心靈方能扭轉它所引發的種種後遺症，讓療癒發生。從《課程》的角度來看，療癒與寬恕之間毫無分別，不寬恕就等於尚未痊癒；真正寬恕了，療癒自然隨之而來。故說「我們全是心理治療師」，說得更明確一點，就是：「*每個人在這治療關係中既是病患又是治療師。*」（P-3.II.1:3）這正是我們的使命：療癒破碎的上主之子，實現「修復世界」的神聖目標。

　　說起來，我們每個人天天都游走於形形色色、親疏遠近的關係中，因此，不妨把自己想像成一個與聖靈攜手合作的心理治療師，擔負起療癒的神聖職責。沒錯，我們仍會反對或評判某人某事，但只要以「*利益眾生*」為唯一目標，那些評判也就無足輕重了。**我們**的使命就是守護這一願心，它必然有助於療癒自己，以及跟自己一樣受困於小我恐怖瘋人院裡的那些「病患」。

# 「多胞胎」的角度

優秀的編劇都明白，衝突乃是好故事中不可或缺的要素。倘若少了衝突，觀眾很快就會覺得乏味。追根究柢，世間所有的衝突都是由差異性產生的，不論是兩種個性之間的衝突，或是不同目標相互的牴觸，乃至於實現那些目標的方案彼此間的扞格，莫不如此。故事情節始終圍繞著衝突，以及劇中角色處理衝突的一切努力，因而也鋪展出劇情的高潮起伏。

可以說，無論是真實的還是虛構的，衝突乃是小我的一切，它處處反映在每個人的生活故事當中。電影虛構的人物，通常最後都會找到令人滿意的解決方案，隨著片尾字幕冉冉上升，故事到此結束，觀眾也起身回家了。然而，我們的現實生活往往沒有這麼如意的終點，倒覺得一生都在南征北討，永遠都有下一場仗要打、下一座山要爬，直到最終死於其中一處為止。如果把它拍成一部電影，肯定相當刺激；但如果旨在平安，那可是最蹩腳的劇本了。

想一想，假如這個世界沒有衝突會怎樣？沒有衍生衝突的差異性，或者衝突並沒有造成任何後果，那又會怎樣？答案是，如果沒有差異性，就不會有評判，更不會有衝突。那麼，究竟有沒有這種可能呢？

先想像一個「同卵多胞胎世界」，你在那個世界出生，

所遇到或認識的每個人都是一個樣子，也都長得跟你一模一樣；瞧，你居住的世界充滿了自己的影像。現在再進一步設想，每個多胞胎在這一生，都有著和你一樣的成長過程，也經歷了相同的一系列事件；對你、對同卵多胞胎的其他人的閱歷瞭若指掌，既沒有驚喜，更沒有什麼不同生活故事，因為大家都一個樣兒。

也許你會說，真無聊！但想一想，你到底缺少了什麼？差異性？多樣化？還是挑戰？隨便你怎麼說，反正都不是那種平安的體驗，最多也只是不同形式的衝突罷了。一旦認清這一點，就可以反問自己：「**衝突是我真正想要的嗎？**」不消說，你內心必有一部分確實想要，而且非常熟悉它，也很清楚它的下場。但那是小我的目標，而非你的，你也不可能同時既要衝突又要平安——千萬別腳踏兩條船，否則就會無所適從。一臣同事二主是行不通的；不是衝突，就是平安，你只能在兩個目標之間選擇其一。

所謂「多胞胎世界」，不正是聖靈眼光中的我們嗎？祂從不把我們的差異性當一回事，不論是身體之間的千般差異，或是那些喜怒哀樂的種種故事。祂只看得見我們內在永恆不變的真實之物，也只認得出我們**共有**的靈性。對祂而言，七十億人類中的每一個人，都是「多胞胎世界」的其中之一，所攜帶的基因都來自同一個源頭，那就是上主的愛。

為此，我們唯有學會超越外在差異，而且明白那些不過是表相而已，才算是真正的寬恕。這並不容易，因為小我最拿手的本領，就是讓我們先認定那些差異真實無比，**再**設法把它們從自己心中驅逐出去。但如果我們換個出發點呢？如果我們已經明白大家都是同卵多胞胎，那就變得容易多了。我們既已深知他們和自己一樣都是靈性，自然能越過所有的差異。

再打個比方，倘若你一生下來就戴著一副厚厚的眼鏡，只能用扭曲的眼光去看其他人，每個人當然都是不同的了。終有一天，聖靈將你臉上的眼鏡輕輕摘下，讓你得以釋放眼光，親眼看到他們的本來面目；你之前眼中的那些差異從此便一逝不返了。因為它們本來就是虛妄不實之物，純粹是小我設置的種種扭曲幻相罷了；如今剩下的，就只有人人共享的靈性。

因此，不妨每天從早到晚都這樣提醒自己：我正參加一場盛大的化妝舞會，與無數的狂歡者擠在漫無邊際的舞場，一起在那裡轉啊、跳啊，每個人都佩戴著精巧面具，穿著奇裝異服，層層偽裝之下看似千差萬別，迷人的或噁心的、誘人的或嚇人的，不一而足；但心中了了分明，眼前這些差異其實只是化妝舞會的一部分。唯有**認出**偽裝背後隱藏的同一性，才不會被表面的差異所愚弄。當舞會音樂終止，人們回到家裡摘下面具，那時，我們凝視著他們的真實面容，所看

到的正是我們自己，那就是靈性的本來面目，僅此而已。他
們和你我原是同宗同源的多胞胎，愛他們，就等於愛自己。

## 輪迴的角度

在《奇蹟課程》的教學中，對輪迴的觀念並未採取特定
立場，儘管〈教師指南〉確實談論了這一主題，並以寥寥數
語暗示了輪迴的存在，但它對那些選擇相信前世今生的人
卻不置可否。它只是這樣強調：「究竟說來，不可能有輪迴
這一回事的。」（M-24.1:1）《課程》還說，你此刻以為還
活在這兒的你，也不是真的。既然連時間和身體本身都是幻
相，那麼你活過一次或者一千次又有什麼關係呢？那些都是
同一個小我分裂之夢的一部分而已。

在此同時，《課程》也說：「如果它（輪迴）能加深人
們對生命永恆本質的認識，當然有所幫助。」（M-24.1:6）
言下之意，輪迴和小我世界裡所有東西一樣，當它有助於覺
醒這一目標時才有價值；只要它能讓你朝著目標前進，便有
益處。反之，你若用它來強化自己的特殊感，比如說，我那
一世是埃及豔后克利奧派特拉，你那一世是羅馬帝國統治者
馬克安東尼等等的，輪迴必然成為覺醒的一大障礙。

說到底，世間之人形形色色，倘若人只活一世，便很容

易受困於自己固定的認知中。比如那個人活得風光富裕，你卻一貧如洗，看來，你也只能忍受這種不平等的感受；彼此各過各的，根本沒有改變的餘地。你甚至對他恨之入骨，但又能怎樣？這是註定的，因為你倆都被各自的身分所束縛。

反之，倘若每個人都活過很多世，而且還會再投胎百千萬次，你怎能確定眼前這個令人討厭的傢伙不是你前世的寶貝孩子？當然不確定，因為你眼中只有他今世所呈現的模樣。從這個角度去看待輪迴，會幫助你超越對方現時的相貌和行為，將他們看成過去世中你比較能愛的人。

想一想，如果你有十足的把握，那個對你提出無理要求、老是吹毛求疵的瘋狂上司就是你前世的兄弟，而且那一世為了救你，他還犧牲了自己；這樣看待，能否改變你對他的感覺？同樣的，如果虐待你的叔叔在你過去的某一世中，反而是**你的**受害者，慘遭你虐待，你是否更能放下自己的傷痛？還有，如果你那個生性頑劣的小孩，註定在下次輪迴中成為你的父母，你是否會多一份寬容和諒解呢？

這種「輪迴透視鏡」可以廣泛應用在寬恕的目的上。在這種眼光下，**每個人**都有機會化身為其他任何人，也許是你信賴的父母或鍾愛的兒女，也許是摯愛的伴侶，他們和你眼前所見之人重疊一起，構成一種更開放的形式，讓你更愛他們。這也可說是一種「重構」，你所看到的再也不是可怕的敵手，而是曾經珍愛的人，或下輩子會景仰的人。

　　請記住，外在表相毫不真實。小我世界衍生出來的種種形式可謂五花八門，而且總是變化無常，沒有一個能夠持久，包括我們在輪迴中所呈現的身體和形式。但身體或形式一點都不重要，關鍵在於**內涵**，亦即形式背後的愛。因此，我們若決心完成心理重構，把不喜歡的人變成自己能夠愛的人，輪迴觀就成了十分有用的工具。

　　從輪迴的角度去寬恕，也適用於我們討厭的歷史人物及新聞人物。既然外在表相全都同等虛幻不實，隨著時間的推移，任何人都可能變得迥然不同。

　　比如說，透過「輪迴透視鏡」去看希特勒，他同樣經歷多生多世的輪迴，每一世也都有他自己的功課，但旅程的終點早已註定，他終將回歸於愛，因為那才是他的本來真相。即使希特勒是宇宙中最後一個覺醒於真相的人，他也註定會覺醒，而且一切早已發生了！他在終於覺悟的最後一世會是什麼樣子？化身為何人？又會有哪些慈愛的行為？想一想，我們若知道這就是他的命運，能當下寬恕他嗎？

　　可還記得《奇蹟課程》所言：「時間只是……一個場面盛大的幻相，臺上人物來來去去，……」（W-158.4:1）而時間的目的則操之於聖靈之手，也就是「給我們時間」，以適合自己的步調去學習寬恕的功課。那麼，我們怎麼可能判斷某人某時的某種行為呢？例如我的兩個侄子小時候都十分調皮搗蛋，如今成年了，變得為人正派又有愛心。我到底要

用他們過去的形象還是現在的來評判他們呢？哪個更準確一點，或者更符合聖靈的慧見？最重要的是，哪個能讓**自己**由過去解脫出來，成為最有愛心的人？

　　還有一種方式能讓輪迴為寬恕效力。既然人不只活一世，外在表相也同等虛妄不實，這就意味著你可能是任何一個曾經活在世上的人。若以褒貶不一的歷史事件為例，就是把事件中的所有角色都看成是你自己。你曾經是美國總統羅斯福，或英國首相邱吉爾，也是納粹黨魁希特勒、法西斯頭子墨索里尼，或前蘇聯元帥史達林；你既是宣導「不合作運動」的印度聖雄甘地，也是竭力主張「為達目的，可以不擇手段」的馬基維利；你是廢除奴隸制的林肯，也是殘暴的「穿刺大公」弗拉德；你是一名稱職的飛行員，曾在廣島投下原子彈而終結第二次世界大戰，你也是一名驚恐的廣島市民，眼睜睜看著邪惡的火球數秒鐘之內就吞噬自己和你所愛的每一個人；你是出賣耶穌的猶大、審判耶穌的大祭司該亞法、釘死耶穌的執政官彼拉多、因耶穌而免於一死的強盜巴拉巴、耶穌的追隨者抹大拉的瑪麗亞，或十二門徒中的每一位。當然，你也是耶穌，早已覺醒於基督，那正是他的本來面目，且始終與你共享。然而，這並不意味著你很特殊，因為你所遇到的每一個人都是耶穌，基督的面容就隱藏在他們各自的差異性背後。你的人間救主正微笑地站在你所怨尤的人身後，耐心地等待著**你的**寬恕，切盼你恢復自由。〈練習手冊〉是這樣提醒的：

> 我們要……扛起上主指派給我們的那份任務……。
> 我們（要）……讓今天所遇到的每一個人來拯救我
> 們，不再把他的光明藏在我們的怨尤之後……但願
> 你所遇到的每一個人，不論是偶然想到的，或是過
> 去記憶中的人，都能充當人間救主，如此你方能和
> 他共享同一角色。（W-78.10:1~3）

由此可見，每一世以及發生其中的每個事件，要嘛教人愛與結合，要嘛教人怨尤與分裂。示現於你眼前的每一個人，不是你的人間救主，就是你的死對頭；不是讓你更接近上主，就是讓你更深陷夢境。而此時此地的你，正在閱讀這本《從情愛到真愛》，希望能夠了解並學會看待世人如同自己，分享彼此原有的愛。

在你即將抵達旅程的終點，像耶穌那樣覺醒於自己在基督內的本來面目時，你過去是誰、現在是誰，或將來是誰都不重要了。這人扮演的角色是父母還是孩子、是死難者還是殺戮者，那人扮演的是背叛之人還是心愛之人，也都不重要了。因為你對他們的愛遠遠大於你在世間任何一種關係中所感受到的。他們已經成為上主聖愛活生生的化身，精準地反映出上主所知道的你。當寬恕領你進入這一慧見之後，你就已經善盡了本分；上主自會跨出最後一步，迎請你進入天鄉。

# 跨越時間的寬恕：新的開始

俗話說，時間能夠治癒一切創傷。但對於傷口還在流血的人來講，那只是聊勝於無的安慰之詞。他們還需要忍受多久，時間才會施展魔力來釋放他們？不過，這當中仍然暗藏玄機。不可否認的，時間久了，人們就會逐漸轉變自己對創傷的看法，這也有助於他們以寬容代替怨尤。

比如你小時候在學校裡遇到的某個「壞同學」，也許他曾經戲弄你、冷落你，或故意挑釁你，乃至搶走了你心愛的戀人。也許他走到哪都是眾人目光的焦點，而你卻沒人理睬，只能默默地站在對方的陰影下。那時，深受創傷的你可能哭了，也可能幻想著復仇，甚至想過自殺。無論如何，他都是你的剋星，你怎麼可能不滿懷怨恨？

隨著歲月的流逝，這個「壞同學」漸漸從你的生活中消失了。他在變，你也在變。你結交了新朋友，經歷過成功，也受過一些挫折；你不斷從中學習和成長，自我概念也隨之改變，已不再是從前那個小學生了。當然，你偶爾還會想起那段艱難歲月以及過去的對手，但它們在你心裡佔據的空間越來越少了，因為你已經有更好的東西取而代之。

然後有一天，你與那個「壞同學」在同學會或社交活動中又碰面了，但這次你有了選擇的餘地：你或者再次撕開舊傷疤，把眼前的他和記憶中的他串連起來，當然，這樣做也

會把當下的你和過去的你綁在一起──即便你並不喜歡過去
那個自我形象。但也或許，你頓然福至心靈，丟掉過去的包
袱去看待兩人的再度邂逅，透過佛子般的「初心」去面對
他：在評判出現或成為慣性之前，以清新而開放的視角迎接
新的體驗。你變了，對方也可能變了。就這樣守著初心，沒
有評判，也沒有過去的羈絆，彼此以一種全新的狀態相遇於
**當下**。

　　用這種新眼光去看那個「壞同學」，或許你會喜歡他現
在的樣子。你甚至可以找到一些新的資訊來說明自己重新看
待對方的傷害行為。原來，他當初遭受過家暴，難怪對我如
此無情；原來，他是為了遮掩那件難以啟齒的醜事才跟我保
持距離的。不過，他也有可能至今一點都沒變，仍是你記憶
中的那個混蛋，但你再也不會被他「禁錮」了。聚會活動一
結束，彼此就會分道揚鑣，各奔前程。不論何種情況，你的
怨尤都已經鬆綁，不再那麼難以寬恕了。

　　就以這種初心去取代你所有的評判吧，不論是針對任何
人或任何狀況，也不論是正面或負面的。都請記住，特殊性
就像怨尤一樣，都會徹底蒙蔽你的真相。就在你拋開過去的
批判，與他們相見的那一瞬間，你看到了什麼？**此時此刻**他
們是誰？**下一刻**他們又是誰？都已經不重要了，但你必須再
進一步邀請聖靈向你顯示祂眼中的他們；唯有如此，你才會
再次見到基督聖容，那就是你自己的真面目。

可還記得〈正文〉那一句：「現在就是寬恕。」（T-17.III.8:2）這意味著，沒有過去，更不會有罪惡與罪人，上主之子也不曾受過任何干犯。這正是〈練習手冊〉所說的：「你以為弟兄做了對不起你的事，其實不曾發生過。」（W-PII.一.1:1）讓我們再讀一下這兩段引言：

> 且讓我們安靜片刻，忘卻所學的一切，放下一切念頭，以及我們對萬物的意義及目的所懷的種種成見。別再執著自己舊有的世界觀了。我們什麼都不知道。讓我們釋放我們心目中對每一個人所執著的形相，讓那一切過去吧！

> 忘卻一切判斷吧！別再理會你對別人存有的善惡之念了。如今，你對他可說是一無所知。你終於能輕鬆自在地向他學習，並且重新認識他了。如今，他對你好似重生之人，你對他也是如此，你再也不會像過去那般想置他於死地，甚至不惜跟他同歸於盡了。他終於能像你一樣自由地活出自己，因為你百千萬劫的學習經驗都已過去，真理終於找到了重生之地。（T-31.I.12:1~13:5）

## 跨越時間的寬恕：終心

所謂初心，就是利用時間來為寬恕服務，也可說是縮短時間的一種方式。現在，我們不妨把初心的另一端稱為「終心」（last-timer's mind），就是徹底而完整地經歷人生中某一特定事件，而且十分篤定此事已然永遠了結。其實，這也意味著我們已經從中汲取了教訓與力量，一切準備就緒，可以繼續前行了。

每當我們面對人生任何重大的轉變時，比如搬家、退伍、離婚或退休，都能體驗到終心。但這種心態通常不會持續太久，因為我們馬上要進入人生的下一階段，應對變遷和新的人事物一起投入了新的挑戰。於是，我們開始展望未來，努力實現預期的目標，根本無暇盤點過去的一切。

我第一次體驗到終心，是在大學畢業的前幾天，當時剛完成最後一門考試，提交了期末論文。我筋疲力盡，卻又興奮不已，漫無目的地在校園裡閒逛，眼中盡是熟悉的景象和常去的地方；也想到自己很快就要離開這裡，再也不會以同樣的方式去看它們了。

我遇到一個好朋友，他坐在草坪上，背靠著樹，身邊放著六瓶啤酒，正揮手叫我過去，遞給我一瓶，我道謝一聲接過來。我們先是互相碰杯祝賀，然後坐在一起咧著嘴笑，一言不發。沒什麼好說的。大學結束了。

對我倆來說，完成了。我們不可置信地搖了搖頭。一晃四年過去了，一個年代就此結束，另一個年代也即將展開；但兩人大概不會在一起了。這四年間發生的一切，如今都被打包進一個貼上「大學」標籤的籃子裡，再也沒有什麼事要選擇，也毋需遺憾，更不用心懷怨尤，因為屬於這些的年代已經過去了。我們要畢業，繼續前進了。

終心和初心一樣，都與怨尤水火不容。道理很簡單，只要怨尤仍在心中悶燒，那就還沒有完結，更不可能真正開啟下一段旅程，這表示仍有需要學習之處。凡是心懷怨尤的人，如果貿然斷定自己已經了結，也不過是將怨尤趕入地下，使它長留心底而已。就算場景換了，但怨尤依舊，沒完成就不會了結。

如何才算終心？就是「完成」。當我們真正結束一個事件或一段關係時，**無論結果如何**，我們都會心安理得，再也沒有興趣回顧過去，重溫昔日輝煌，或再次挑起衝突。你的確受到不公待遇？也許吧，但已經是過去的事了，連多想一分鐘都不值得。你遭受了恥辱和輕視？由它去吧，你得開始準備下一段新的旅程了。如同十九世紀的水手一樣，踏上長達一年甚至更久的航行，當海岸線漸漸後退，最終消失於遠方時，也帶走了你所有的煩惱和痛苦。前方的旅程不再需要那些了。

人的老化過程，也可說是進入終心的一個機會，老化提

供了一個相對寬廣的角度來看待人生，一個更大的脈絡來評估任何特定經歷的影響。這種隨著年齡增長而來的智慧，是年輕時代難以領悟的。老年人經歷過大風大浪，大起大落，愛過錯過，見證過死亡與出生、繁榮與貧乏、衝突與和平。儘管天災人禍隨時會發生，但對閱歷豐富的他們而言，並非那麼駭人。

從歲月長河的寬廣角度去看自己的一生，既不易引發怨恨，也更容易放下。如果校園歲月佔據了你一半人生，你可能會很難受，甚至感到窒息；但等到日後它們僅僅是你所有經歷中的一小部分時，感覺就不一樣了。就好比你在一杯水裡滴入一滴毒藥，然後一口喝掉，那會要你的命。但同樣一滴毒藥，如果散開在湖裡，不管喝多少，都沒事的。

記得我第一次婚姻結束時，即使明知這是正確的決定，但依然很崩潰，感到一種難以承受的失落。然而，如今再怎麼努力都無法喚起當初那種受傷的感覺了。它是痛苦的記憶，經過歲月的洗禮，自會變得愈來愈淡，終至消失殆盡。

失落剛發生時，傷口敞開，難免緊抓著怨尤不放，而且覺得合情合理，比如「配偶竟敢出軌，簡直該千刀萬剮」等等。然而，這些怨尤也會被數十年的經歷沖淡，終而難以為繼。我外婆米妮便是一個例子，她為了沉浸在傷痛與憤怒中，不得不以毀壞家庭照片的方式來提醒自己。其實，如果你們兩人都找到了新伴侶，而且大家也都幸福多了，這時還

對曾經出軌的一方死抓著憤怒有什麼意義呢？好不容易傷口癒合了，誰會把刀子再捅進去？

\* \* \* \* \* \* \* \* \*

依據瀕死經驗的研究，在死亡的過程中，人們會經歷許多不同的階段，第一個就是「全面重播一生」，包括這一生中所經歷的每一個事件、所作的每一個決定，以及所有的後果，全都同時播放出來，而且歷歷在目，也很清楚哪些選擇是明智的，哪些選擇給自己和親友帶來了傷害、痛苦、羞愧及恐懼。「全面重播一生」也稱之為「全景記憶」（panoramic memory）。我們平常的記憶只會集中在單一事件上，全景記憶則是憶起（或重溫）整個人生的全景。

這種全景式的人生重播，常常發生在全然之愛的臨在下，也許是耶穌那樣的人，或者不是人，而純是一道光。他們就只是臨在，絕不會評判我們所作的任何選擇。人生重播並不是天堂或地獄的前奏，也無關乎獎賞或懲罰，它只是一個單純的紀錄：縱觀全景，看清自己的一生是如何運作的；都學到了什麼功課？還有哪些地方需要多多學習？這樣的洞見往往會讓人在瀕臨死亡時決定返回人間，以便修補未完成的人生課程。

其實，如果想獲得全景記憶中的整體視角，不必等到死

亡的瞬間，當下就可以進行每一天的人生回顧，最好是在臨
睡前。就從剛過去的一天開始，找出小小芥蒂，並且留意任
何衝突以及所感受到的錐心之痛、每一個悲傷，乃至沉重的
愧疚感。善用聖靈這個愛的試金石來審視，看看自己哪些時
候選擇了「不愛」？哪些時候以「非愛」來回應那些呼求愛
的人？所有這些，都是有待寬恕之事。

　　當然，我們同樣可以進行每一週的回顧，安息日還有什
麼比這更好的用途？生日和新年也都是回顧、總結和修正的
絕佳時機，如此，才能不受過去的束縛，得以坦然前行。


# 在寬恕中離別


　　不妨想像一下，你這輩子一直生活在一個小山村，它坐
落在山谷的拐角處，四周環繞著一座座山峰。你在那裡長
大，熟悉了鄉村的生活方式，經歷過無數聚散離合的人際關
係。你還幫村裡的長輩幹活，陪伴他們。你很尊重某些人，
向他們學習，對另一些人則只能容忍了。但如今，有一股強
烈的衝動在心中綻放，你知道是告別村莊、必須前往他方的
時候了。

　　然後輕聲說幾句再見，給出一個衷心的擁抱，馬上就
出發了。當你沿著蜿蜒的陡峭小徑，順著山坡往高處攀爬

時，下面的村莊也變得越來越小。那是你生活了很長歲月的地方，曾經以為它就是整個世界，此刻卻小到可以放進手心裡。在四周山峰的襯托下，那些房子、商店、街道或塔樓竟是如此渺小。

即將到達山頂之際，你回望小村莊，一切盡收眼底。你懷著苦樂參半的心情，回憶那兒發生的點點滴滴，原來全都是為了讓你走到這一步。但那些往事對於你要前往之處，已沒有什麼影響了。

你默默地祝福這一切，隨即轉身越過山脊頂部，一幅全新的景象展現在你的眼前，小村莊隱沒了，彷彿從未存在過一般。新的一切正等待著你，吸引著你，召喚你前進。你開始一步一步地往山下走，從容不迫，做足準備，迎接可能到來的一切。至此，終心變成了初心。

# 第 *16* 章

# 親密關係：寬恕的挑戰

　　前面說過，人際關係乃是聖靈的教室，在此，祂教我們愛的課程。正是透過人際關係，我們才學到自己的生命真相，並認出兄弟姐妹也閃耀著同樣的真相之光；也正是透過人際關係，我們才知道什麼是有價值的，什麼是毫無價值的。因為人際關係不只提醒我們到底用了多少伎倆來抵制愛的臨在，同時也告訴我們如何消除那些障礙。在《奇蹟課程》中，這種學習過程有許多不同的名稱，如救贖、救恩、療癒、寬恕或慧見等等，其實都是描述同一個基本過程：唯有放下小我的幻相，才能體驗真相、愛和圓滿。

# 學習的次第

〈教師指南〉第三篇描述了人際關係中的三種教學層次（當然，這些層次只有在小我世界裡才有意義；在小我世界，大小、程度之別顯得真實無比）。第一層次是指偶然的邂逅，比如「兩個素昧平生的人在電梯裡『不期而遇』；一個東張西望的小孩『正巧』撞上了某個大人……」（M-3.2:2），在這一層次，學習的機會多半明顯而具體，但通常不會影響我們很長時間。第二層次則「屬於比較持久性的關係；雙方……相聚一段時間，又好似分道揚鑣了。」（M-3.4:3）其中包括某些朋友或同事，以及分手的戀人等等。至於第三層次，則適用於終身的關係，「在這種教與學的場景中，每一方都會得到一位特定的學習伴侶，他們為彼此提供的學習機會是不可限量的。」（M-3.5:2）這類關係包括父母、子女和終身伴侶，但其他長期的關係亦屬此類（比如海倫和比爾）。這些關係未必很和諧，也不一定容易相處，但都給了我們一個機會，持續不斷地應用聖靈的試金石──不管發生什麼，都「只教人愛」。雖然每一層次的每一種關係都有寬恕和療癒的可能，但寬恕的重任往往落在第三層次的持久關係中，故不妨把那些關係當成高階課程。

# 親密的陌生人？

　　試想一下，如果我們修練那種毫無判斷、偏好或限制的無條件的愛，那會是什麼樣子？可能會想到處處逆來順受，愛自己的仇敵，或者幻想自己身穿白袍遊走人間，向每一個路過的陌生人露出幸福的微笑，給出完美的愛。諷刺的是，我們在想像這類描繪時，常常忽略了最尋常的親密關係。畢竟，他們都是我們已經愛上的，或想愛的，或竭盡全力去愛的人。他們全是我們自家圈子裡頭的，怎麼會是問題所在呢？然而，就我的經驗來說，愛一個陌生人通常比較容易，因為**我們不了解對方**，彼此之間「**並不**」親密，故也無需應付他們的缺點與毛病或他們過往那些狗屁倒灶的事兒。對陌生人遍撒愛和寬恕並不費力，因為那都是隔了一層的狀況──我們不了解對方，也就沒有什麼可評判的了。

　　這讓我回想起1980年我還在醫學院讀大三時，期間參加了「愛海德訓練課程」（Erhard Seminars Training），接受為期兩個週末的培訓。我記得當時走進一個大會議廳，裡面擠滿了人，我隨便找個座位坐了下來，就夾在兩個陌生人之間。臺上那位講師頗有魅力，而且能言善道，他善用巧妙的論點激勵人心，引導學員改變對生活的認知，使他們變得更加強大。過程中我們做了許多練習，與坐在旁邊的陌生人分享自己一些不為人知的生活細節。

　　不會是真的吧？與陌生人分享自己的隱私、分享那些痛苦的記憶和感受？多尷尬唐突啊！我感到周圍瀰漫著一股緊張的氣氛，這是意料中的抗拒氛圍，當然也包括我自己在內。然而，就這樣分享了一兩輪之後，出現了有趣的局面，我竟然適應了，畢竟旁邊的人也是同樣地尷尬。我們終於學會一起為自己的故事大笑，一起為自己的錯誤和失敗流淚。這種分享能讓人們親密起來……算是吧，只不過受條件限制而已。因為無論大夥親密到什麼程度，第二個週末一結束就得分道揚鑣，回到各自的生活。當整個培訓課程結束時，也就互相道別，大家都知道可能再也不會見面了。毫無疑問，彼此分享心事必會觸發一些重要的領悟，在這種相對安全的環境下自我暴露，的確有助於釋放若干羞恥感，同時也有那麼幾個片刻屬於真正無條件的愛。但對我來說，這些都沒特別值得期待或重視的，因為這種關係並非**真正**的親密，而是屬於前面所說的第一層次的關係，只不過重新包裝了一下，感覺像第三層次罷了。

　　等到培訓課程結束時，學員排隊輪流向講師道謝。到那個時候為止，我都認為他是一個魅力四射、才華橫溢的人，距離完全開悟大概只有一步之遙。輪到我上前時，我看著他的眼睛，先表達誠摯的謝意，然後緊緊擁抱著他。令我驚訝的是，他沒有類似的回應。他的回抱像是試探性的，但並非冷淡無情那種，而是僵硬的、尷尬的。這個在舞臺上表現得那麼熱情有愛、那麼真心誠意的男人，居然給不出一個像樣

的擁抱。我直覺中，他只是一個演員，善於誘導觀眾進入一種冒牌的親密氛圍，一旦他自己面對真誠親密的擁抱，就演不下去了。

因為我志在成為一名精神科醫生，於是在此期間還報名參加了一個為期九個月的「團體治療」體驗小組，小組成員由八位來自各行各業的年輕人組成，每週聚會一次。聚會時，就在一個簡樸的小房間分享自己內心深處的想法和感受，但內容與團體之外的生活無關，而只關乎於彼此之間，比如說，我欣賞誰？誰惹了我？誰在幫忙或誰在鬼扯？如今回頭來看，這種聚集猶如一個「識別評判模式」孵化器，讓我們在安全的環境裡透過這個模式來敞開自己。

在我完成「愛海德訓練課程」的培訓時，「團體治療」的小組成員也才相互認識了幾個月，但前後對比十分鮮明，也頗具啟發意義。一開始，小組成員之間都是陌生人，但後來彼此都熟了；但這並不表示會一直喜歡對方，而是有分歧的，還有選邊站的。然而，正是經由這一切，彼此培養了一定程度的尊重和關心，大家也變得親密了。

產生這種親密感的最大因素之一，是小組成員沒法溜掉或隱藏不說，因為大家都承諾要參加每一次的聚會。聚會時，如果有人刻意迴避某個問題，或閃躲某些尖銳評論，那麼，下週聚會肯定會有其他組員再次向他提出來。在「愛海德訓練課程」還可以「愛完就走」（love'em and leave' em），不會有任何後遺症，但在「團體治療」期間，就完全躲不掉了。

然而，即使是這樣一個安全的環境，每個人都致力於誠實表達和回饋，我們可以互相埋怨又互相寬恕，但每週只有一次九十分鐘的會面，何況是在一個刻意營造的環境中，那裡沒有日常生活的種種需求，無需面對洗碗槽裡油膩膩的盤子、亂七八糟的床鋪與帳單，也無需面對與他人共同生活時所產生的各種小煩惱或衝突。難怪如此發展出來的親密度也是有限的。

九個月後，治療小組結束了。這種關係同樣是有時間限制，但已經屬於教學的第二層次，而非第三層次。告別時大家都給出真心誠意的擁抱，反而讓離別顯得幾分悵然。不過，我也不否認，團體治療一結束，我頓感解脫，再也不會有人要求我赤裸裸地敞開情感，或被迫坐下來聽那些針對我的評論，尤其是那些太過真實而剴切的評論，簡直如坐針氈。如今，我又可以回到自己安全的生活中，不用再暴露隱私了。

就在參加愛海德訓練課程、團體治療以及學醫期間，我已算是一名精進的奇蹟學員。在校四年每天研讀〈正文〉和操練〈學員練習手冊〉，還堅持不懈地參加每週一次的讀書會。也因此，難免拿那些培訓或體驗和《奇蹟課程》的教誨作比較，說真的，愛海德訓練課程與團體治療顯然還不到

位，兩者各自提供的洞見雖然能夠充當改變的催化劑，但都沒有解決問題的真正根源，亦即支撐小我虛假自我概念的核心信念和評判。成員仍然是以小我的眼光看待彼此的關係，也就是兩個有心理缺陷的人在尋找愛但又害怕愛，這種時候，解決方案往往會選擇特殊性來代替愛。

此外，儘管參加培訓或體驗小組都是我自己的選擇，但要我當眾坦露自己的想法和感受，還是會有一股無形的壓力。說實話，我在任何其他的環境下都不會分享這些的。這類分享原則上是自願的，實際上卻是強制的、被迫的，故也不可能真正可靠或完全真實。因為我的小我已經判斷應該分享什麼、分享多少，或分享到什麼程度。有些分享確實是出於對成長真誠的渴望，但更多的是有競爭性的：誰最善於暴露自己的情感、誰忍受了最大的痛苦、誰最聰明善良、誰見多識廣或討人喜愛。這種分享往往成為吸引伴侶的漂亮外衣：「看，我多麼坦率、真誠，多麼體貼，而且還是一個善解人意的傾聽者，快跟我上床吧！」當分享出於競爭或誘惑時，效果只可能適得其反。它等於在為自己的目標和特殊性索求背書，而那只會助長小我的氣焰。如此一來，我們就永遠無法擁有愛的能力，更別說如上主那般無條件地去愛了。

要知道，小我是不可能化解它自己的，它的每一絲虛偽本質都是用來抵制愛的威脅；當它抗拒時還常打著「自我成長」的旗號，而且理直氣壯：「既然我完全可以修飾美化這

個自我形象,當然不需要上主了!」

《課程》曾經提醒,小我之所以喜歡分析自己,固然是要維護它自己的重要性,還有部分原因在於,它知道諸如此類的分析反正絕不會有什麼結果,而只是一種轉移焦點的方式,讓我們無法處理真正的問題,也就是小我本身。

## 怨尤沒有大小之分

如果有人問你哪些關係最需要寬恕,你大概會列出一份名單:這些人在某些方面待我不公,那些人跟我有過重大衝突等等。他們也許羞辱過你、對你人身攻擊;也許偷走了你的寶貝,比如工作或配偶甚至對你背信棄義。

好萊塢之所以能大發利市,往往就是在觀眾心裡塞滿像殺害兒童那類恐怖的畫面。我們看著那些畫面,告訴自己絕對不可能寬恕這種事。但事實上,大多數人根本無需寬恕這類事情,因為電影和電視上看到的事根本不可能發生在自己身上。我們故意找這種發生的可能性微乎其微的災難,讓寬恕看起來簡直就是緣木求魚,如此一來,就可以忽視生活中那些真正需要寬恕的事。我們通融「那些小事」,因為程度上似乎沒有大到需要寬恕的地步。

　　《奇蹟課程》告訴我們，幻相世界中的**萬事萬物**都是**同等**的虛幻不實，因此**同樣**需要寬恕。既然如此，就沒有哪個悲劇或怨尤比其他的更慘或更大。任何阻擋愛和寬恕之物，哪怕是一閃而過的細微念頭，都同樣會破壞內心的平安，也都在呼求我們的寬恕。下面這段引言說得更是一針見血：

> 不愛，就等於謀害。缺乏愛心，本身就是一種攻擊行為。每一個幻相對真相既是一種侵犯，也是對愛的凌辱，因它看起來好似與真相旗鼓相當，而且足以亂真。（T-23.IV.1:10~12）

　　對聖靈來說，攻擊的形式沒有輕重之分。要嘛攻擊是真實的，而你是肉體，不堪一擊，且難逃一死；要嘛攻擊是虛幻的，是小我噩夢的一部分，而你是靈性，百害不侵，且永恆不易。這是「非此即彼」，完全沒有妥協的餘地——「不愛，就等於謀害。」

　　由此可知，在生活裡，如果我們只關注世人公認的深仇大恨，卻存心忽視那些時時刻刻都在湧現、被認為不值一顧的微怒小怨，就意味著我們還沒有盡到寬恕的本分。為此之故，我們必須學會對**任何**「缺乏愛心」的念頭或行為保持警惕。

　　無疑的，你會覺得這像是一個不可能完成的任務，小我更是千方百計讓你相信確實如此。它會不斷指出你所有的過

錯和失敗，包括所有那些你本來可以、也應該能夠寬恕的時刻，結果你就是沒做到。它會批判個不停，直到你招架不住為止。於是你斷定這簡直就是天方夜譚，最後只好一棄了之。看，在小我心目中，怨尤不是太大就是太多，根本寬恕不了；說穿了，就是絕不寬恕。

由此可見，我們從頭到尾都被小我蒙蔽了，難怪寬恕如同缺乏鍛煉而極度萎縮的肌肉一般，再也無法發揮作用。要知道，就像任何能力一樣，寬恕同樣是亟需勤加練習的；練得越多，越容易到位。最終，只要心裡一浮現任何判斷或怨尤，寬恕就成了最自然的反應，而由此帶來的自由更是難以言喻的篤定和平安。

## 日常寬恕

我經常喜歡用「日常奇蹟」（everyday miracles）一詞，來說明奇蹟不應該視為非比尋常而僅適用於真正的大問題。在此，我們無妨把這個詞彙套為「日常寬恕」（everyday forgiveness）。

所謂日常寬恕，就是從生活裡每時每刻下手，不論是滿腹怨氣或一絲不悅，只要一出現，便給予一致的回應。那麼，究竟哪些人最有可能引發我們大大小小的怨尤呢？不就

是和我們生活在一起，且讓我們操心、煩惱、抓狂的那些人嗎？當然，這就是第三層次的關係。

對絕大多數人來說，第三層次的關係可說是最大的挑戰，但也因而提供了更多操練寬恕的機會。然而，不知何故，人們往往沒有把握好機緣，通常都是下意識地決定**不去**處理那些狀況，畢竟，它們根本就不值得費心。但是，如果我們掉以輕心，沒有即時妥善清理其中的怨尤，它們必會層層累積，直到怒火中燒，才如同堵塞的下水道一樣溢瀉而出，臭氣熏天。

請看看，一起生活了三十年以上的老夫妻，有多少對真正幸福的？有多少對一大早就會互相問候，並給彼此真心的擁抱和微笑？又有多少對至今還能相互有禮、處處關愛和體貼？遺憾的是，人們往往煩躁易怒、聲色俱厲，老是為一些可笑的分歧爭吵不休，連茶杯放錯了地方，或赴約遲了五分鐘出門，都成了人身攻擊的理由。但平心而論，這些並不是他們當時情緒反應的問題所在，而是多年積怨的結果。由於日常的細怨太微不足道了，根本不值得花功夫寬恕，然而，也正是那些長年尚未寬恕的小小細怨放大了每一件事。本來可以輕鬆放過的事情，如今竟成了一種巨大的冒犯，於是一陣不寬恕的微風都會爆發成一場惡言相向的颶風。

# 我的小我才是對的（而且永遠都是）

那麼，如何認清人際關係中不斷積壓的細怨？其中一種方法就是留意一下自己的語言表達，包括說過或想過的，比如「她從來沒有……」，或「他總是……」。這類用語簡直就是超級「擴音器」，不只把心裡那些芥蒂與引發它們的任何小事劃分開來，還將它們提升為原則問題來加重分量，而身邊那個伴侶竟然一再違背這些原則。如此一來，問題不再是伴侶把髒盤子留在沙發旁邊一整天，而是對方根本不體貼，才會把盤子留在那兒，甚至沒有注意到我為這件事悶悶不樂，簡直太麻痺了。如此小題大作，無心的疏忽也成了故意的冒犯，再變為對方人格缺陷的標誌，最後升級為是非問題：我才是對的，他全錯了。

我們一判定誰是誰非，就已經把寬恕拋到九霄雲外了。他顯然有錯，沒什麼好解釋的；就看他認不認錯，以及保不保證下次會改正。對方當然不會認同，甚至還會反唇相譏：「你這麼草率地下判斷還橫加指責，才是真正的問題所在。為何你什麼都放不下？」就這樣，彼此陷入了僵局，甚至可能持續好幾年，每一個小小的細怨都進一步證明對方罪不可恕，說來說去都是「我對你錯」。

那麼，有哪些方法可以擺脫這種困境？如果「自己是對的」比寬恕更重要，那就真的沒辦法了。對與錯如同零和遊

戲，我若是對的，對方就必錯無疑。這充分暴露出小我的脆弱，以及站在光榮的制高點來發動攻擊那種癖好。小我必是對的，而且永遠都是。要是承認自己的缺陷，豈不證明它低人一等？那太丟臉了，故小我一定會訴諸攻擊，不惜強調他人的缺陷，設法讓對方感到內疚，以便支撐起自己的形象。它就這樣轉移了我們的注意力，既不必為自己的行為負責，也無需面對自己的內疚，更別說什麼寬恕了。

〈正文〉在「不待外求」那一節裡問我們：「你寧願自己是對的，還是寧願自己幸福？」（T-29.VII.1:9）這同樣是個零和遊戲。你若堅持自己是對的，便喪失了幸福的機會。反之，你若以幸福為目標，那你就不可能是對的，但也不可能是錯的。所有是非對錯都屬於小我的世界；如果幸福是你的目標，它們就毫無意義了。

對與錯乃是相反的兩極，二者不可能有交集，只會增加彼此的分裂意識。多半時候，我們並非結合於同一目標下，或者說，根本沒有追求同一個幸福的目標，而是站在對立的兩邊爭個孰是孰非。

然而，倘若我們不依靠過去，又怎能證明自己是對的？難怪我們會拔高自己的經驗，凌駕於任何人的經驗之上，更重要的是凌駕於聖靈的指引之上。過去能讓我們自以為是，但也會讓我們把伴侶看成「另類」，將寬恕拒之門外，就像我的外婆米妮一樣，最後還是失去了幸福。

　　只有當下這一刻，才可能洋溢著幸福；因為僅僅基於這一刻，根本無法判斷，當下就從是非對錯的枷鎖中解脫出來。因此，選擇幸福，也就是選擇「為了當下而放棄過去」。這就是選擇寬恕。

　　明白了這一點，再來看看《聖經》的經典故事：亞當和夏娃吃了「分別善惡樹上的果子」而被上主逐出伊甸園（〈創世記〉2:17）。同樣的故事，我們也無妨採用新的角度去解讀：亞當和夏娃這兩位人類祖先，失落了純屬真知與愛的一體境界，墮入二元對立之境，在那當中，所有的是非善惡全是**人類自己**的判斷，而非出自上主或聖靈。然而，即使這類判斷把我們分隔得支離破碎，上主依然對我們一視同仁，人人都同樣值得愛。好壞對錯之類的概念，只有在「墮落」的分裂之境才有其意義。

　　人若老想要「是對的」，必會傲慢自大；既然與自己意見相左的人都是錯的，就更有理由攻擊他們了。萬一如果是自己錯了，一定會感到內疚及羞愧，只好設法隱藏和防衛，當然還要反擊。由此可見，不管是對是錯，都會導向攻擊，都不會帶來幸福。顯而易見的，幸福在這套人生觀裡毫無立足之地。

　　幸福與是非對錯截然不同，它能夠分享而且也必須分享，這是它的天性使然。真正的幸福，誰都無法囤積或獨吞，否則也只是曇花一現而已。幸福志在延伸，它必須向外

散發，透過我們的微笑、輕盈的步履、溫柔親切的話語來呈現它自己。幸福是如此慷慨地給出自己，如此篤定地分享出去；每一個分享，非但沒有減少分毫，反而日益豐盈。

那麼，如何才能超越小我虛幻的對錯之分？第一步便是下定決心，任何情況下都以幸福為唯一目標。也就是本書第十三章所說的「決心放棄自己的判斷，轉身接受聖靈的判斷」。只要心靈做出這個簡單的決定，就能開啟奇蹟之門。前文提到的「比爾和亞瑟」、「茱麗和堂親們」，這兩個例子即是最佳見證。

＊＊＊＊＊＊＊＊＊

在第三種層次的關係中，如果伴侶雙方都是奇蹟學員，有一個非常有用的工具：每當雙方意見分歧，而且都相信自己是對的，兩人就可以選擇一塊兒請求聖靈的指引。進行的過程中，除了雙方都要把「我知道如何解決這個問題」的所有想法放在一邊之外，更重要的是，放下自己強加給伴侶的所有評判。隨時提醒自己確實不了解任何事情，但兩人之間有一位全知全能的神聖臨在，只需去求，祂會十分樂意分享祂的智慧的。

接下來，倆人坐在一起，這樣提出問題：

● 在 _____ 的情況下，我需要知道什麼才能真正有

　　所幫助？

- 祢願我做什麼？
- 祢願我們做什麼？

　　然後閉上眼睛，靜下心來，好好聆聽就行了（習慣操練〈練習手冊〉的人會十分熟悉這個過程）。唯有把這些情況交託給聖靈，讓祂來幫忙，才表示自己要的是祂的指引，而非小我的。即使那些指引與自己心目中的「正確做法」相違，也會欣然接納。如果覺得自己得到了答覆，不妨再問一問，還有什麼是自己應該知道的。隨後張開眼睛，如有需要就等待一下伴侶，再一起分享各自的收穫。

　　心靈平安基金會成立以來，一直使用這種做法，但凡重大決定，都會祈求指引，尤其是大家意見不一時特別靈驗。各人所得到的答覆極少相同，通常都是互補的。每個人都以最適合他自己的形式獲得解決方案當中重要的一部分。有的看到影像，有的聽到話語，這些指引組成了一幅畫面，比任何單獨一個人得到的更完整。

　　就這樣，全然敞開自己的心靈，一起祈求，彼此結合在同一面旗幟下，亦即真理、平安和幸福。這才是我們真正的目標，也是我們一起追尋的結局。至於具體情況，其實並不重要。因為整個過程超越了所有的是非對錯，足以把我們提升到個別的小我身分之上，結合於心與靈那個層次，也就是我們的生命真相。所有看似遇到的問題在那兒都得到了答

覆，奇蹟自然隨之而來。


## 道歉與寬恕

　　一旦了解寬恕只是在「對」與「幸福」之間作選擇，就比較容易下決心去寬恕——其實就是為了幸福而放棄對錯。那麼，它是如何在第三層次的關係中發揮作用的？在這種關係裡，細怨很容易在看似沒完沒了的指控與反指控的迴圈中堆積起來。因此，只要一發覺除了平安之外的任何一點點負面情緒，就立刻停止手上的事，找出哪些地方是「你寧願自己是對的」，然後放下它，寬恕它。好比智慧手機上安裝了一個「幸福」的導航軟體，一旦你偏離方向，心懷怨尤，導航軟體就會發出警報，並重新引導你走向幸福。這也好比一個「情緒指南針」，紅色的一端永遠指向「幸福」，你只需始終如一地朝向幸福那端邁進就行了。

　　然而，即使做到了這一點，仍有一個常見的問題。伴侶怎麼知道你已經放下「自己是對的」那個需求，轉而選擇幸福了呢？倘若你在爭吵當中突然停下來，朝著伴侶露出大大的笑臉，這恐怕會讓人感到不是滋味吧？對方也許覺得受到輕視，或者認為你不夠真誠，因而想要把你從幸福和寬恕的寶座上拉下來，而不是加入你的行列。總之，就算**你**真正

放下了，**對方**可能還是「寧願自己是對的」。你試圖說服他們，說自己已找到一條更好的途徑，卻有可能被當成一種批判。處在兩難的窘境中，你確實需要一些方法讓他們知道，對你而言這場爭鬥已經結束了，你已放下正義之劍，轉而選擇寬恕，並且欣然地按下重啟鍵，以彼此的幸福為目標，重新開始。

有一種方法可以達到這種效果，但並非某種深奧的神祕咒語，而是眾所周知卻沒多少人使用的一個詞，就叫作「道歉」。我們通常都會誤解道歉之意，只因我們已習慣把他人視同小我。在小我的世界裡，道歉等於承認自己是錯的，而錯了就會丟臉，故它純屬一種向對手投降的軟弱表現。同時，道歉也等於承認自己是有罪的，但誰想要那種罪惡感呢？難怪人們如此抗拒道歉了。

在童年，有多少人明知自己沒有做錯什麼，還是被逼著道歉？當然，也可能犯了錯仍死不承認。可以說，我們早年經歷的道歉並不好受，如今難免把道歉和羞恥掛上鉤。如此一來，誰會願意道歉呢？

如果我們仍受困於小我的對錯遊戲中，只能在兩者之間選擇其一，那當然希望自己是對的了。然而，倘若從更高、更廣闊的角度去看，境界則判若雲泥。這一點，在〈正文〉「超越戰場之上」（T-23.IV.）那一節描述得極為清晰，尤其是下面這一段：

讓自己提昇吧！居高臨下地俯視這個人間。只有那
兒會給你完全不同的視野。你一陷身戰場，周遭的
一切立即變得無比真實。加入戰場是你自己的選
擇。陷身此地以後，除了謀害，你別無選擇。但你
一提昇到戰場之上，自會捨下謀害之念而選擇奇蹟
的。這一選擇所帶給你的知見，會讓你當下看清戰
爭的虛幻而輕易地從中脫身。（T-23.IV.5:1~7）

從這一高度去看，認清真正的選擇不在對錯當中，而是
在「對」與「幸福」之間，道歉的含意就大為不同了。它成
了一種平安的旗幟，而非投降的白旗。它如同一個充滿愛心
的句號，放在又長又亂的句子結尾。它既非認輸，也不是認
錯或認罪，更不等同於恥辱的標誌。你只是向伴侶發出信
號，表示自己想要的是平安而非衝突，風暴已經過去了，戰
鬥已經結束了。放下武器吧！我們都安全了，讓我們在平安
中再度相聚吧！是的，心懷怨尤註定支離破碎，道歉則會把
我們結合起來。

必須聲明一下，真正的道歉絕不等於「自我攻擊」，本
書第五章已談論過那種防禦機制：為了避免對方的羞辱以
及進一步的攻擊，自己先行認錯，然後再加油添醋地攻擊自
己。比方說：「你是對的，我真是糟糕透頂，竟然把你的生
活搞砸了，非常抱歉。」這樣做一點也沒有用。當然，道歉
也不該當成一種犧牲的作態：「你看，我願意道歉，多麼有

靈性啊！」這種作態，猶如自甘爬上十字架，以此來凸顯對
方多麼罪孽深重，而且錯得離譜。上述種種全屬不寬恕之
舉，純粹是一種隱形的攻擊；不論採取何種形式的攻擊，都
只會引發更強烈的衝突罷了。

　　遺憾的是，有些人就是不肯道歉，寧可「不幸福」，也
要證明自己是對的，別人是錯的。我發現，就算精進的奇蹟
學員也不免出現這種傾向。當他們陷入小我的批判時，並不
是單純地說聲「很抱歉」，而是把責任轉嫁到對方身上。比
方說：「那是**你的**投射，不關我的事。」或者說：「你若認
為**我正在**攻擊你，那你正是評判我的那個人，所以問題在你
身上，跟我無關。」他們似乎熱中於投射和攻擊，絲毫不覺
察自己的所作所為及其後果。

　　或者說，他們的羞愧太巨大了，才決定這輩子無論如何
都不去面對。但縱然如此，我們也千萬不可據此批評，甚至
羞辱他們，而是當我們表現出同樣的小我行為時，自己能夠
認出這種行為，並選擇寬恕，因為我們自己也想得到寬恕。
借用〈練習手冊〉第一百三十四課中的一句反問，就是：
「我會為這種事情而定自己的罪嗎？」（W-134.9:3）或者再
借用福音中耶穌充滿智慧的一問，就是：「為什麼看見你弟
兄眼中有刺，卻不想自己眼中有梁木呢？」（〈馬太福音〉7:3）

　　正因如此，我們必須先處理自己的怨尤。寬恕其實就是
**療癒心靈**的過程，與外界所發生之事無關，因為那些全是投

射與幻相而已。寬恕只關乎自己的心靈，我們只需處理好自己的評判，便能更妥善地回應別人強硬的態度；也許只是誠懇道個歉，或者默默祝福對方，滿懷愛心地把他們交託到聖靈手中。大家都知道搭乘飛機時有個安全守則：**先戴上自己的氧氣面罩**。同理，在幫助別人之前，自己必須先紮根在真理上。

你可能會問：「那他們為什麼會這樣？為什麼總愛跟我鬥呢？」老實說，你根本無法知道，也不可能弄出個所以然來。從聖靈的角度去看，凡是試圖解讀、合理化、詮釋他人行為，或者尋找藉口為對方辯護，都屬於一種判斷。不論我們編造怎樣的劇情，或給每一個人分配如何的角色，都是同樣的虛幻，也同樣不值得我們去費心了解。小我的瘋狂之處就是故意蔑視合乎情理的一切，不論對你還是你的伴侶或其他人，一概如此。你若想要理解小我或它的所作所為，就是企圖為它辯護，把它弄假成真，但這只會適得其反而已。

想要寬恕某一特定行為，確實沒有必要去了解它背後的原因，反而如同〈正文〉所說的：「必須先寬恕，才可能了解萬物。」（T-30.V.1:6）只要我們還滯留在小我的鏡廳中，就別指望能真正了解箇中的玄機；那裡投影重重，又混亂不堪。除非我們認出兄弟姐妹在實相中的本來面目，彼此都是同一自性的一部分，否則就依然無法了解他們。

當然，我們也無需為每一個誤解或分歧道歉，不然真的

沒完沒了，因為小我世界裡幾乎全是誤解與分歧。但不論身在何處，或面對何種環境，隨時隨地都**必須寬恕**它們。

可以說，第三層次關係中的伴侶，正是寬恕的同修；他們確實能為你提供源源不絕的寬恕機會，原本也該是如此。他們是你的啟蒙老師，也是聖靈指派給你的最佳學習夥伴。他們的任務就是揭露你內心小我所有的藏身之處，也就是你自己永遠無法發現的陰暗角落。如此一來，他們時不時會「鉤」到你了，又有什麼好奇怪的？

不消說，你的小我並不喜歡這種曝光現形的過程，它一定會抗拒的。你會沮喪地發現，自己竟然多次重複同樣的寬恕功課。但請不要因此自責，因為這可正中小我的下懷了！上上之策，還是好好接受它，甚至感謝這些精心安排的學習機會。

因此，不論何種關係，也不論發生什麼，只要影響到自己的平安心境，就如此提醒自己：「當危機來臨時，神智比較清明的一方應該記得自己虧欠對方多深，真誠地感念對方的恩德，並且高興自己終於有償還的機會，讓彼此都能活得幸福快樂。」（T-18.V.7:1）這是真的，一旦選擇了寬恕，就等於選擇了幸福。

舉個例子，每當有人「鉤」到我時，我喜歡開玩笑地說：「噢，剛剛發現了一個『AFO』。」我可不是指某種新

型的不明飛行物（Unidentified Flying Object），而是許多靈修人士都愛說的「又一個寬恕的機會」（another forgiveness opportunity）。只要「AFO」一出現，就**必須**呼求幫助，但不是找空軍，而是邀請聖靈，請祂幫我好好利用這個機會來寬恕。

從這個角度來講，我們對伴侶最恰當的回應，自然就是無限感恩，因為他給了我們一次又一次自我療癒的機會，讓我們得以履行自己在救贖計畫和「修復世界」大業中的責任。你會發現，在修習聖靈的課程中，日積月累下來，你和伴侶都會學得越來越好，同時還帶來一些美妙的變化。你不再那麼容易「上鉤」了，因為誘餌一出現，你很快就會認出來，並且馬上選擇寬恕，而非硬要證明自己是對的。結果呢？彼此的關係變得更有愛。你不但見證了這一切的發生，而且還深刻**體驗到**當中的美好。這會給你信心，讓你更有決心和毅力去操練寬恕。當然，最棒的還是隨之而來的那種強烈的幸福感！

就這樣，你和伴侶一起走向通往上主平安的道路。沒有他，你不可能進步；沒有你，他也無法前行。只要雙方一聯手，結合在同一寬恕目標下，就一定會覺醒於彼此共享的一體生命。

# 第三部

# 真　愛

除非你能以一視同仁的愛對待所有的聖子，否則你無法與任何一人建立真正的關係。愛內不含特殊性。你若只愛聖子奧體的某一部分，你所有的人際關係都會蒙上罪咎的陰影，變得虛假不實。你只能以上主的心態去愛。（T-13.X.11:1~4）

寬恕的目的即是療癒分裂的知見。……知見是靠分裂而存在的，因此凡是落於知見之人都有待療癒。（T-3.V.9:1,10:3）

# 第 *17* 章

# 愛每一個人

　　在第九章，我們介紹了猶太教神秘主義的「修復世界」，根據它的觀點，修復業已分裂成碎片的上主造化乃是每一個人的任務。理論上，表示每一個人都應該與所有世人相愛，如此才能夠將支離破碎之物癒合在一起，但在實際上卻有泰山壓頂之感。試想一下，我們該如何伸出雙手，用愛去感動數十億人？不太可能吧。

　　每個人的一生中，都可能遇到成千上萬各種身分的人，大多數都是擦肩而過、萍水相逢的第一層次關係，只有少數屬於第二層次，至於第三層次的關係更是屈指可數，甚至終生只有一個。那麼，要如何療癒已經支離破碎的上主唯一聖子呢？又如何從只愛一人或一段關係的**情愛**，轉化為不加分

別、不加評判地包容所有世人的**真愛**？如果了解正確，它就成了我們每一個人所肩負的使命，也是「修復世界」和《奇蹟課程》對我們每一個人的要求。

為此，我們可以採取兩種基本的方法，一種稱為「由下而上」的寬恕，另一種則是「由上而下」的寬恕。

由下而上的寬恕，是大家比較熟悉的一種，也正是本書多所著墨的主題。它直接從夢中切入，而非去質疑夢的真實性，至少一開始不是。好比說，我們打掃房子，撢掉長年累積的塵垢（猶如有新的、有舊的評判）；清理花園時，無論雜草在哪裡發芽（猶如各式各樣的怨尤），全都連根拔起。生活中，只要有寬恕的需要，每一次都不要錯失，尤其對自己構成威脅或挑戰的人，當然還有親密關係那個伴侶。我們善盡自己的本分，也相信其他人會盡到他們的本分。在整個社會關係裡，只要大家都承擔起責任，清理自己那個混亂的小角落，所有的關係最後必會癒合，上主之子也終將回歸一體之境。

由上而下的寬恕則反向而行，它不會把關係視為兩個獨立個體之間的一種「契約」，而是一開始就用聖靈的慧眼去看待每一個人的本來真相，以及每一個人目前的處境。只要培養出這種看的能力，那麼，當我們與兄弟姊妹會晤時，眼中自然沒有差異，沒有身體也沒有個性，只有神聖的光明與愛。在那光明中，我們認出自己與他們的一體性；也正是這

種寬恕，癒合了上主唯一聖子的分裂心靈。

由上而下的寬恕遠遠超越了所有的人際關係，它將整個知見世界籠罩在光明與平安之中。縱然五官所見仍然呈現出你我的種種差異，但我們不再相信那些空幻的虛無之物，而是透過聖靈的基督慧見，看到它們內在的光明。小我那些幻相再也無法瞞天過海，因為我們看清了它們的底細，原來一切都只是虛無罷了。

由此看來，「由上而下」的方法似乎更為全面，因它並不局限於任何一種關係，而是同時轉化所有的關係。每個人最終都會走上這一條路，因為它通往《課程》所說的「真實世界」，而這一美好的體驗又會進一步將我們直接領回上主那兒。不過，對大多數人來說，這個方法毋寧說太吃重了，除非有多年的實修底蘊，否則這種知見上的巨大轉變只會讓人惶恐不安。因此在我們能夠看出萬物原是一體之前，這個目標恐怕還言之過早。

## 由下而上的寬恕

由下而上的寬恕，乃是一段關係一段關係地進行。雖然我們只可能接觸到分裂聖子的一小部分，但只要能在現存的關係努力為之，也就夠了。操練之前，務必「具體地」關注

每一個關係裡的對象，因為所有的怨尤都有具體對象的，不就是那些難搞的傢伙惹怒我們嗎？〈練習手冊〉第一百六十一課就說了：「恨是十分具體的。」（W-161.7:1）也因此，需要我們寬恕之處也必然十分具體，就是針對那些特定的人際關係。儘管寬恕是救贖大業得以進行的方法，因而適用於整個分裂世界，但只要我們還需要那些特定對象來寬恕，寬恕就會顯得極其具體。這一點在第一百六十一課描述得更加清楚：

> 心靈的本來境界，是徹底抽象的。如今，它有一部分已經違背了自己的本性。不再視萬物為一體。它只能看見整體中支離破碎的片段，為此，它才可能打造出你眼前這個支離破碎的世界。
>
> 形相世界就是為此目的而造出來的。為此，我們的練習必須藉助於這些具體之物。我們只需將它獻給聖靈，讓祂來發揮大用，它的用途與我們原先賦予它的目的已截然不同。（W-161.2:1~4; 3:1~3）

　　假如我們打算一段關係一段關係地依次修復支離破碎的聖子，可想而知的，即使每個人都善盡了自己的本分，也得費上百千萬劫才能修復好。當然，如果大家真是各自獨立的話，而時間又是以線性方式年復一年、日復一日、分分秒秒地向前推移，那的確如此。然而，《奇蹟課程》的時間觀絕非如此，它是從永恆的角度去看時間的，在那兒，所有的時

間都已經過去了。更進一步說，時間其實從未存在過，它只是小我幻相的一部分，純屬一場大騙局而已。以這種方式來理解由下而上的寬恕，它便能超越具體形相，從時間的鎖鏈中解放出來。

在分裂之夢裡，我們看似大不相同，每個人都是獨一無二的；但在實相中，我們仍是上主所創造的模樣，是合一而非分裂，是靈性而非身體。因為我們就是在一體生命中受造的，即使我們無法意識到這種一體性，但它始終存活於每個人的心中。你我看起來像是獨立的個體，有形有相，但同時也是一體不分的。正如第一百六十一課所言：「一位弟兄就等於所有的弟兄。一個心靈包含了所有的心靈，因每個心靈都是同一生命。」（W-161.4:1~2）每一部分都包含了整體，事實上，部分**就是**整體，因為一體之境**根本沒有部分之別**。因此，療癒了任何部分，**等於**療癒整體。療癒並非選擇性的，而是全像式的。

當你徹底寬恕了一個人，你的寬恕必會延伸到所有人身上，因為他們與你原是一個生命。為此，「寬恕不可能只給這人而不給那人。」（T-27.II.3:9）同樣的，當一段關係獲得療癒時，它必會擴散延伸出去，成為其他關係的療癒催化劑。只要有願心，任何關係都可以接受這種療癒。但話說回來，並非所有人都具有願心，大多數人都會高舉手中的盾牌來對抗療癒，因為他們已經習慣與小我認同，把愛視為一

種威脅。縱然如此,他們內心深處不可能不感受到愛的。誠如〈正文〉所說:「一個人心中的光明足以喚醒所有人的記憶。你只要能在一位弟兄身上看見光明,就等於為所有的人憶起了生命真相。」(T-21.I.10:6~7)換言之,愛足以喚醒這一覺知:每個人本身就是永恆的臨在。

## 愛的連結

我們很容易對這個世界的現狀感到心灰意冷,甚至質疑是否真的值得去練習寬恕和進行救贖大業。確實,連晚間新聞裡播放的,也全是衝突:權力爭鬥、天災人禍、經濟危機、槍擊事件頻傳。世間的問題,牽涉之廣、影響之巨,僅憑自己在寬恕所盡的綿薄之力,怎麼可能修補得了?

這正是我們必須當心的想法,因為小我會不斷慫恿我們專注在世間層出不窮的問題上頭,鼓勵我們作出種種判斷,而且越固執越好,如此才能挑起人心中的不滿和仇恨。小我最想要我們看到的,就是所有的兄弟姐妹都是有罪的。我們不禁要問:「世人為何這麼貪婪,這麼殘忍,這麼無知?」小我可喜歡這樣的問題了,因為在小我的架構中,這類問題是無法得到滿意的答案的。沒有答案,人們更是恐懼萬分。幸好,世間還有另一則鮮為人知且難以登上晚間新聞的真正「新聞」,因它只是告訴我們世上畢竟仍有多少愛。

毫無疑問，人間的愛是不完美且四分五裂的，每個人都跟我們一樣局限於特定的人際關係。這種愛最多只是上主所知道的聖愛之倒影，既模糊又失真，然而，無論它多麼隱晦微弱，它仍然是愛。儘管小我竭盡全力，也無法征服它、掩蓋它，更不可能壓制它。只要我們感受到愛的臨在，當下就能認出它來。

上主的本質就是愛。人們也普遍認同這個觀點：「上主是愛，愛是上主。」在小我的世界裡，沒有任何一物能夠根除愛，因為**幻相無法打敗真理**。這一點，我們在前文已經多次強調過。小我永遠不可能戰勝上主，因為愛是百害不侵、所向無敵的。

然而，若要體驗到愛以及認出愛的臨在，首先得想要它、選擇它，而且還要給出去才行。當我們給出愛之際，就已經肯定了自己純然出自上主，同時憶起了自己的生命真相；縱然只是依稀記得，卻如〈正文〉所言：

> 上主之子所起的每個仁心善念都是永恆的。他的心靈在世上所認出的仁心善念才是世界唯一的真相。這些善念仍屬於知見的領域，因為聖子依舊相信自己是分裂的個體。然而，善念卻是永恆的，因為其中有愛。因為有愛，故與天父肖似，且永遠不死。
>
> （T-11.VII.2:1~5）

　　試想一下，我們已經把多少愛分享出去了？這裡面有我們對父母的愛，那是與生俱來的，即便在孩童時期被父母虐待或忽視，因而否定了這份愛，但它如同電腦的「默認設置」一樣，依然存在。戰場上，那些年輕戰士臨死之前的哭泣，往往不是為了上主或國家，而是呼喊他們的母親。當然，還有父母對孩子的慈愛、兄弟姐妹或畢生好友之間的摯愛、患難之交或同事當中無言的愛，以及終身伴侶與日俱增的恩愛。是的，每一種關係所採取的具體形式都是獨特的，但愛本身並沒有因為這些關係的形式不同而改變分毫。就像把水倒入不同形狀的容器，水還是水，照樣能解渴；愛，永遠是愛。

　　現在想像一下，地球上數十億個關係所產生的所有的愛，每一個愛的表達形式都連接著至少兩個人，形成了一道道光明，終而匯為光束。接著想想，地球上每個人的一生中，有多少道這樣的光明或光束延伸出來？

　　不妨繼續觀想，地球上所有的人都以這種方式相互交織著，緊密地連結在愛的光明裡，沒有任何一縷光線會落單，因為有太多太多的愛一起傳揚，閃爍著同一光輝。我們因著彼此感受到的愛，以及通過具體的一對一關聯性表達出來的愛，與所有的人結合為一。現在，再觀想一下這個愛的連結的全貌，看到了什麼？唯有光明與愛，如同一顆燦爛的明星，閃耀著完美的光芒。至此，我們對上主的愛、對所有人

的愛終於有了一點模糊的概念，原來，愛是我們的本質，也是我們的天賦產業和真實身分。

　　一旦我們在兄弟姐妹身上看到的，不再是關係的表相，而是存於所有人心中的愛的光明，便已達到寬恕的目的。他們的身體、平生故事，以及關係中的戲碼，所有的一切都會隱沒於光明之中，被愛逐一融化。我們的寬恕轉化了源自分裂的黑暗世界，將它帶回到愛的光明裡；這光明足以驅散小我以及它的判斷、怨尤和特殊性。所有的判斷、怨尤和特殊性，就像從陰影中浮現出來的薄霧，一直纏繞著我們，逐漸成形，堅如磐石，還充滿了意義，既誘人又嚇人。然而，光明一照，煙消霧散，連那些陰影也一併消失於虛無中。

　　這就是寬恕的尾聲，也就是《奇蹟課程》經常提到的「真實世界」。雖然它仍屬於分裂之夢的一部分，但已非愛的障礙，更不會妨礙我們完全回歸上主與一體生命。說它「真實」，是因為真理之光始終照耀著它，就在當下這一刻。關於這點，〈練習手冊〉說得更加精闢：

> 幻相會營造幻相。只有一個例外。就是寬恕的幻相，它答覆了其他一切幻相的問題。

> 寬恕本身雖僅是一個夢，卻能清除所有的夢境，不再孳生更多的夢。所有的幻相都會衍生出千百個幻相，只有寬恕這個幻相例外。只有它能結束所有的

幻相。寬恕是一切夢境的結束，因為它本身即是一個覺醒的夢。雖然它無法晉身於真理之境。卻為人指出了真理必在之處；而它這一指，如上主一般明確而肯定。在寬恕之夢裡，上主之子悟入了他的自性以及天父的真相，徹底了知兩者原來無二無別。（W-198.2:8~3:7）

只要在由下而上的寬恕盡到自己的本分，一個關係一個關係地推進，一出現任何怨尤，立刻運用聖靈的「終極重構」，如此寬恕下去，必然重歸一體。原本具體之物也悄悄地滑入抽象之境，於是，「一位弟兄」真的成了「所有的弟兄」（W-161.4:1）。

隨著我們不斷進步，自然會發現自己不再與特殊的個體或對方的小我身分認同了。我們唯一的關係乃是上主之子，祂就反映在每一個看似獨立的人身上。之前那些衝突迭起的差異已不再引人注目，也攪擾不了我們分毫。萬一它們又令我們揪心，也恰好可以做為療癒的目的。至此，光明、愛與平安全都成為我們的生命實相，這正是我們在所有兄弟姐妹身上所要找到之物。

到了這一階段，由下而上和由上而下的寬恕便融合為一，攜手並進。一個關係就等於所有的關係，而關係的唯一目的就是寬恕。《奇蹟課程》是這樣描述這一境界的：

當聖靈終於……將你領回基督那兒時，知見便會轉為真知；它變得如此神聖，自然融入了神聖之本體。愛延伸到愛內，有如水乳交融，因為兩者原是一物。當你在各種人生場景中愈來愈能認出它們的共通性，表示你在聖靈的指點下，不僅增強了舉一反三的能力，且能普遍用在現實生活中。你慢慢學會了如何將此知見套用於每個人及每件事上，顯示出它放諸四海皆準的實用價值。一旦臻至此境，知見與真知變得極其相似，因兩者都具備了上主天律的結合能力。

凡是一體的，就不能視為分裂的，否定分裂就等於重申真知。聖子的知見在上主祭壇前顯得如此神聖，洋溢著悟性光明，聖子的靈性同時返照回天心，與它融為一體。上主的光輝溫柔地照在自己身上，深深愛著由祂生命延伸而出的聖子。當世界融入上主的終極目標後，它的存在目的便告終了。真實世界會悄悄地滑向天堂，回歸它千古不易的永恆之鄉。（T-12.VI.6:3~7;7:1~5）

愛既已回歸於愛，如今，我們可以說「阿們」了。

# 奇蹟資訊中心
# 出版系列：

## 《奇蹟課程》
### （A Course in Miracles）──新譯本

《奇蹟課程》是二十一世紀的心靈學寶典，更是近年來各種心理工作坊或勵志學派的靈感泉源。中文版已在1999年由若水譯出，並由作者海倫·舒曼博士所委託的「心靈平安基金會」出版。

新譯本乃是根據「心靈平安基金會」2007年所出版的「全集」，也是原譯者若水在「教」「學」本課程十年之後再次出發的精心譯作。全書分為三冊：第一冊：〈正文〉；第二冊：〈學員練習手冊〉；第三冊：〈教師指南〉、〈詞彙解析〉以及〈補編〉的「心理治療」與「頌禱」二文。新譯本網羅了《奇蹟課程》所有的正式文獻，使奇蹟讀者從此再無滄海遺珠之憾。（全書三冊長達1385頁）

## 《奇蹟課程》
### 〈學員練習手冊〉新譯本隨身卡

《奇蹟課程》第二冊〈學員練習手冊〉共三百六十五課，一日一課地，在力求具體的操練中，轉變讀者看事情的眼光，解開鬱積的心結。

若水由十餘年的奇蹟課程教學譯審經驗出發，全面重譯這部曠世經典。新譯版一本經典原文的精確度，語意更為清晰，文句更加流暢。精煉再三的新譯文，吟誦之，琅琅上口，饒富深意，猶如親聆J兄溫柔明晰的論述，每天化解一個心結，同享奇蹟。

為方便現代人在忙碌生活中操練每日一課，經三修三校的重譯版，首度以隨身卡形式發行，以頂級銅西卡精印，紙版尺寸8.5×12.6公分，另有壓克力卡片座供選購。（全套卡片共250張）

## 奇蹟課程導讀與教學系列

《奇蹟課程》雖是一部自修性的課程，只因它的理論架構博大精深，讀者常易斷章取義而錯失精髓，故奇蹟資訊中心陸續推出若水的導讀系列、米勒導讀，以及一階理論基礎及二階自我療癒DVD、其他演講錄音或錄影教材，幫助讀者逐漸深入這部自成一家之言的思想體系。

## 若水導讀系列

（一）《創造奇蹟的課程》（全書272頁）
（二）《生命的另類對話》（全書272頁）
（三）《從佛陀到耶穌》（全書224頁）

若水在這三冊中，解說《奇蹟課程》的來龍去脈與理論架構，透過問答的形式，說明崇高的寬恕理念如何落實於生活中；最後透過《奇蹟課程》的理念，闡釋佛陀和耶穌這兩位東西方信仰系統的象徵，在實相裡並無境界之別，而只有人心的「小我分裂」與「大我一體」的天壤之隔。

## 米勒導讀
### 《奇蹟半生緣》

一位慧心獨具卻不得志的記者，三十多歲便受盡「慢性疲勞症候群」的折磨，群醫束手無策，他在走投無路之下，不禁自問：「究竟是誰把我這一生搞得這麼慘？」

《奇蹟課程》讓他看到，自己竟是一切問題的始作俑者。他對這一答覆百般抗拒，直到有位心理治療師對他說：「恭喜你！你若讀得下這本書，大概就不需要心理治療了！」

《奇蹟半生緣》全書穿插作者派屈克·米勒浮沉人生苦海的經歷，但他並不因此獨尊自身的經驗和詮釋，而以記者客觀實証的精神，遍訪散居全美各地的奇蹟講師與學員，甚至傾聽圈外人的質疑。本書可說是一部美國奇蹟團體的成長紀實。（全書319頁）

## 奇蹟課程有聲教學教材

奇蹟資訊中心歷年發行《奇蹟課程》譯者若水的演講錄音或錄影光碟，將《奇蹟課

程》的抽象理念與現實生活銜接起來，幫助讀者了解《奇蹟課程》的精髓所在，是奇蹟學員不可或缺的有聲輔讀教材，由於教材內容每年不盡相同，欲知詳情，請上網查詢。www.acimtaiwan.info 奇蹟課程中文網站 QJKC1314 微信公眾號（官方賬號）

## 肯恩實修系列

### 《奇蹟原則50》

許多讀者久仰《奇蹟課程》之盛名，興沖沖地讀完短短的導言後，就怔忡在一條一條有如天書的「奇蹟原則」之前。讀了後句忘前句，「奇蹟」的概念好似漂浮在字裡行間，始終無法在腦海中落腳，以至於閱讀了一兩頁之後便後繼無力，難以終篇，竟至棄書而逃。

「奇蹟原則」前後五十條，其實是整部課程的濃縮，若無明師指點，讀者通常都不得其門而入。於今多虧奇蹟泰斗肯尼斯旁徵博引，以深入淺出而又幽默的答問形式，將寬恕與奇蹟的精神落實於生活中，為初學者乃至資深學員提供了一個實修的指標。（全書209頁）

### 《終結對愛的抗拒》

追尋心靈成長的人，學到某個階段往往面臨一個瓶頸：儘管練習多年，一遇到某種挑戰，就不自覺地掉回原地，因而自責不已。問題到底出在哪裡？

佛洛依德在他的臨床經驗中，驚異地發現，病人的潛意識中有「拒絕療癒」的本能，肯尼斯根據《奇蹟課程》的觀點，犀利地剖析人們「拒絕療癒或轉變」的原因，又仁慈地為讀者指出穿越小我迷霧的關鍵，由停滯不前的窘境中突圍。對於追尋心靈成長和平安的人而言，本書不但有提點指授的功效，更有當頭棒喝的力道。（全書109頁）

### 《親子關係》

坊間論及親子問題的書籍可謂汗牛充棟，泰半繞在親子關係複雜且微妙的糾結情懷，唯獨肯尼斯‧霍布尼克不受表象所惑，借用《奇蹟課程》的透視鏡，澈照出親子之間愛恨交織的真正關鍵。

本書表面上好似在答覆「如何教養子女」、「如何對待成年子女」以及「如何照顧年邁雙親」等具體問題，它其實是為每一個人點出我們在由「身為兒女」，到「照顧兒女」，繼而「照顧雙親」的艱苦過程，以及我們轉變知見時必然經歷的脫胎換骨之痛。（全書238頁）

### 《性‧金錢‧暴食症》

在紛紜萬象的世界裡，性、金錢與食物可說是人生問題的「重頭戲」，最易牽動小我的防衛機制，故也最具爭議性。作者肯恩沿用《奇蹟課程》中「形式與內涵」的層次觀念，針對性、金錢等等所引發的光怪陸離現象（形式），揭露它們背後一貫的目的（內涵）──小我企圖藉無止盡的生理需求，抹滅心靈的存在，加深孤立、匱乏、分裂等受害感，最後連吃飯、賺錢與性交都可能變成一種攻擊的武器。

肯恩與學員的趣味問答，反映出我們日常是如何受制於這些生理需求的；然而，我們也能藉聖靈之助，將現實挑戰化為人生教室，將小我怨天尤人的陰謀，轉為寬恕與結合的工具。（全書196頁）

### 《仁慈──療癒的力量》

這是一部針對奇蹟教師及資深奇蹟學員的實修指南。全書分上下兩篇，上篇列舉奇蹟學員常有的現象，例如以奇蹟之名攻擊他人，或以善意為由掩蓋自己批判的心態；下篇探討如何用仁慈的眼光來看待自己與他人的缺陷，教我們將自身的限制或缺陷轉為此生的「特殊任務」，在人間活出寬恕的見證，成為聖靈推恩的管道。（全書251頁）

### 《逃避真愛》

本書是針對道理全懂卻難以突破的資深學員而寫的，它一針見血地指出，綑綁我們修行腳步的，不是世界的黑暗，也非人間的牽絆，而是自己打造出來的一道心牆。

只因我們深怕真愛會消融了自己的特殊性，故把心靈最深的渴望隱藏到心牆之後，與之「解離」，在人間展開一場虛虛實實又自相矛盾的追尋。一邊痛恨小我的束縛，一邊又忙著為小我說項；以至於內心有一部分奮力向前，另一部分則寧可原地觀望。藉著裝傻、扭曲、辯駁，把回歸真愛的單純選擇

渲染成複雜又艱深的學問。

《逃避真愛》溫柔地解除了人心無需有的恐懼，讓我們明白心牆的「不必要」，陪伴我們無咎無懼地跨越過去。（全書156頁）

## 《假如二二得五》

從古至今，多少人心懷救苦救難的大志，傾注一生之力貫徹自身理想，卻往往受現實所困而終不能及。我們這些凡夫俗子，亦不乏拼搏自救之心，然而在現實面前，還是屢屢敗陣，活得憋屈而無奈。問題究竟出在哪裡？

對此，本書剴切提出：整個世界其實一直按照 $2+2=4$ 的「鐵律」來運作，萬物循著固定的軌跡盈虧盛衰，一切可謂「命中註定」，無怪乎歷史上的種種救世之舉皆以失敗告終。然而，《奇蹟課程》識破世界的詭計，小我既然使出 $2+2=4$ 的苦肉計，它便祭出 $2+2=5$ 的救贖原則，破解小我編織的羅網，溫柔地引領我們走出世界的幻境。本書即是教導我們，如何在貌似 $2+2=4$ 的世界活出 $2+2=5$ 的生命氣象，而且更進一步，迎向天地間唯一真實的等式 $1+1=1$。（全書171頁）

## 《駱駝‧獅子‧小孩》

本書書名出自德國哲學家尼采的代表作《查拉圖斯特拉如是說》裡的「三段蛻變」——駱駝、獅子、小孩。這則寓言提綱挈領地勾勒出靈性的發展過程，尼采的幾項重要論點，包括強力意志、超人、永劫輪迴，也在肯恩博士精闢的詮釋之下，與奇蹟學員熟悉的抉擇心靈、資深上主之師、小我運作模式等觀念相映成趣。

肯恩博士為奇蹟學員引薦這位十九世紀天才的作品，企盼在大家為了化解分裂與特殊性而陷入苦戰之際，可以由這本書得到鼓舞和啟發。我們終將明白，唯有「一小步又一小步」的前進，從駱駝蛻變成獅子，再進一步蛻變為小孩，不跳過任何一個階段，才能抵達最後的目標。（全書177頁）

## 肯恩《奇蹟課程釋義》系列

### 《奇蹟課程序言行旅》

如果說《奇蹟課程》是一首曠世交響曲，《序言》便奠定了整首樂曲的氣質與基調，不僅鋪敘出奇蹟交響樂的關鍵理念，還將讀者提昇到奇蹟形上思想的高度和意境，堪稱《正文行旅》最佳的暖身之作。

肯恩有如一流的樂評家，領著讀者，在宏觀處，領受樂章磅礴的主旋律，在微觀處，諦聽暗藏其中的千百種變奏，致其廣大，盡其精微，深入課程之堂奧，回歸心靈之家園。（全書121頁）

### 《正文行旅》（陸續出版中）

《奇蹟課程》在人類靈性進化史上的貢獻可謂史無前例，而《正文行旅》乃是《奇蹟課程釋義》三部曲的完結篇。肯恩由文學，詩體，音樂三重角度，依循各章節的主題，提供了「重點式」以及「全面性」的導覽，幫助學員深入奇蹟三昧，沉浸於智慧與慈悲之海。

這部行旅可說是肯恩一生教學的智慧結晶，奇蹟學員浸潤日久，必會如他所願：奇蹟，發自心靈，必將流向心靈。（第一冊335頁，第二冊314頁，第三冊331頁）

### 《學員練習手冊行旅》（陸續出版中）

整套《奇蹟課程釋義》的問世，可說是無心插柳。1998年起，肯恩應學生之請，為〈學員練習手冊〉做了一系列的講解，基金會將研習錄音編彙整為逐句詮釋的〈練習手冊行旅〉。此案既定，〈正文行旅〉以及〈教師指南行旅〉應運而生，為奇蹟學員提供了最完整且精闢的修行指針，訂名為《奇蹟課程釋義》，幫助學員將〈正文〉理念架構所引伸出來的教誨，運用到現實生活中。這三部《行旅》，可說是所有踏上奇蹟旅程的學員最貼心的夥伴。

《學員練習手冊行旅》的宗旨，乃是幫助奇蹟學員了解三百六十五課的深意，以及它們在整部課程中的作用。更重要的是，幫助學員將每日一課運用於現實生活中，否則《奇蹟課程》那些震古鑠今之言可謂枉費唇舌，徒然淪為一套了無生命的學說。（第一冊346頁，第二冊292頁，第三冊234頁，第四冊337頁，第五冊289頁，第六冊289頁）

## 《教師指南行旅》
（共二冊，含《詞彙解析行旅》）

　　〈教師指南〉是《奇蹟課程》三部書的最後一部，它以「如何才是上主之師」為主軸，提綱挈領地梳理出〈正文〉的核心觀念，全書以提問的形式鋪敘而成，為其他兩部書作了最實用的補充。

　　肯恩在逐句解說〈教師指南〉時，環繞著兩個主題：「個別利益」對照「共同福祉」，以及「向聖靈求助」。因為若不懂得向聖靈求助，我們根本學不會「共享福祉」這門功課。當然，全書也穿插不少副題，如「形式與內涵」、「放下判斷」等等，就像貝多芬的偉大樂章那樣，不時編入數小節旋律，讓主題曲與變奏曲銜接得更加天衣無縫。肯恩說：「我希望藉由本書讓學員看出，耶穌是如何高明地把他的基本訊息串連為一個整體，一如交響樂以主旋律與變奏曲那般交叉呈現、迴旋反覆地將我們領上心靈的旅程。」（第一冊337頁，第二冊310頁）

### 羅森濤紀念專輯

#### 《從失心到一心》

　　作者歷盡千帆，融合畢生經驗智慧，為後來人指點出路。議題精深幽渺，在作者筆下卻有聲有色、有滋有味，上至東西方宗教哲學、心理學、物理學、社會學、人類學、神經生物學，下至科幻電影、電腦技術、流行歌曲、童謠玩具，細緻入微，抽絲剝繭，全面解構世人習以為常的人生現實，一舉揭破「失心」的千古內幕，進而點出回歸「一心」的出離之途，讓讀者在人生苦旅走出一條充滿奇蹟與真愛的道路。（全書300頁）

#### 《從情愛到真愛》

　　顧名思義，本書的主題即是「轉化關係」。何謂關係？又何謂關係的目的？羅森濤博士提出了嶄新的見解：關係並不僅僅是兩個乃至於多個特殊個人之間的相互關連狀態；而「關係的目的」所在，則是人藉著與他人的相互關連狀態，來從中學會如何在創造我們的真愛（也就是上主聖愛）的反射中，讓所有的關係都能大放光明。只要懷抱這個目標，關係不僅會轉化，並且是以某

些看似不可思議的方式轉化，而那些方式是無法用理性來解釋或了解的。尤其是，那些關係的轉化並非由於我們的外在行為，而是由於我們的身分（聖愛），以及我們對真相的記憶。這正是《奇蹟課程》的獨有法門。（全書329頁）

#### 《從恐懼到永恆》

　　本書是羅森濤系列著作的第三部作品。《奇蹟課程》引領我們踏上的這段旅程，絕非外在之旅，因為身體的層次只能在舊有的物質世界打轉；相反的，它，純屬一段內心之旅。在這過程中，我們的心靈學會了轉變對自我身分和本質的錯誤認知，讓我們覺醒於自己的靈性真相。這一真相永恆不易，不論我們做了什麼，也不論我們如何緊閉雙眼，拒它於千里之外，它都永不改變。要知道，我們沒有改變真相的能力，因為它出自上主的創造。為此，這段旅程其實就是「從恐懼到永恆」的旅程。（全書174頁）

### 其他出版品

#### 《寬恕十二招》

　　《寬恕十二招》的作者保羅·費里尼，有鑒於人們的想法與情緒反應模式，早已定型僵化，成了一種「癮」，不是一朝一夕可以化解得掉的。因此，他將《奇蹟課程》的寬恕理念，分解為十二步驟，一步一步地引導我們超越自卑、自責以及過去的創痛，透過自我寬恕而領受天地的大愛。這是所有準備好負起自我治癒之責的人必讀的靈修教材，也是曠世靈修經典《奇蹟課程》的輔讀書籍。（全書110頁）

#### 《無條件的愛》

　　作者保羅·費里尼繼《寬恕十二招》之後，另以老莊的散文筆法，細細描述我們每一個人心中都擁有的「無條件的愛」。他由大我的心境出發，以第一人稱的對話方式，直接與讀者進行心與心的交流，喚醒我們心中沉睡已久的愛，開啟那已被遺忘的智慧。此書充滿了「醒人」的能量，是陪伴你走過人生挑戰的最好伙伴。（全書215頁）

## 《告別娑婆》

宇宙從哪兒來的？目的何在？我究竟是什麼？為什麼會在這裡？我要往哪裡去？我該怎麼活在這個世界裡？當你讀完本書，會有一種「千年暗室，一燈即亮」的領悟。

全書以睿智而風趣的對話談當今世局、原子彈爆炸，一直說到真愛、疾病、電視新聞、性問題與股價指數等等，讓我們對複雜詭異的人生百態，頓時生出「原來如此」的會心一笑。它說的雖全是真理，讀起來卻像讀小說一樣精彩有趣，難怪一問世便成了西方出版界的新寵。（全書527頁）

## 《一念之轉》

作者拜倫‧凱蒂曾受十餘年的憂鬱症所苦，一天早上，她突然覺悟到痛苦是如何形成又如何結束的。由此經驗中，她發明了四句問話的「轉念作業」（The Work），引導你由作繭自縛中徹底脫身，是一本足以扭轉你人生的好書。（全書448頁，附贈轉念作業個案VCD）

## 《斷輪迴》阿頓與白莎回來了！

繼《告別娑婆》走紅之後，葛瑞的生活形態發生重大的轉變，也面臨了更多的挑戰。葛瑞仍是口無遮攔地談八卦、論是非、臧否名流，阿頓和白莎兩位上師在笑談棒喝中，繼續指點葛瑞如何在現實挑戰下發揮真寬恕的化解（undo）功能，徹底瓦解我執，切斷輪迴之根。（全書304頁）

## 《人生畢業禮》

本書是保羅與Raj在1991年的對話記錄。對話日期雖有先後，內涵卻處處玄機，不論由哪一篇起讀，都會將你導入人類意識覺醒的洪流。

Raj借用保羅的處境，提醒所有在人間孤軍奮鬥的人，唯有放下自己打造的防衛措施，才可能在自己的心靈內找到那位愛的導師。也唯有從這個核心出發，我們才會與所有弟兄相通，悟出我們其實是一個生命。（全書288頁）

## 《療癒之鄉》

《療癒之鄉》中文版由美國「獅子心基金會」委託台灣「奇蹟資訊中心」出版。

作者羅實‧葛薩姜把《奇蹟課程》深奧又慈悲的教誨化為一套具體的情緒啟蒙和心靈復健課程，協助犯罪和毒癮的獄友破除心理障礙，學習處理人與人之間的衝突，調整情緒，建立自信，切斷「憤怒→攻擊→憤怒」的惡性循環。《療癒之鄉》陪伴無數受刑人度過獄中歲月。

《療癒之鄉》也是為所有困在自己心牢裡的讀者而寫的。世間幾乎沒有一人不曾經歷童年的創傷、外境的壓迫，以及為了生存而形成種種不健康的自衛模式。獄友的心路歷程給予我們極大的啟發，鼓舞我們步上心靈療癒之路。（全書440頁）

## 《我要活下去》

這本書不只是一本鼓舞信心的療癒指南，還是一個女人把自己從鬼門關前拉回來的真實故事。

作者朱蒂‧艾倫博士（Judy Edwards Allen, Ph.D.）原本是成功的專業顧問、大學教授、大學教科書作者，四十歲那年獲知罹患乳癌的「噩耗」，反而成為她生命的轉捩點，以清晰、熱情的文筆，記錄了她奮力將原始的求生意念成功地轉化為「康復五部曲」的歷程。讀者會看到她如何軟硬兼施地與醫生打交道，如何背水一戰克服無助感，又如何透過寬恕，喚醒內心沉睡已久的愛與生命力。最後，她終於超越自己對生死的執著，在這一場疾病與療癒的拔河大賽中，獲得了靈性的凱旋。（全書280頁）

## 《時間大幻劇》

人們對於時間，存在著種種截然不同的看法，比如：時間是良藥，可以癒合一切創傷；善惡終有報，只等時候到；時間是無情的殺手，終將剝奪我們的一切……。人類早已視時間的存在為天經地義，戰戰兢兢地活在過去的懊悔、現在的焦慮和對未來的恐懼中。我們好似活在一座無形的牢籠裡，苟延殘喘，等待大限的到來。

《奇蹟課程》的泰斗肯恩博士曾說：「不了解時間，不可能讀懂《奇蹟課程》的。」他引經據典，將散落全書有關時間的解說，梳理出一個完整的思想座標，猶如點睛之龍，又如劃破文字叢林的一道靈光，讓我們

一窺《奇蹟課程》的究竟堂奧（究竟義）。此書可說是肯恩留給奇蹟資深學員最珍貴的禮物。（全書413頁）

## 《奇蹟課程誕生》

《奇蹟課程》的來歷究竟有何玄虛？為什麼它選擇經由海倫‧舒曼博士來到人間？它的記錄方式及成書過程，與它傳給人類的訊息有何內在關係？有幸親炙此書的我們，又該如何延續奇蹟精神的傳承？

不論你只是好奇《奇蹟課程》的精采傳奇，還是有心以「史」為鑒，窮究奇蹟的傳承精神，本書都提供了最可靠的第一手資料。作者因與茱麗、海倫與比爾等人交往密切，故受這些開山元老之託，冷靜而客觀地梳理《奇蹟課程》的記錄及成書經過，佐以三位奇蹟元老的親筆自白，融鑄成一部信實可徵的《奇蹟課程》誕生史，帶領讀者重新走過五十年前那段精采神奇的心靈歷程。（全書195頁）

## 《飛越死亡的夢境》

本書榮獲美國出版界著名的「活在當下書籍獎」（Living Now Book Awards），全書以嶄新的視角詮釋曠世靈修經典《奇蹟課程》的教誨，為讀者剴切指出「起死回生」的著力點。

作者特別選取在人間每個角落不時作祟的「死亡陰影」入手，揭露小我抵制永恆生命的伎倆。作者以親身的經歷為奇蹟作證，並且提供了極其實用的反省練習，解除我們潛意識中對死亡的恐懼，為百害不侵的生命本質開啟了一扇門，真愛與喜悅得以流過人間，讓奇蹟成為日常生活裡「最自然的事」。（全書524頁）

國家圖書館出版品預行編目資料

羅森濤紀念專輯之二：從情愛到真愛／羅伯特・羅
森濤（Robert Rosenthal）著；王敬偉・若藏合譯
-- 初版 -- 臺中市：奇蹟課程有限公司奇蹟資訊中
心，2024.07
　　　面；　　公分
譯自：From Loving One to One Love
ISBN 978-626-96278-7-5（平裝）

1. CST: 靈修

192.1　　　　　　　　　　　　　　113009550

羅森濤紀念專輯之二
## 從情愛到真愛
From Loving One to One Love

作　　者　羅伯特・羅森濤（Robert Rosenthal）
譯　　者　王敬偉　若藏
責任編輯　李安生
校　　對　李安生　黃真真　吳曼慈
封面設計　不倒翁視覺創意工作室
美術編輯　陳瑜安工作室
出　　版　奇蹟課程有限公司・奇蹟資訊中心
　　　　　台中市潭子區福潭路143巷28弄7號
聯絡電話　（04）2536-4991
劃撥訂購帳號　19362531　戶名　劉巧玲
網　　址　www.acimtaiwan.info
電子信箱　acimtaiwan@gmail.com

印　　刷　世和印製企業（02）2223-3866
經銷代理　聯合發行公司
　　　　　電話（02）2917-8022 # 162
　　　　　　　（03）212-8000 # 335

定　價　新台幣 350 元
出版日期　2024 年 7 月初版

ISBN　978-626-96278-7-5